OS LABORATÓRIOS DO TRABALHO DIGITAL

COLEÇÃO

Mundo do Trabalho

Coordenação **Ricardo Antunes**

Conselho editorial **Graça Druck, Luci Praun, Marco Aurélio Santana, Murillo van der Laan, Ricardo Festi, Ruy Braga**

ALÉM DA FÁBRICA
Marco Aurélio Santana e
José Ricardo Ramalho (orgs.)

O ARDIL DA FLEXIBILIDADE
Sadi Dal Rosso

ATUALIDADE HISTÓRICA DA
OFENSIVA SOCIALISTA
István Mészáros

A CÂMARA ESCURA
Jesus Ranieri

O CARACOL E SUA CONCHA
Ricardo Antunes

A CLASSE TRABALHADORA
Marcelo Badaró Mattos

O CONCEITO DE DIALÉTICA
EM LUKÁCS
István Mészáros

O CONTINENTE DO LABOR
Ricardo Antunes

A CRISE ESTRUTURAL DO CAPITAL
István Mészáros

CRÍTICA À RAZÃO INFORMAL
Manoel Luiz Malaguti

DA GRANDE NOITE À
ALTERNATIVA
Alain Bihr

DA MISÉRIA IDEOLÓGICA À CRISE
DO CAPITAL
Maria Orlanda Pinassi

A DÉCADA NEOLIBERAL E A CRISE
DOS SINDICATOS NO BRASIL
Adalberto Moreira Cardoso

A DESMEDIDA DO CAPITAL
Danièle Linhart

O DESAFIO E O FARDO DO
TEMPO HISTÓRICO
István Mészáros

DO CORPORATIVISMO AO
NEOLIBERALISMO
Angela Araújo (org.)

A EDUCAÇÃO PARA ALÉM
DO CAPITAL
István Mészáros

O EMPREGO NA GLOBALIZAÇÃO
Marcio Pochmann

O EMPREGO NO
DESENVOLVIMENTO DA NAÇÃO
Marcio Pochmann

ESTRUTURA SOCIAL E FORMAS DE
CONSCIÊNCIA, 2v
István Mészáros

FILOSOFIA, IDEOLOGIA E
CIÊNCIA SOCIAL
István Mészáros

FORÇAS DO TRABALHO
Beverly J. Silver

FORDISMO E TOYOTISMO
Thomas Gounet

GÊNERO E TRABALHO
NO BRASIL E NA FRANÇA
Alice Rangel de Paiva Abreu, Helena
Hirata e Maria Rosa Lombardi (orgs.)

HOMENS PARTIDOS
Marco Aurélio Santana

INFOPROLETÁRIOS
Ricardo Antunes e Ruy Braga (orgs.)

LINHAS DE MONTAGEM
Antonio Luigi Negro

A MÁQUINA AUTOMOTIVA
EM SUAS PARTES
Geraldo Augusto Pinto

MAIS TRABALHO!
Sadi Dal Rosso

O MISTER DE FAZER DINHEIRO
Nise Jinkings

O MITO DA GRANDE CLASSE
MÉDIA
Marcio Pochmann

A MONTANHA QUE DEVEMOS
CONQUISTAR
István Mészáros

NEOLIBERALISMO, TRABALHO
E SINDICATOS
Huw Beynon, José Ricardo Ramalho,
John McIlroy e Ricardo Antunes (orgs.)

NOVA DIVISÃO SEXUAL
DO TRABALHO?
Helena Hirata

NOVA CLASSE MÉDIA
Marcio Pochmann

O NOVO (E PRECÁRIO) MUNDO
DO TRABALHO
Giovanni Alves

A OBRA DE SARTRE
István Mészáros

PARA ALÉM DO CAPITAL
István Mészáros

A PERDA DA RAZÃO SOCIAL
DO TRABALHO
Maria da Graça Druck e Tânia Franco
(orgs.)

POBREZA E EXPLORAÇÃO DO
TRABALHO NA AMÉRICA LATINA
Pierre Salama

O PODER DA IDEOLOGIA
István Mészáros

A POLÍTICA DO PRECARIADO
Ruy Braga

O PRIVILÉGIO DA SERVIDÃO
Ricardo Antunes

A REBELDIA DO PRECARIADO
Ruy Braga

RETORNO À CONDIÇÃO OPERÁRIA
Stéphane Beaud e Michel Pialoux

RIQUEZA E MISÉRIA DO TRABALHO
NO BRASIL, 4v
Ricardo Antunes (org.)

O ROUBO DA FALA
Adalberto Paranhos

O SÉCULO XXI
István Mészáros

SEM MAQUIAGEM
Ludmila Costhek Abílio

OS SENTIDOS DO TRABALHO
Ricardo Antunes

SHOPPING CENTER
Valquíria Padilha

A SITUAÇÃO DA CLASSE
TRABALHADORA NA INGLATERRA
Friedrich Engels

A TEORIA DA ALIENAÇÃO EM MARX
István Mészáros

TERCEIRIZAÇÃO: (DES)
FORDIZANDO A FÁBRICA
Maria da Graça Druck

TRABALHO E DIALÉTICA
Jesus Ranieri

TRABALHO E SUBJETIVIDADE
Giovanni Alves

TRANSNACIONALIZAÇÃO DO
CAPITAL E FRAGMENTAÇÃO DOS
TRABALHADORES
João Bernardo

UBERIZAÇÃO, TRABALHO
DIGITAL E INDÚSTRIA 4.0
Ricardo Antunes (org.)

OS LABORATÓRIOS DO TRABALHO DIGITAL
entrevistas

organização
Rafael Grohmann

Alessandro Delfanti • Antonio Casilli • Athina Karatzogianni • Bruno Moreschi • Cheryll Soriano • Christian Fuchs • Christian Laval • David Beer • Enda Brophy • Fabio Cozman • Fernanda Bruno • Florian A. Schmidt • Gabriel Pereira • Gabriella Lukács • Hamid Ekbia • Jamie Woodcock • Jathan Sadowski • Jérôme Denis • Judy Wajcman • Kristy Milland • Ludmila Costhek Abílio • Marisol Sandoval • Maud Simonet • Nick Couldry • Nick Dyer-Witheford • Nick Srnicek • Niels van Doorn • Ricardo Antunes • Ronald Purser • Roseli Fígaro • Sarah T. Roberts • Sareeta Amrute • Sébastien Broca • Syed Mustafa Ali • Tamara Kneese • Ulises Mejias • Ursula Huws • Vincent Mosco • Virginia Eubanks • Wendy Liu

© Boitempo, 2021

Direção-geral Ivana Jinkings
Edição Carolina Mercês
Assistência editorial Pedro Davoglio
Preparação Kaio Rodrigues
Revisão Sílvia Balderama Nara
Coordenação de produção Livia Campos
Capa e diagramação Antonio Kehl

Equipe de apoio Artur Renzo, Camila Nakazone, Débora Rodrigues, Elaine Ramos, Frederico Indiani, Heleni Andrade, Higor Alves, Ivam Oliveira, Jessica Soares, Kim Doria, Luciana Capelli, Marcos Duarte, Marina Valeriano, Marissol Robles, Marlene Baptista, Maurício Barbosa, Raí Alves, Thais Rimkus, Tulio Candiotto

CIP-BRASIL. CATALOGAÇÃO NA PUBLICAÇÃO
SINDICATO NACIONAL DOS EDITORES DE LIVROS, RJ

L123
    Os laboratórios do trabalho digital : entrevistas / Alessandro Delfanti ... [et al.] ; organização Rafael Grohmann. - 1. ed. - São Paulo : Boitempo, 2021.
    (Mundo do trabalho)

    Inclui bibliografia
    ISBN 978-65-5717-074-8

    1. Trabalho - Aspectos sociais. 2. Inteligência artificial. 3. Tecnologia da informação. 4. Mídia digital. I. Delfanti, Alessandro. II. Grohmann, Rafael. III. Série.

21-70453   CDD: 306.36
                                            CDU: 331:004

        Camila Donis Hartmann - Bibliotecária - CRB-7/6472

Esta publicação contou com apoio a partir da reversão de recursos provenientes de descumprimento de termos de ajustamento de conduta (TAC) por empresas, realizado pelo MPT-15ª Região.

É vedada a reprodução de qualquer parte deste livro sem a expressa autorização da editora.

1ª edição: junho de 2021

BOITEMPO
Jinkings Editores Associados Ltda.
Rua Pereira Leite, 373
05442-000 São Paulo SP
Tel.: (11) 3875-7250 / 3875-7285
editor@boitempoeditorial.com.br
www.boitempoeditorial.com.br | www.blogdaboitempo.com.br
www.facebook.com/boitempo | www.twitter.com/editoraboitempo
www.youtube.com/tvboitempo | www.instagram.com/boitempo

A "periculosidade" social da ciência é inerente à sua natureza. Por definição, não pode haver ciência "inocente", "inofensiva", porque só seria tal aquela que não servisse para nada, o que seria a negação da sua essência. O conhecimento é sempre uma arma na luta contra forças adversas, físicas ou sociais.

Álvaro Vieira Pinto

SUMÁRIO

Apresentação...11

Introdução: Trabalho em plataformas é laboratório da luta de classes –
Rafael Grohmann...13

PARTE I – TRABALHO DIGITAL: ORGANIZAÇÃO, EXTRAÇÃO DE VALOR E INTERSECCIONALIDADES 25

1. O trabalho digital além da uberização – Antonio Casilli.........................27

2. Capitalismo de plataforma e desantropomorfização do trabalho – Ricardo Antunes...33

3. Heteromação do trabalho e novas lógicas de extração de valor – Hamid Ekbia..39

4. Não há trabalho sem comunicação – Roseli Fígaro.............................45

5. A organização do trabalho nos galpões da Amazon – Alessandro Delfanti..53

6. Trabalho em plataformas é trabalho de minorias – Niels van Doorn........57

7. Tempo, gênero e tecnologia no trabalho – Judy Wajcman.....................61

8. Trabalho digital e trabalho gratuito em perspectiva feminista – Maud Simonet..65

9. Raça e classe no trabalho digital em olhar não eurocêntrico – Sareeta Amrute 69

10. Imaginários, aspirações e solidariedade no trabalho digital nas Filipinas – Cheryll Soriano...73

11. Trabalho digital, gênero e fofura no Japão – Gabriella Lukács 81

12. Uberização como apropriação do modo de vida periférico – Ludmila Costhek Abílio...85

PARTE II – NARRATIVAS DO TRABALHO DIGITAL 93

13. A RETÓRICA DA ECONOMIA DO COMPARTILHAMENTO – *Athina Karatzogianni* 95

14. UBERIZAÇÃO COMO EXTENSÃO DA RACIONALIDADE EMPREENDEDORA – *Christian Laval* 101

15. *McMINDFULNESS*: RETÓRICA EMPREENDEDORA, IDEOLOGIA DO VALE DO SILÍCIO E VIOLÊNCIA EPISTÊMICA – *Ronald Purser* 105

16. A RETÓRICA SOBRE CIDADES INTELIGENTES E INTERNET DAS COISAS – *Vincent Mosco* 109

PARTE III – INTELIGÊNCIA ARTIFICIAL E TRABALHO DIGITAL 117

17. INTELIGÊNCIA ARTIFICIAL COMO CONDIÇÃO GERAL DE PRODUÇÃO – *Nick Dyer-Witheford* 119

18. O TRABALHO DOS MODERADORES DE CONTEÚDO DAS MÍDIAS SOCIAIS – *Sarah T. Roberts* 125

19. O TRABALHO PARA A INTELIGÊNCIA ARTIFICIAL E A ORGANIZAÇÃO DOS TRABALHADORES – *Kristy Milland* 133

20. OS BRASILEIROS QUE TRABALHAM NA AMAZON MECHANICAL TURK – *Bruno Moreschi, Gabriel Pereira e Fabio Cozman* 137

21. TRABALHO E INTELIGÊNCIA ARTIFICIAL ALÉM DA MECHANICAL TURK – *Florian A. Schmidt* 143

22. DESCOLONIZAR A COMPUTAÇÃO – *Syed Mustafa Ali* 147

PARTE IV – ALGORITMOS, DADOS E DESIGUALDADES 153

23. RACIONALIDADE ALGORÍTMICA E LABORATÓRIO DE PLATAFORMA – *Fernanda Bruno* 155

24. PLATAFORMAS BIOPOLÍTICAS, DADOS COMO CAPITAL E VIRTUDES PERVERSAS DO TRABALHO DIGITAL – *Jathan Sadowski* 165

25. OS DADOS E A EXPROPRIAÇÃO DOS NOSSOS RECURSOS – *Nick Couldry* 169

26. A INVISIBILIDADE DO TRABALHO DE DADOS – *Jérôme Denis* 173

27. CIRCULAÇÃO E IMAGINÁRIO DOS DADOS – *David Beer* 177

28. A AUTOMATIZAÇÃO DAS DESIGUALDADES NO SETOR PÚBLICO – *Virginia Eubanks* 181

29. DESCOLONIZANDO OS DADOS - *Ulises Mejias* 187

PARTE V – ORGANIZAÇÃO DOS TRABALHADORES E PLATAFORMAS ALTERNATIVAS 191

30. ABOLIR O VALE DO SILÍCIO E ORGANIZAR OS TRABALHADORES – *Wendy Liu* 193

31. GAMIFICAÇÃO NO MUNDO DO TRABALHO E RESISTÊNCIAS DOS TRABALHADORES – *Jamie Woodcock* 197

32. As ambiguidades do comum no trabalho digital — *Sébastien Broca* 201

33. Desigualdades estruturais no trabalho digital — *Tamara Kneese* 205

34. Trabalho comunicativo e práticas autônomas — *Enda Brophy* 211

35. Cooperativas no setor da cultura e o contexto digital —
Marisol Sandoval 215

36. Trabalho digital e plataformas alternativas — *Christian Fuchs* 221

37. Construir plataformas pós-capitalistas — *Nick Srnicek* 225

38. Desmercantilizar as plataformas digitais — *Ursula Huws* 229

Bibliografia geral 235

Sobre o organizador...245

Apresentação

Este livro é a materialização de entrevistas realizadas ao longo dos anos de 2019 e 2020 no âmbito do Laboratório de Pesquisa DigiLabour, ligado ao mestrado e doutorado em ciências da comunicação da Universidade do Vale do Rio dos Sinos (Unisinos). O DigiLabour tem como foco investigações em torno das conexões entre mundo do trabalho e tecnologias digitais, com ênfase em temas como o trabalho em plataformas, algoritmos e inteligência artificial, relações de comunicação no mundo do trabalho e circuito produção-consumo e cultura digital.

Desde 2019, o DigiLabour produz uma *newsletter* semanal[1], que faz curadoria do que há de mais relevante na área de trabalho e tecnologia, entre artigos, notícias e relatórios. Também, desde o início, publica conteúdos originais, principalmente entrevistas com os mais renomados pesquisadores e pesquisadoras da área no Brasil e no exterior. Todas as conversas são conduzidas por Rafael Grohmann, que também traduz aquelas realizadas em outros idiomas, e já aconteceram nos mais diversos formatos – presencialmente, em videochamada (formato cada vez mais comum em contexto de pandemia) e por e-mail.

Das mais de 100 entrevistas já realizadas pelo DigiLabour, selecionamos 38 para esta obra, as quais estão agrupadas de acordo com os seguintes temas: 1) organização, extração de valor e interseccionalidades no trabalho digital; 2) narrativas do trabalho digital; 3) inteligência artificial e trabalho digital; 4) algoritmos, dados e desigualdades; e 5) organização dos trabalhadores e plataformas alternativas.

Trabalho digital é entendido aqui mais como uma área de estudos do que como um conceito, dada a impossibilidade de o trabalho, atividade humana, ser, em si, digital. Desde o início da década de 2010, pesquisadores têm debatido as interfaces entre tecnologias digitais e mundo do trabalho sob essa alcunha. Consideramos que, na primeira metade da década, havia um predomínio das discussões sobre as

---

[1] Disponível em: <http://digilabour.com.br>.

atividades dos usuários nas mídias sociais e sua classificação enquanto trabalho. A partir de 2016, com a ascensão global de plataformas de trabalho como a Uber, os debates se deslocaram especificamente para o trabalho plataformizado e os diversos temas que a isso se relacionam. O material ora reunido revela as múltiplas dimensões do laboratório da luta de classes que é o trabalho em plataformas.

Este livro apresenta, ao mesmo tempo, consistência acadêmica e linguagem direcionada a um público mais amplo, servindo como introdução indispensável aos debates sobre trabalho em plataformas que vêm sendo empreendidos ao redor do mundo – conduzidos em obras cuja maior parte ainda não recebeu uma edição brasileira. É antes um primeiro passo que uma discussão fechada, afinal, estamos em meio à tempestade, e as investigações sobre o tema não param de proliferar.

Dessa forma, o leitor e a leitora no Brasil têm em mãos um material valioso em sua capacidade de descortinar as mais diferentes camadas desse fenômeno. As entrevistas passam por conceitos e cenários do trabalho digital que explicam o momento em que vivemos – como colonialismo de dados, marcadores sociais do trabalho em plataformas, inteligência artificial, moderação de conteúdo, discursos ligados ao empreendedorismo e ao *mindfulness*, algoritmos e dados, descolonização de tecnologias e automatização de desigualdades – e vão até possibilidades de transformação social e enfrentamento dessa conjuntura a partir da organização de trabalhadores, do cooperativismo de plataforma e de plataformas ligadas ao comum, de propriedade dos trabalhadores, públicas e em prol da desmercantilização.

A realização deste livro só foi possível graças ao Ministério Público do Trabalho (MPT-15ª Região), especialmente nas figuras das procuradoras Clarissa Ribeiro Schinestsck e Fabíola Junges Zani e do procurador Mario Antonio Gomes, devido ao apoio concedido à publicação, como desdobramento do convênio de cooperação celebrado com a Universidade Estadual de Campinas (Unicamp), sob coordenação do professor Ricardo Antunes, também coordenador da coleção Mundo do Trabalho, da qual este livro faz parte. Também agradecemos ao Centro Nacional de Desenvolvimento Científico e Tecnológico (CNPq) pelo apoio concedido no processo n. 439.025/2018-4, chamada MCTIC/CNPq n. 28/2018 – Universal.

Rafael Grohmann
setembro de 2020

INTRODUÇÃO
Trabalho em plataformas é laboratório da luta de classes

Rafael Grohmann

A pandemia do novo coronavírus acelerou e intensificou o processo de plataformização do trabalho, que tende a se generalizar para todas as áreas. Trabalho remoto, ensino à distância, *lives* e trabalho por aplicativos são sintomas da crescente dependência de infraestruturas digitais – geralmente alimentadas por dados e automatizadas por algoritmos – para a realização de atividades laborativas. Essa é a definição de plataformização do trabalho. Entregadores, professores, jornalistas, profissionais que alimentam dados para a inteligência artificial (IA): seja de casa ou das ruas, os trabalhadores enfrentam um verdadeiro laboratório da luta de classes em seus novos-velhos experimentos.

Conceber o trabalho em plataformas como laboratório da luta de classes é compreender que tanto as novas formas de controle e gerenciamento por parte do capital quanto as possibilidades de construção de alternativas por parte da classe-que-vive-do-trabalho não estão dadas. Por um lado, mecanismos como gestão algorítmica, gamificação, dat
ficação e vigilância são experiências do capital rumo à intensificação do trabalho e ao controle da classe trabalhadora. Por outro, os trabalhadores também fazem experimentações e prefigurações em torno de novas formas de organização, reapropriações de tecnologias digitais em benefício próprio, pressão por condições decentes de trabalho e construção de plataformas alternativas, cooperativas e autogestionadas.

Esse laboratório não nasceu agora. A plataformização é, ao mesmo tempo, materialização e consequência de um processo histórico que mistura capitalismo rentista, ideologia do Vale do Silício, extração contínua de dados e gestão neoliberal. Uma das bases está na crescente responsabilização individual dos trabalhadores por tudo o que envolve o trabalho, circunstância que Wendy Brown[1] chama de

---

[1] Wendy Brown, *Cidadania sacrificial: neoliberalismo, capital humano e políticas de austeridade* (trad. Juliane Bianchi Leão, São Paulo, Zazie, 2018).

14 Os *laboratórios do trabalho digital*

"cidadania sacrificial". Assim, os trabalhadores são obrigados a fazer a gestão das próprias sobrevivências com toda a sorte de vulnerabilidades, tendo de escutar que isso é um "privilégio". Já os dados e metadados transformados em capital, somados à convergência de capital, auxiliam a dar forma às distintas possibilidades de extração do valor das plataformas, dependentes das mais variadas configurações de trabalho vivo. Isso significa que não basta olhar somente para as plataformas em si para compreender o trabalho plataformizado, mas é preciso olhar também para as inter-relações entre financeirização, neoliberalismo e dataficação, por exemplo. Não se trata de refeudalização ou protoforma. O capitalismo de plataforma é a própria expressão de seu desenvolvimento a partir dessas combinações.

As plataformas, assim como quaisquer tecnologias, apresentam valores e normas inscritos em seus desenhos, algoritmos e interfaces, podendo apresentar mecanismos discriminatórios. Há materialidades envolvendo as plataformas, pois são fruto do trabalho humano e dependem da extração de recursos naturais e físicos que se transformam em artefatos por meio de cadeias de produção. Essas materialidades servem para pensá-las tanto em relação a processos de trabalho e ao meio ambiente quanto em relação às próprias interfaces das plataformas – enquanto meios – no que tange às *affordances* inscritas em suas arquiteturas. Isto é, existem políticas em todo o circuito de produção e consumo das plataformas.

A infraestrutura das plataformas, então, fornece as condições básicas e as bases técnicas para a organização do trabalho realizado nelas. Elas são, portanto, desenhadas para determinadas formas de interação em detrimento de outras. Podem facilitar, por exemplo, a relação consumidor-trabalhador em prejuízo das relações entre trabalhadores. Ou seja, podem ser projetadas visando precisamente a essa desarticulação.

O trabalho em plataformas se dá em confluência com processos produtivos e comunicacionais. Em primeiro lugar, são as práticas materiais de comunicação que estruturam e organizam as relações de trabalho, de modo que não há trabalho sem elas. Consideramos, assim, que as plataformas são, ao mesmo tempo, meios de produção e meios de comunicação, ou seja, meios de organização das atividades laborativas e comunicacionais, apresentando-se com contornos também políticos. Os mecanismos das plataformas, como gestão algorítmica do trabalho, extração de dados e vigilância automatizada, configuram-se, pois, como processos comunicacionais e de gerenciamento dos trabalhadores. Dessa forma, as plataformas também contribuem para a aceleração da produção e circulação do capital, como Marx já alertava nos *Grundrisse** em relação à função dos meios de comunicação e transporte, reforçando o papel desses meios na circulação do capital.

---

* Karl Marx, *Grundrisse: manuscritos econômicos de 1857-1858. Esboços da crítica da economia política* (trad. Mario Duayer e Nélio Schneider, São Paulo, Boitempo, 2011). (N. E.)

A comunicação também atua como um braço organizador e mobilizador do trabalho nas plataformas digitais, sendo o centro de disputas nesse universo e envolvendo tanto as lógicas de controle e gestão quanto as de resistência e organização dos trabalhadores. Ela funciona como mecanismo de justificação dos modos de ser e de aparecer do capital; mobiliza e faz circular determinados processos produtivos e usos e sentidos das plataformas em detrimento de outros; e emprega estratégias para fazer circular sentidos que ligam as empresas de plataformas a atributos como inovação, disrupção e responsabilidade social. Quando essas empresas nomeiam diretores para o cargo de "líder de políticas públicas" temos a síntese de como elas pensam o público e o privado a partir das lógicas da racionalidade empreendedora. É a gramática do capital, que circula nos mais diferentes dispositivos midiáticos, desde o LinkedIn até os discursos de *coaches*, passando inclusive por setores da classe trabalhadora. Isso não quer dizer que os trabalhadores necessariamente aceitem e naturalizem as prescrições do capital a partir de seus signos circulantes; existe sempre uma disputa de sentidos.

É preciso também salientar que os mecanismos da plataformização do trabalho não acontecem no vazio. Isto é, esse processo está longe de ser homogêneo, pois há distintos tipos de plataformas digitais e, por conseguinte, diversos perfis de trabalhadores, com marcadores de gênero, raça, frações de classe e território. Há desde a plataforma francesa Crème de la Crème, considerada "a primeira comunidade seletiva de *freelancers*", especialmente dos setores de tecnologia, dados, design e marketing digital, até as conhecidas plataformas de entrega de mercadorias, passando por aquelas cujos trabalhadores produzem dados para sistemas de inteligência artificial. Cada plataforma, ainda que de um mesmo setor, possui mecanismos e materialidades próprios, o que contribui para a complexificação do cenário. Dessa maneira, é impossível dizer que existe apenas um perfil de trabalhador ou de plataforma.

Além disso, as desigualdades são o padrão do trabalho em plataformas, não uma exceção. Segundo Niels Van Doorn, o trabalho plataformizado é "completamente incorporado a um mundo criado pela forma-valor capitalista, que depende da subordinação de trabalhadores de baixa renda racializados e generificados"[2]. Em São Paulo, 71% dos entregadores das plataformas são negros. A pesquisa de Safiya Noble e Sarah T. Roberts[3], por exemplo, mostra como as elites tecnológicas do Vale do Silício trabalham para esconder as inscrições racistas em seus produtos e nas relações de trabalho em suas empresas, a despeito de discursos pós-raciais. Já

---

[2] Niels Van Doorn, "Platform Labor: On the Gendered and Racialized Exploitation of Low-Income Service Work in the 'On-Demand' Economy", *Information, Communication & Society*, v. 20, n. 6, 2017, p. 898-914.

[3] Safiya Noble e Sarah T. Roberts, "Elites tecnológicas, meritocracia e mitos pós-raciais no Vale do Silício", *Fronteiras – Estudos Midiáticos*, v. 22, n. 1, 2020.

investigações como as de Gabriella Lukács[4] evidenciam como o trabalho não pago ou mal pago de mulheres em plataformas no Japão é o que estrutura a economia digital no país.

A plataformização do trabalho atravessa diferentes sujeitos sociais de múltiplas maneiras, sem se configurar como um processo homogêneo. São situações de trabalho distintas, entrecortadas por esses marcadores sociais de desigualdades e diferenças, embora o controle algorítmico se coloque como algo neutro e objetivo.

Além de raça, classe e gênero, há outros importantes fatores relacionados ao trabalho em plataformas, como as temporalidades e espacialidades do trabalho digital, que impactam as condições de trabalho. As temporalidades estão marcadas desde o desenho das plataformas, com a cristalização da cultura de seus criadores, em busca de agilidade e otimização da produtividade, auxiliadas por uma gamificação inscrita nos processos de gestão.

As espacialidades envolvem as múltiplas dimensões de locais em que os trabalhadores estão inseridos para executar suas atividades. Em uma dimensão, é necessário entender quais são os espaços concretos de trabalho e suas condições: por toda a cidade? Em casa? Já a dimensão do trabalho em plataformas relaciona-se a uma concretude espacial mais ampla, ligada a uma geopolítica global. Por um lado, pesquisas têm mostrado como as condições de trabalho de entregadores em São Paulo, Londres e na Cidade do Cabo são muito semelhantes – especialmente no que se chama de composição técnica de classes –, o que nos leva a pensar na circulação das lutas dos trabalhadores em contexto de plataformas. Por outro, há especificidades locais que demonstram desigualdades geográficas, com dinâmicas desiguais Norte-Sul, envoltas em contextos políticos, sociais, jurídicos, legislativos e econômicos.

Segundo o indicador econômico Online Labour Index (OLI), da Universidade de Oxford, o maior empregador de tarefas *freelance* on-line são os Estados Unidos, e a maioria dos trabalhadores *freelance* on-line é proveniente da Índia – a maior parte (59,8%) no setor de tecnologia e software. De acordo com o mesmo índice, os países em que essas tarefas mais são desenvolvidas concentram-se na Ásia, com destaque para Índia, Paquistão e Bangladesh. Podemos também ressaltar a proeminência de venezuelanos trabalhando como treinadores de dados para carros autônomos – que, aliás, tendem a atropelar mais pessoas negras do que brancas – e de filipinos como moderadores de conteúdo terceirizados de plataformas de mídias sociais, como mostra o documentário *The Cleaners**. Isso significa que há dinâmicas diferentes de trabalho em plataformas no Norte e no Sul, que, por sua vez, são afetadas por relações de raça, classe e gênero.

---

[4] Gabriella Lukács, *Invisibility by Design: Women and Labor in Japan's Digital Economy* (Durham, Duke University Press, 2020).

* Direção de Hans Block e Moritz Riesewieck, Alemanha/Brasil, 2018, 90 min. (N. E.)

Contextualizar a geopolítica do trabalho em plataformas significa também compreender os diferentes sentidos de trabalho nas economias de cada país e que a Europa e a América do Norte não são o "padrão". No Norte, houve a emergência de expressões como *gig economy* para nomear o cenário do trabalho em plataformas, o que condiz com o contexto específico dos países dessa região, que querem tornar universal a validade de suas denominações. Ora, a história da economia brasileira se traduz em ser uma grande *gig economy*, com o *gig* sendo a norma permanente, algo imposto na gestão da sobrevivência da classe trabalhadora. Isso significa que a precariedade e a informalidade não são novidades. Por esse motivo, a expressão *gig economy* é equivocada para nomear o que se passa atualmente no mundo do trabalho brasileiro. Por um lado, podemos pensar historicamente o trabalho no Brasil como uma grande *gig economy* em contexto de superexploração do trabalho; por outro, como afirma Ludmila Costhek Abílio[5], o que acontece agora é a generalização dos modos de vida periféricos. Deve-se também considerar as próprias trajetórias brasileiras para pensar em mecanismos de enfrentamento da plataformização do trabalho. Não podemos supor que já vivemos algum dia o Estado de bem-estar social no país e não podemos nos esquecer de como a CLT não é a mesma desde a reforma trabalhista do governo de Michel Temer, em 2017. O que há de novidade no mundo do trabalho no Brasil é justamente a plataformização, que joga uma pá de cal no processo histórico de flexibilização e precarização do trabalho, agora em parceria com financeirização, datificação e racionalidade neoliberal. Como esse cenário se repete em muitos outros países, é notório que não se trata, então, de uma especificidade nossa.

Porém, o futuro da plataformização não é dado ou definido *a priori*. É curioso que, enquanto nos anos 1990 havia quem bradasse o "fim do trabalho", atualmente a coligação LinkedIn-*coach* não para de circular narrativas sobre o "futuro do trabalho" – evidentemente marcadas por sentidos ligados à ideologia do Vale do Silício. As perguntas, como "seremos substituídos por robôs?", são as mesmas de trinta anos atrás. Porém, como ressalta Janine Berg[6], economista da OIT, pouca atenção tem sido dada à crescente perda de "qualidade no trabalho" ao redor do mundo. Em direção semelhante, Aaron Benanav[7] argumenta que, em vez de desemprego em massa, haverá uma crescente intensificação de subempregos. Para ele, não é a automação, mas são as consequências da progressiva desaceleração econômica em curso desde os anos 1970 as responsáveis pelo declínio da demanda por trabalho, num processo em que as transformações tecnológicas atuariam como uma causa secundária. O cenário desenhado pela radicalização da plataformização, portanto,

---

[5] Ludmila Costhek Abílio, "Plataformas digitais e uberização: a globalização", *Contracampo*, v. 39, n. 1, 2020.

[6] Janine Berg, "Protecting Workers in the Digital Age: Technology, Outsourcing and the Growing Precariousness of Work", *Comparative Labor Law & Policy Journal*, v. 41, n. 2, 2020.

[7] Aaron Benanav, *Automation and the Future of Work* (Londres, Verso, 2020).

é a crescente "taskificação" das atividades de trabalho – e com um papel central do trabalho humano nos processos envolvendo inteligência artificial, o que Hamid Ekbia e Bonnie Nardi[8] chamam de heteromação.

Isso significa que a automação não acontece sem o trabalho fantasma de uma multidão de trabalhadores em plataformas globais de inteligência artificial. Estaremos cada vez mais espremidos em microtarefas *freelance* dependentes de plataformas digitais para o próprio sustento. É isso que se aponta quando se fala em drones entregando encomendas da Amazon ou do iFood. Não se trata da automação completa, mas de entregadores sendo substituídos por trabalhadores que monitoram drones. Mais um experimento do capital.

Os principais expoentes desse cenário são as plataformas de inteligência artificial, também chamadas de plataformas de "microtrabalho" – discordamos, porém, do uso dessa expressão por considerar que ela não leva em conta a mobilização total dos trabalhadores em torno dessas *tasks* nem o papel do trabalho humano na complexidade da anatomia de um sistema de IA. Há brasileiros envolvidos em algumas dezenas de plataformas como essas, que apresentam as próprias especificidades. Em primeiro lugar, há plataformas em que trabalhadores produzem e treinam dados para sistemas de inteligência artificial, como a Amazon Mechanical Turk (AMT) – cujo *slogan* é "inteligência artificial artificial" – e a Appen – "dados com um toque humano". As tarefas executadas vão desde a avaliação de publicidade e o treinamento de algoritmos de reconhecimento facial até a transcrição de áudio de assistentes virtuais. Em segundo lugar, há plataformas de moderação de conteúdo, como Cognizant e Pactera, cujos trabalhadores, via de regra, são terceirizados do Facebook e do Google – nessa linha, o próprio Facebook foi obrigado em 2020 a pagar uma indenização de 52 milhões de dólares a moderadores de conteúdo terceirizados que desenvolveram estresse pós-traumático[9]. Por último, há plataformas de "fazendas de cliques" – a maioria brasileiras – em que os trabalhadores são como *bots* humanos e passam o dia curtindo, comentando e compartilhando posts em redes sociais como Instagram, em troca de pouquíssimos centavos por tarefa. Os solicitantes dessas tarefas vão desde influenciadores e duplas sertanejas até candidatos a prefeito. Há também um processo intenso de vendas e trocas de perfis *fakes* e *bots* para que os trabalhadores consigam aumentar os ganhos.

Cada um desses tipos de plataforma também apresenta especificidades de formação e trajetória de trabalhadores, no sentido de frações de classes. Em algumas,

---

[8] Hamid Ekbia e Bonnie Nardi, *Heteromation, and Other Stories of Computing and Capitalism* (Cambridge, MA, MIT Press, 2017).

[9] Casey Newton, "Facebook Will Pay $52 Million in Settlement with Moderators who Developed PTSD on the Job", *The Verge*, 12 maio 2020; disponível em: <https://www.theverge.com/2020/5/12/21255870/facebook-content-moderator-settlement-scola-ptsd-mental-health>; acesso em: 26 fev. 2021.

como a Lionbridge, há até tarefas em alemão, e os trabalhadores têm de se provar proficientes. Em outras, como as de fazendas de cliques, eles têm de criar contas falsas e *bots* – mais de cinquenta, muitas vezes – para poder sobreviver. Nesses casos, eles passam o dia curtindo e comentando fotos no Instagram e vídeos no YouTube a partir das tarefas solicitadas pelas plataformas, em geral brasileiras.

Esses exemplos revelam uma dimensão mais profunda do trabalho em plataformas – para além de um foco específico em entregadores e motoristas. Se a *deep web* é aquele lugar oculto da internet, há também a *deep web* do trabalho em plataformas, com atividades em fazendas de clique, moderação de conteúdo e as possibilidades de generalização da plataformização do trabalho. Isso mostra a capacidade laboratorial do capital em relação aos trabalhadores. O próximo passo já ensaiado é o crescente uso de drones para entregas; nesse sentido, a Agência Nacional de Aviação Civil (Anac) já autorizou algumas operações no Brasil. Esses equipamentos, no entanto, não substituirão os trabalhadores, pois é necessário que sejam supervisionados, em mais um processo de heteromação do trabalho.

É imprescindível que os trabalhadores capturem e se reapropriem da própria noção de futuro a partir de projetos que confrontem o cenário atual da plataformização. O futuro do trabalho é um tema importante demais para ficar nas mãos de "gurus". Quando tudo parecia convergir para um quadro de extrema competição entre os trabalhadores – algo que muitos viam como um caminho sem volta –, os acontecimentos nos deram uma lição. Não existe trabalhador inorganizável: se há novos métodos de controle e organização do trabalho, são necessárias também novas formas de organização por parte dos trabalhadores. Sem esquecer as lutas históricas, a classe trabalhadora sempre se reinventa – sempre se recompõe a partir da nova realidade técnica do trabalho. Neste laboratório do trabalho em plataformas, os trabalhadores não são amorfos ou entes passivos, mas se organizam, por exemplo, a partir de táticas e estratégias em relação aos algoritmos.

As jornadas extenuantes – que ocorrem de domingo a domingo, para não comprometer a pontuação do trabalhador, de modo que ele consiga atingir as metas – não são um limite para a organização coletiva dos trabalhadores das plataformas digitais. E não é de hoje: ao longo dos últimos anos, vimos crescer associações, sindicatos e novas formas de organização nas mais diferentes categorias – do setor de tecnologia ao de *games*, passando por *youtubers* e influenciadores e incluindo também entregadores e motoristas. A Asociación de Personal de Plataformas (APP), na Argentina, a Independent Workers' Union of Great Britain (IWGB), na Inglaterra, e a #NiUnRepartidorMenos, no México, são alguns exemplos de como os trabalhadores têm se organizado. No Brasil, só entre os motoristas de aplicativos, já há pelo menos dezoito sindicatos e associações, algo que também vem acontecendo entre os entregadores. Há distintas formas de auto-organização por parte dos trabalhadores de plataforma – inclusive experiências de escrita como forma de perceberem-se e enunciarem-se como tal, como mostra a edição de outubro de 2020 da revista *Notes from Below*[10], que traz apenas textos escritos por pessoas trabalhadoras dos mais diferentes setores –, assim como há complexidades e contradições em torno da composição política dessa classe. Ao se organizarem coletivamente, eles mostram que podem frear a circulação do capital, e assim reencontram sua capacidade de barganha e de pressão contra as empresas, em nome de uma vida melhor.

Esses são laboratórios dos trabalhadores das plataformas, que conduzem experimentos com novas formas de auto-organização. A comunicação tem um papel central nessa questão, a começar pelo protagonismo do WhatsApp. Se as plataformas são meios de comunicação e produção que servem para o controle do capital, elas também têm sido reapropriadas para a organização dos próprios trabalhadores. Funcionam ainda como veículos de circulação de sentidos sobre as lutas dos entregadores, processo que ocorre por meio de vídeos, correntes de texto e fotos. Se, por um lado, as empresas querem mostrar que fazem tudo pelos "parceiros", em um cenário de "disrupção" e "transformação digital", é preciso fazer circular, também, conteúdos que vêm dos trabalhadores. A comunicação atua na organização e difusão de sentidos, permitindo que as lutas alcancem toda a classe trabalhadora.

As possibilidades de experimentação dos trabalhadores também se concentram na construção de plataformas de sua propriedade, seja em cooperativas de plataforma, seja em outros arranjos de trabalho e desenhos institucionais. O cooperativismo de plataforma é uma possibilidade de unir o potencial tecnológico das plataformas digitais, reapropriando-as para outros usos, às perspectivas autogestionárias do movimento cooperativista, a partir das possibilidades de construção de plataformas de propriedade de trabalhadores. É uma maneira tanto de coletivizar as plataformas digitais quanto de tornar as cooperativas tradicionais mais próximas da economia de plataformas. Esse é um laboratório para prefigurar e fazer circular outros mundos – e sentidos – possíveis, para além de um realismo capitalista de lutas de fronteiras entre circulação do capital e circulação do comum.

Isso significa entender tanto suas potencialidades como seus limites, tais quais as ameaças de cooptação das plataformas cooperativas por meio de narrativas empreendedoras, a competição agressiva com as plataformas privadas dominantes – possibilitadas pelo capital de risco e pela formação de *lobbies* – e o perigo da autoexploração. Na realidade, por causa desses limites e contradições, elas não substituirão a curto prazo as grandes plataformas de trabalho. Além disso, não será um aplicativo por si a solução dos problemas da classe trabalhadora. A problemática está muito além disso. O cooperativismo de plataforma depende de um conjunto de dimensões – como organização do trabalho e processos de consumo – para além

---

[10] Disponível em: <https://notesfrombelow.org/issue/workplace>; acesso em: 29 mar. 2021.

da própria construção da plataforma. Porém, como afirma Marisol Sandoval[11], é preciso enfrentar dialeticamente as contradições históricas em torno das cooperativas – entre constrangimentos e cooptações, por um lado, e possibilidades de reconfiguração em relação à emancipação dos trabalhadores, por outro.

As plataformas cooperativas podem ser de trabalhadores, consumidores ou multilaterais, o que mostra as múltiplas possibilidades de desenhos institucionais para elas. Essas experiências passam por cooperativas de serviço de nuvem, compartilhamento de fotógrafos, músicos, jornalistas e *gamers*, e plataformas de *streaming* de música, conteúdo audiovisual, entre outros. Há também plataformas cooperativas no setor de entregas, sendo alguns exemplos a Mensakas, da Espanha, a Resto.Paris, da França, e a Urbe, da Bélgica, todas realizadas por ciclistas, além de uma federação de cooperativas de entregadores, a CoopCycle, com base na França e presente em outros seis países. A CoopCycle possui um software próprio denominado "comum digital", com licença Copyleft, destinado a cooperativas. A plataforma, criada para gerir a atividade de entregas por bicicletas, tem como objetivo servir às reais necessidades dos trabalhadores.

Existe ainda uma cooperativa de motoristas, chamada Driver's Seat, cujo foco é a democratização de dados. Os trabalhadores usam o aplicativo dessa cooperativa para compartilhar os próprios dados; então, a Driver's Seat coleta e vende informações sobre mobilidade para órgãos municipais, com a finalidade de possibilitar uma melhor tomada de decisões de planejamento em relação a transporte. Os dividendos obtidos com a venda dos dados são recebidos e compartilhados pelos motoristas. Isso ajuda a pensar como as lutas contra outras plataformizações também envolvem os direitos dos trabalhadores sobre os próprios dados.

No Brasil, há cooperativas e coletivos mais antigos, como a Pedal Express, e outros mais recentes, como Señoritas Courier, TransEntrega e Levô Courier, responsáveis por fazer circular, a depender da iniciativa, sentidos de mobilidade, de responsabilidade ambiental e social e de lutas em torno da igualdade de gênero. Esses exemplos demonstram as possibilidades de construção, de baixo para cima, de iniciativas locais que desenhem outros circuitos de produção e consumo e o potencial de desenvolvimento sem instruções prescritivas ou normativas, em verdadeiros experimentos. Coletivos e cooperativas de entregadores, por exemplo, podem funcionar em conjunto com cooperativas de programadores e agricultores, além de pequenos restaurantes, projetando valores de trabalho decente, *design justice*, desenvolvimento sustentável e alimentação saudável.

No cooperativismo de plataforma, há uma busca pela criação de plataformas próprias com lógicas que favoreçam a democracia no ambiente de trabalho e a não vigilância e autonomia dos trabalhadores. Isto é, desde o desenho, elas já devem

---

[11] Marisol Sandoval, "Enfrentando a precariedade com cooperação: cooperativas de trabalhadores no setor cultural", *Revista Parágrafo*, v. 5, n. 1, 2017.

ser construídas para a autogestão dos trabalhadores. O empenho na construção de cooperativas também envolve a criação de alternativas democráticas em relação às políticas de dados, fazendo circular sentidos sobre dados e algoritmos que os consideram uma forma de capital que deve ser transformada em bens comuns – ou seja, por meio de regimes alternativos de propriedade de dados, algo que aproxima o cooperativismo de plataforma das tentativas de descolonização de dados.

O cooperativismo de plataforma e as plataformas de propriedade dos trabalhadores também desafiam a ideia de que a economia de plataformas necessita de uma grande escala; afinal, nem as famigeradas *startups* possuem muitos trabalhadores como regra. Um levantamento da Associação Brasileira de Startups mostra que 63% das *startups* brasileiras possuem até cinco funcionários[12]. Da mesma forma, não se pode esperar de cooperativas e coletivos de entregadores ou motoristas que haja 30 mil pessoas envolvidas. Não há argumentos para deslegitimar iniciativas autogestionárias com três ou cinco trabalhadores apenas por seu tamanho. Uma das fortalezas das plataformas de propriedade de trabalhadores é justamente sua capacidade de articulação e cooperação entre iniciativas.

Portanto, longe de serem uma solução simples, resumida ao desenvolvimento de um aplicativo, as experiências de construção de plataformas cooperativas e de propriedade de trabalhadores envolvem múltiplas dimensões, como design e materialidade das plataformas, organização do trabalho e processos produtivos, políticas e regimes de dados e algoritmos, intercooperação, estratégias midiáticas e de consumo, além de suas relações com valores já mencionados, como trabalho decente e *design justice*.

Como demonstra Ursula Huws[13], é preciso combater a generalização da plataformização do trabalho com sua ressignificação em prol dos trabalhadores e do bem público. Isso significa uma reinvenção de circuitos econômicos locais de produção e consumo por meio de plataformas que melhorem as condições de trabalho e, ao mesmo tempo, promovam políticas de mobilidade, melhorias de transporte público, serviços de cuidados e integração ao sistema de saúde. É assim que encaramos as plataformas de propriedade de trabalhadores – algo que envolve não só o desenho institucional de cooperativa: como possibilidades prefigurativas, o que significa que devemos construir hoje experimentos das sociedades que imaginamos viver amanhã.

Pensar no trabalho em plataformas como laboratório da luta de classes significa reconhecer tanto as dificuldades impostas pelos mecanismos atuais da plataformização quanto as possibilidades, frestas, brechas e fissuras de circulação das lutas dos

---

[12] Abstartups e Accenture, "O momento da startup brasileira e o futuro do ecossistema de inovação"; disponível em: <https://drive.google.com/file/d/1WAw_6rExZfuKBSxGdIwgvvjtPgfO-8Z7/view>; acesso em: 26 fev. 2021.

[13] Ursula Huws, *Reinventing the Welfare State: Digital Platforms and Public Policies* (Londres, Pluto, 2020).

trabalhadores, reconhecendo como centrais suas contradições, que teimam em não se resolver. Falar em potencialidades não significa idealizar a realidade, mas ajudar a construir outros mundos possíveis, algo ainda mais necessário em um mundo em que o velho está morrendo e o novo ainda não nasceu.

É inútil, e até contraproducente, exigir um movimento pronto – à *fast food* – sem contradições ou com todas as soluções "para ontem". O movimento real está em plena construção. São tentativas em meio à dança dialética do trabalho. Os movimentos pela regulação do trabalho em plataformas e pela construção de alternativas só fazem sentido quando ligados à organização coletiva dos trabalhadores. Caso contrário, sem saber suas reais necessidades e demandas, existe o perigo de cair em um solucionismo tecnológico – mais uma iteração da ideologia californiana dos magnatas do silício – ou de pressionar "de cima para baixo", sem a construção de um movimento orgânico. Como argumentam Sai Englert, Jamie Woodcock e Callum Cant, "podemos começar a ver o germe de uma alternativa que surge da recusa dos trabalhadores das plataformas. No entanto, se propusermos formas de socialismo digital de cima para baixo, corremos o risco de perder não apenas esses germes radicais, mas também a possibilidade de fazê-los circular na economia digital e para além dela"[14].

Entre as tentativas de radicalização da plataformização por parte do capital – com a taskificação e o trabalho que sustenta a inteligência artificial – e as potencialidades de enfrentamento desse cenário e de construção de plataformas alternativas residem os laboratórios do trabalho em plataformas. Se são laboratórios de lutas de classes, é preciso usá-los a favor da classe trabalhadora. A expropriação e o hackeamento das plataformas digitais também devem ser pensados e prefigurados como possibilidades.

---

[14] Sai Englert, Jamie Woodcock e Callum Cant, "Operaísmo digital: tecnologia, plataformas e circulação das lutas dos trabalhadores", *Fronteiras – Estudos Midiáticos*, v. 22, n. 1, 2020, p. 55.

Parte I

Trabalho digital: organização, extração de valor e interseccionalidades

1

O trabalho digital além da uberização

Antonio Casilli

Antonio Casilli é professor da Télécom Paris e autor do livro *En attendant les robots: enquete sur le travail du clic* (Seuil, 2019), em que traça um panorama sobre o trabalho digital, com destaque para o trabalho do clique ou microtrabalho em plataformas de inteligência artificial.

Nesta entrevista, Casilli comenta sua pesquisa sobre microtrabalho na França. O autor prefere falar em plataformização em vez de uberização do trabalho, por considerar que esse conceito envolve diferentes maneiras de extração do valor a partir das distintas plataformas de trabalho digital. Além disso, o pesquisador analisa alternativas ao cenário do trabalho digital, como o cooperativismo de plataforma e as plataformas baseadas no comum, bem como as responsabilidades dos pesquisadores em relação a esse contexto.

Por que você prefere falar em "plataformização do trabalho", em vez de "uberização"?

Primeiro, não me sinto muito confortável com o termo "uberização". A expressão, na verdade, foi introduzida por um jornalista e homem de negócios na França, que cunhou o termo *"uberisation"*. Descobri agora que no Brasil vocês também usam "uberização". A questão é que essa não é uma noção compreensiva, focando apenas um aspecto da economia de plataforma, que é o mais visível. Quando se fala em uberização, na realidade, também se fala de trabalho sob demanda, que é, em primeiro lugar, um trabalho localizado: é algo que está baseado em uma cidade, um bairro, uma região. Por exemplo, não podemos pedir uma corrida em São Paulo se estivermos em outra cidade ou país. Então, a uberização foca apenas esse trabalho localizado ou sob demanda. Mas existem várias outras formas de trabalho em plataformas digitais, além do próprio trabalho digital, de maneira geral. Uma delas é o microtrabalho, o trabalho de dados que é necessário para a inteligência artificial. E aí temos a forma de trabalho mais controversa – e também a mais estabelecida –,

28 Os *laboratórios do trabalho digital*

que é o trabalho do usuário, o trabalho que cada um de nós faz on-line toda vez que nos tornamos usuários de uma plataforma, sempre que compartilhamos algo ou postamos algum conteúdo em uma rede como o Facebook. Se clicamos no reCAPTCHA do Google, estamos, na verdade, produzindo valor para essas plataformas, e essas formas de produção de valor têm sido interpretadas por muitos pesquisadores, inclusive por mim, como uma forma de trabalho – apesar de algumas vezes o trabalho ser pago, outras não. Esse é o meu modo de dizer que a uberização é apenas um aspecto, uma faceta, desse fenômeno multifacetado que é o trabalho digital ou o trabalho em plataformas.

Qual tem sido o cenário das plataformas de microtrabalho na França?

Em primeiro lugar, tenho de reforçar que não há muita pesquisa sendo feita sobre microtrabalho. É um objeto que está ganhando corpo e desenvolvimento, e nós só temos algumas evidências esparsas sobre como os microtrabalhadores trabalham e quem eles são. Há dez anos, Panos Ipeirotis, pesquisador da New York University, formulou um censo sobre a Amazon Mechanical Turk[1]. A partir daí, outros colegas tentaram elaborar o perfil sociodemográfico dos trabalhadores. Em 2018, a Organização Internacional do Trabalho (OIT) publicou um relatório extenso sobre plataformas de trabalho on-line focado em microtrabalho[2]. A questão é que essa literatura sobre o assunto tende a focar plataformas centradas na língua inglesa, mas quando se trata de países como a França ou mesmo o Brasil, ou países que falam espanhol, não há praticamente nada sobre as estruturas e os padrões sociais que caracterizam essa força de microtrabalho. Esse é o motivo de termos decidido* nos concentrar na França em particular. Na verdade, focamos o país França e não todos os países que falam francês, pois isso envolveria abordar muitas nações, como Madagascar, Tunísia ou Senegal. Então decidimos começar pela França, e só depois iremos para outros países de língua francesa. E tivemos surpresas, pois alguns dos resultados desse relatório que publicamos em 24 de maio de 2019 é que existem certas características que são típicas dos microtrabalhadores franceses. Em primeiro lugar, é uma força de trabalho de tamanho considerável: falamos de algo que envolve cerca de 260 mil pessoas, o que é significativo, haja vista que a França tem uma população de aproximadamente 60 milhões de pessoas. Isso também se deve ao fato de essas 260 mil não serem todas usuárias tão ativas: estamos falando

---

[1] Panos Ipeirotis, "Demographics of Mechanical Turk"; disponível em: <https://archivefda.dlib.nyu.edu/jspui/bitstream/2451/29585/2/CeDER-10-01.pdf>; acesso em: 26 fev. 2021.

[2] International Labour Organization, *Digital Labour Platforms and the Future of Work: Towards Decent Work in the Online World* (Genebra, International Labour Office, 2018); disponível em: <https://www.ilo.org/wcmsp5/groups/public/---dgreports/---dcomm/---publ/documents/publication/wcms_645337.pdf>; acesso em: 26 fev. 2021.

* Antonio Casilli coordena uma pesquisa em andamento chamada *Le Micro-travail en France*. Mais informações em: <http://diplab.eu/>. (N. O.)

O trabalho digital além da uberização 29

sobre todas elas, até pessoas que apenas se registraram e fizeram esse tipo de trabalho uma ou duas vezes. Essa é uma força de trabalho de tamanho considerável porque a França investiu de maneira intensa em inteligência artificial nos últimos anos. Então a IA também envolve microtrabalho, pois este é necessário para treinar e, em alguns casos, validar a inteligência artificial.

Quando se trata das características sociodemográficas, estamos olhando para uma população marcada pela questão de gênero: 56% desses microtrabalhadores se identificam como mulheres, o que é coerente com alguns dos resultados de pesquisas sobre usuários da Amazon Mechanical Turk nos Estados Unidos. No caso da França, 63% têm entre 25 e 44 anos de idade e possuem, em geral, mais formação que o resto da nação, pois têm ao menos um diploma, o que significa que cursaram pelo menos dois anos da faculdade, segundo afirmam. Quando se trata da distribuição geográfica, tendem a se concentrar ao redor de cidades grandes, como Marseille, Lyon e também Paris – embora, surpreendentemente, Paris não seja a primeira delas. Estamos olhando para uma população concentrada em lugares bastante habitados, o que significa que esse microtrabalho, na verdade, não representa uma oportunidade para a população rural ou para aqueles que vivem na periferia de grandes cidades. Aliás, não são empregos *per se*; são trabalhos fora do padrão – não apenas não convencionais. Eles são, na verdade, trabalhos por peça. Essas pessoas são pagas com apenas alguns centavos ou poucos euros para executar tarefas bem fragmentadas, que, via de regra, são extremamente úteis para treinar e calibrar algoritmos e inteligências artificiais.

Em seu livro *En attendant les robots*, você descreve muito bem o cenário atual do trabalho digital, mas só fala de outras possibilidades quase no fim da obra. Quais alternativas você enxerga para o trabalho digital?

Antes de tudo, gostaria de dizer que a maior parte do meu livro se deve mesmo à descrição de um fenômeno que está tomando conta de nós. De certa maneira, eu queria apontar, no último capítulo, algumas experimentações que vêm acontecendo. Mas eu também tinha a total consciência de que essa é uma situação em desenvolvimento e que esses experimentos tendem a ficar maiores, chegando a mudar ou, até mesmo, a desaparecer. Por esse motivo, apontei três possíveis cenários. O primeiro é que o trabalho digital e o trabalho em plataformas eventualmente voltariam sob a forma de emprego tradicional. Em alguns países, há muitos episódios que apontam para essa direção – com ajuda, em certos casos, de sindicatos tradicionais. Estou pensando principalmente na Itália e um pouco nos Estados Unidos e na América do Norte, de forma geral. Há, em segundo lugar, o que pode ser descrito como cooperativismo de plataforma, que é um movimento novo, e é algo muito interessante, de fato. É também um movimento ambíguo, haja vista que, de um lado, há plataformas que querem se tornar cooperativas e garantir o acesso de seus algoritmos e dados aos usuários efetivos, e, do outro lado,

30   Os *laboratórios do trabalho digital*

há cooperativas tradicionais que querem se tornar plataformas. A possibilidade de essas duas direções tenderem a se entrelaçar e a criar novas e excitantes conjunturas é, claro, um pouco arriscada, também. Talvez nos deparemos com um cenário no qual o cooperativismo de plataforma simplesmente deixe de funcionar. Então, finalmente, há um terceiro cenário, que é o das plataformas baseadas no comum, fundamentado basicamente na ideia de que poderíamos voltar às próprias raízes da ideia de plataformas. As plataformas, como expliquei em meu livro, tiveram início em uma fase particular da história ocidental, sobretudo por volta do século XVII, em que movimentos utópicos começaram a tomar forma – e os movimentos revolucionários também, é claro. Eles insistiam em três ideias principais: a superação das propriedades privadas, a superação do trabalho – no sentido de trabalho assalariado – e a criação de um Tesouro comum a todos. Essa era a ideia, a qual foi estruturada em um programa político chamado plataforma. Agora, existe a possibilidade de imaginar as plataformas digitais dos dias de hoje como possuidoras da capacidade de evoluir em direção a uma estrutura baseada em bens comuns a todos, o que significaria, por exemplo, criar acesso comum aos dados, que hoje são apropriados por capitalistas e investidores.

É possível, contudo, imaginar novas formas de acessar e usar esses dados produzidos por nós todos os dias nessas plataformas como algo comum, com novos modos de governança e de criação e distribuição de valor. Na parte final do livro, tento discorrer com bastante precisão sobre como poderíamos abordar isso. Também há o fato de que, para criar plataformas baseadas no comum, é preciso conectar-se a outras experiências. Penso em algo que acontece próximo ao Brasil – na Bolívia, por exemplo –, onde há um movimento em relação ao acesso, de fato, a bens comuns relacionados ao meio ambiente, como o Salar de Uyuni, um dos maiores lagos de sal da América do Sul. Esses sais são cruciais para a produção de lítio. E o lítio, por sua vez, é crucial para a produção de baterias de todos os equipamentos. De certa forma, é impossível compreender o comum digital (*digital commons*) se não criarmos conexões globais entre esses tipos de bens comuns físicos e ambientais, como o Salar de Uyuni, e os bens comuns de dados, o que muitas pessoas – eu inclusive – estão tentando criar nessas partes do mundo. É uma situação em desenvolvimento, e algo que abordo rapidamente em meu livro. Eu descrevo brevemente as possibilidades, mas na verdade espero ter a oportunidade de escrever uma segunda edição do livro e eventualmente elaborar novas ideias, ou, pelo menos, ser a testemunha de novas e excitantes possibilidades e experimentações políticas.

Para você, quais são as responsabilidades de um pesquisador crítico em relação ao cenário concreto do trabalho digital?

Eu não costumo me descrever como um pesquisador crítico, e isso talvez o surpreenda. Considero que trabalho na luta por tecnologias, inovações e inteligências

O trabalho digital além da uberização   31

artificiais que sejam "responsáveis". E essa também é uma maneira de dizer que, quando faço alguma crítica, assumo uma responsabilidade em relação a essas tecnologias. Aliás, sou também um tecnoentusiasta: não quero criticar essas tecnologias para destruí-las ou para me livrar delas – ao contrário, gostaria que elas fossem *melhores*. E a responsabilidade que temos é igualmente de natureza performativa. Com isso quero dizer que, ao apontar situações de exploração, poluição ou apropriação de dados e predações capitalistas, nós criamos, de certa forma, uma consciência social acerca desses tópicos. Ajudamos sindicatos, organizações de trabalhadores, poderes políticos e governos a estarem cientes disso, o que pode convencê-los a criar melhores políticas e regulamentações.

Nos últimos anos de trabalho com esses assuntos, vi muitas e animadoras transformações acontecendo. Aqui na Europa, por exemplo, agora temos sindicatos que estão cientes da exploração em plataformas de microtrabalho e no trabalho digital. Eu mesmo tenho trabalhado com sindicatos na Itália e na França que financiaram nossa pesquisa sobre microtrabalho. Um deles foi um sindicato francês chamado Force Ouvrière. Além disso, há o exemplo esplêndido do sindicato alemão IG Metall, gerido por trabalhadores dos setores metalúrgico e automobilístico. Eles são o sindicato mais tradicional da Alemanha e foram um dos primeiros a fazer experimentações para organizar esses trabalhadores. Nossa responsabilidade, então, é de sermos não apenas os analistas dessa nova situação, não apenas os críticos, mas também aqueles que ajudam os outros – sejam sindicatos, organizações da sociedade civil ou até governos – a assumir responsabilidades pelo que está acontecendo, assim como a tomar alguma medida quanto a isso.

Para encerrar, gostaria que você explicasse três noções presentes em seu livro: "valor de qualificação", "valor de monetização" e "valor de automação".

A questão é que não podemos falar em economia das plataformas digitais sem nos atentarmos a uma nova estrutura de criação de valor. Isso, de certa forma, se relaciona à controvérsia de séculos sobre trabalho e valor, especialmente em uma perspectiva marxista. Para ser justo, apesar de ser marxista por formação, e assim costumar me definir, atualmente estou bastante cansado e desconfortável com a teoria do valor transmitida pelo marxismo. A ideia é que, se olharmos para as plataformas digitais, elas tendem a criar um triplo valor. O primeiro é o necessário para que elas funcionem de fato. Por exemplo, se olharmos para a Uber ou o Facebook, esses serviços são baseados em algoritmos. Na Uber, há o algoritmo relacionado ao preço; no Facebook, o algoritmo de *ad rank* (que classifica e ranqueia informações nos *feeds*). Esses algoritmos precisam de dados para funcionar, para trabalhar. E esses dados são produzidos por nós, usuários – no caso da Uber, pelos passageiros e pelos motoristas; no caso do Facebook, por qualquer usuário, é claro. Então, isso é o que chamo de valor de qualificação. Nós precisamos qualificar informação, precisamos criar informação para que essas plataformas possam funcionar. Em seguida, há o valor de monetização, o que basicamente significa que esses mesmos dados que criamos e disponibilizamos on-line também são, às vezes, transformados em valor monetário por essas mesmas plataformas, e isso cria o fluxo de dinheiro para elas. Pense, no caso do Facebook, no valor que eles criam ao conceder a parceiros específicos acesso a nossos dados, lucrando por meio desse acesso. No caso da Amazon Mechanical Turk, a empresa recebe de 20% a 40% sobre cada tarefa, cada microtarefa executada, e esse é o dinheiro que eles têm em seu "Tesouro", de certa forma. Esse é o fluxo monetário e é, principalmente, o valor de monetização. Finalmente, há o valor gerado pelo fato de essas plataformas se inclinarem em direção ao futuro e à inovação. Inovação nesse caso significa automação, ou seja, criar algoritmos que aprendam e performem, criar inteligência artificial baseada em aprendizado profundo (*deep learning*) e novas ferramentas como redes neurais ou redes adversárias. Para fazer isso, as empresas têm, novamente, de usar nossos dados para investir e criar essas novas ferramentas, tecnologias e soluções. Com isso, basicamente, elas produzem inovação e automação, que é o terceiro tipo de valor.

2
Capitalismo de plataforma e desantropomorfização do trabalho

Ricardo Antunes

Ricardo Antunes é, sem dúvida, o sociólogo do trabalho mais conhecido do Brasil. Professor da Unicamp e autor de livros como *O privilégio da servidão* (Boitempo, 2018) e *Os sentidos do trabalho* (Boitempo, 1999), além de organizador de obras como *Riqueza e miséria do trabalho no Brasil* (4 v., Boitempo, 2006-2019) e *Uberização, trabalho digital e Indústria 4.0* (Boitempo, 2020).

Segundo Antunes, antes de 2020, mais de 40% da classe trabalhadora brasileira já atuava na informalidade. E isso se aprofunda ainda mais agora, com a explosão do novo coronavírus. A pandemia soma-se ao sistema de metabolismo antissocial do capital e sua crise estrutural no que ele chama de "capital pandêmico" e, nesta entrevista, de "capitalismo virótico". Para o pesquisador, vivemos um novo patamar de subsunção real do trabalho ao capital sob a regência algorítmica, com a classe trabalhadora vivendo entre o nefasto e o imprevisível.

Por que o capitalismo de plataforma é a protoforma do capitalismo?

A hipótese que venho desenvolvendo desde que publiquei o livro *O privilégio da servidão* pode ser resumida desse modo: contrariamente ao que foi propugnado pela bibliografia apologética, que vislumbrou um *novo mundo criativo no trabalho* a partir do avanço tecno-informacional digital, o advento dos smartphones, iPads, iPhones, algoritmos, inteligência artificial, *big data* [megadados], internet das coisas, 5G, impressão 3D etc., o que estamos presenciando (e pesquisas e estudos vêm sistematicamente confirmando) é o seu exato inverso. O trabalho que se desenvolve exponencialmente na Amazon (e Amazon Mechanical Turk), Uber (e Uber Eats), Google, Airbnb, Cabify, 99, Lyft, iFood, Rappi, Glovo, Deliveroo, entre tantas plataformas digitais e aplicativos que se expandem pelo mundo, é aquele que vem sendo denominado de modo mais genérico como *trabalho uberizado*. Ainda que ele se apresente de modo relativamente diferenciado nos distintos países e nas atividades em que se insere, sua designação como trabalho uberizado esparramou-se

34 Os *laboratórios do trabalho digital*

pelo mundo, *universalizou-se,* fenômeno semelhante ao que ocorreu anos atrás com a chamada "walmartização do trabalho", ou também a "mcdonaldização do trabalho", dada a dimensão emblemática dessas empresas globais e suas formas intensificadas de exploração do trabalho. Fenômeno parecido vem ocorrendo com o *trabalho digital* nas plataformas e aplicativos. Dado o rápido e significativo crescimento global da Uber, bem como as relativas semelhanças a outras plataformas, a designação *uberização do trabalho* consolidou-se por sua generalização.

E o que essa modalidade de trabalho vem significando? Em linhas mais gerais, seus principais traços se encontram na *individualização, invisibilização* e *prática de jornadas extenuantes,* tudo isso sob impulsão e comando dos "algoritmos", programados para controlar e intensificar rigorosamente os tempos, ritmos e movimentos da força de trabalho. Mas sua resultante mais perversa se encontra na *transfiguração* que opera no trabalho assalariado, que converte o trabalhador, quase como um "milagre", em "prestador de serviços"; isso, entre tantas outras graves consequências, acaba por *excluir* o trabalhador de plataformas da *legislação social protetora do trabalho,* na grande maioria dos países em que atua. Floresce, desse modo, uma forma mascarada de trabalho assalariado, que assume a aparência de um não trabalho. Na concretude brasileira, temos como exemplo os empreendedores, pejotizados, MEIs (microempreendedores individuais), todos obliterados pelo ideário mistificador do "trabalho sem patrão". Todos eles estão vendo, hoje, seus sonhos se evaporarem e derreterem por causa da pandemia do capital.

Assim, a resultante dessa complexa combinação entre avanço informacional e expansão das plataformas digitais, em plena era de hegemonia do capital financeiro, pode ser sintetizada da seguinte maneira: labor diário frequentemente superior a oito, dez, doze, catorze horas ou mais, especialmente nos países periféricos; remuneração salarial em constante retração, apesar do aumento da carga de trabalho (traço que vem se agudizando na pandemia); extinção unilateral dos contratos pelas plataformas, sem apresentar maiores explicações, entre tantos outros elementos. E, além dessa intensa exploração, soma-se também uma forte espoliação, presente quando os/as trabalhadores/as arcam com as despesas de compra (financiada) de veículos, motos, carros, celulares e suas respectivas manutenções, entre outros equipamentos de trabalho, como as mochilas. Foi a partir dessa constatação que nasceu nossa formulação analítica, ao indicar a hipótese provocativa que motivou a sua pergunta, e que pode ser assim resumida: na era do capitalismo de plataforma, plasmado por relações sociais presentes no sistema de metabolismo antissocial do capital, ampliam-se globalmente modalidades pretéritas de superexploração do trabalho que haviam sido obstadas pela luta operária nas primeiras lutas e confrontações no início da Revolução Industrial – hipótese desenvolvida recentemente no livro *Coronavírus: o trabalho sob fogo cruzado**. Ou seja, em pleno século XXI, estamos presenciando o

---

*   São Paulo, Boitempo, 2020, coleção Pandemia Capital. (N. E.)

reencontro (esdrúxulo) entre o capitalismo de plataforma e aquele praticado durante a protoforma do capitalismo. De modo mais do que farsesco, o novo, o capitalismo de plataforma, pediu o velho, a protoforma do capitalismo, em casamento, gerando uma nefasta e funesta simbiose. Isso porque sabemos que, nas fábricas de Manchester, as jornadas de trabalho humano (homens, mulheres e crianças) frequentemente ultrapassavam doze, catorze, dezesseis horas por dia. Uma visita ao Museu Quarry Bank Mill, naquele que foi o berço da Revolução Industrial da Inglaterra, dá uma ideia do nível de brutalidade que ali existiu. Exploração e espoliação que, anteriormente, no mundo colonial, sob a compulsão da acumulação primitiva, se efetivaram por meio da superexploração do trabalho escravo africano e indígena.

Portanto, parece existir uma curiosa e tenebrosa similitude entre fases historicamente tão distintas do capitalismo, que se reencontram neste momento em que "vale tudo por dinheiro": no auge da era digital, presenciamos a ampliação ilimitada, sob comando do capital financeiro, de formas pretéritas de extração e sucção do excedente de trabalho que recordam a exploração e espoliação daquela fase primeva do capitalismo. Foi motivado por essa pista que denominei este tipo de trabalho como *escravidão digital*. Marx e Rosa Luxemburgo são, aqui, as principais inspirações analíticas para a formulação de minha hipótese, que sigo aprofundando em minhas pesquisas atuais.

O que haveria de especificamente brasileiro – ou latino-americano – na configuração do trabalho em plataformas digitais?

O que há de mais particular e singular na concretude brasileira e latino-americana é que a *superexploração do trabalho* é um traço constante desse capitalismo. No mundo colonial e posteriormente no nascedouro da industrialização no Brasil, vimos que o trabalho dos negros foi excluído, estampando o racismo estrutural e visceral que deu acolhida aos imigrantes brancos europeus (e, no máximo, aos asiáticos) para formarem o primeiro núcleo operário urbano-industrial no país. Em grande parte da América Latina, um processo similar ocorreu com as comunidades indígenas. Assim, o assalariamento desde cedo conviveu com altas doses de precarização e informalidade, além de inexistência ou burla da legislação protetora do trabalho, todos traços marcantes do capitalismo no Brasil e na América Latina. Pude constatar fenômenos similares, só para citar alguns exemplos, no México, na Colômbia, no Peru e na Bolívia; nos Estados Unidos, particularmente com os *chicanos* (como somos chamados lá, quando emigramos) e demais imigrantes.

Mas este cenário não se resume à América Latina e à África, onde a "civilização europeia" gerou tanta brutalidade e vilipêndio. Na Ásia, destaco inicialmente o impressionante exemplo da Índia, país no qual os índices de miserabilidade absoluta da classe trabalhadora são inimagináveis para quem lá nunca esteve. E, em relação à China, bastam dois exemplos contemporâneos. O primeiro, presente na gigante empresa de terceirização global no ramo digital, a Foxconn, onde se produz, entre outras, a marca Apple, e que presenciou dezessete tentativas de suicídio em 2010, sendo que treze tragicamente se efetivaram. O segundo pode ser constatado nas fábricas de empresas como as gigantes Huawei e Alibaba, que se utilizam do famigerado sistema "9-9-6", ou seja, os funcionários trabalham das nove horas da manhã às nove horas da noite, seis dias por semana. Na Europa, uma fotografia panorâmica pode ser feita retratando o trabalho imigrante negro, árabe, asiático, africano, latino-americano, do Leste etc., trabalhadores/as que para lá se dirigem em busca de qualquer labor. As várias pesquisas de Pietro Basso e Fabio Perocco[1] nos oferecem um quadro dessa tragédia, o que lhes permitiu desenvolver a tese do racismo de Estado como política praticada em vários países do "mundo civilizado".

Mas não resta dúvida de que a taxa diferencial de exploração que particulariza o chamado Sul global, com a prática sistemática das burlas, flexibilizações, desregulamentações, precarizações, informalidades etc., sempre resulta na criação de polos de atração dos capitais, espaços marcados pela presença de uma monumental força sobrante de trabalho que se constitui em elemento fundamental para uso e exploração das grandes corporações. Assim, dada a conformação desigual e combinada da divisão internacional do trabalho, no Brasil (bem como em outros países do Sul) a superexploração do trabalho acaba por se constituir em espaço prioritário também para as experimentações das empresas uberizadas, que se utilizam e se expandem por meio da existência dessas "facilidades".

O Sul global, então, tem sido um excepcional laboratório e espaço de experimentação das corporações globais, dada a sua gênese subordinada e dependente dos centros de dominação do capital. E esse tem sido o *seu discreto charme*, tão generosamente utilizado pelas burguesias nativas e forâneas. Ainda que diferenciado em função das particularidades existentes na divisão internacional do trabalho, com suas complexas cadeias produtivas de valor, é assim que o Brasil se inscreve nessa contextualidade. Há ainda outra consequência nefasta dessa divisão internacional do trabalho entre Norte e Sul, entre centro e periferia: dado o caráter desigual e combinado em seu modo de ser, cada vez mais a indústria considerada "limpa", de que a Indústria 4.0 é exemplo, encontrará maior espaço no Norte, enquanto a indústria "suja", poluidora e mais destrutiva, avançará nos espaços do Sul. Entretanto, vale enfatizar que essas formas de exploração do trabalho do Sul cada vez mais estão presentes também no Norte, como se verifica com a presença da força de trabalho imigrante. Assim, dado que estamos em plena hegemonia do capital financeiro, com sua pragmática neoliberal e sob a impulsão da *reestruturação produtiva permanente do capital,* as "vantagens" que o Sul oferece ao Norte implicarão padecimentos ainda maiores de sua população, enquanto não for possível

---

[1] Disponíveis em: <https://scholar.google.com.br/citations?hl=pt-BR&user=rfITCs4AAAAJ&view_op=list_works&sortby=pubdate>; acesso em: 26 fev. 2021.

romper esse círculo vicioso. Afinal, não é por acaso que o Estado de bem-estar social nunca encontrou vigência na periferia.

Em *O privilégio da servidão*, você fala que há uma desantropomorfização do trabalho na era digital. O que vem a ser isso?

Eu faço um paralelo entre o processo de eliminação/sujeição do *trabalho vivo* e sua substituição/subordinação pelo *trabalho morto*, nesta nova fase de intensificação e expansão da fábrica digital. Adentramos, então, uma nova era de subsunção à máquina-ferramenta-informacional, que intensifica e consolida a desumanização de enormes parcelas da força de trabalho humana. Ou, de modo conceitualmente mais rigoroso, fase que amplia ainda mais o processo de *desantropomorfização do trabalho*, para usar uma conceitualização de Lukács presente nas reflexões que fez em sua obra de maturidade, *Para uma ontologia do ser social*[2], ao se referir ao que ocorreu durante a Revolução Industrial. E, segundo a minha hipótese, estamos na antessala de uma subsunção ainda mais profunda do que aquela vivenciada na fase de introdução da maquinaria industrial. Isso se evidencia, por exemplo, com a expansão da chamada Indústria 4.0, que vem sendo maquinada diuturnamente pelos gestores do capital durante a pandemia, visando utilizar de modo mais profundo as novas tecnologias de informação e comunicação e intensificar sua implantação nos processos produtivos de modo a torná-los ainda mais automatizados em toda a cadeia produtiva geradora de valor, ou onde isso for possível e economicamente rentável para as corporações globais.

Teremos, então, ampliação de trabalho morto, mediante o uso intensificado do maquinário informacional-digital ("internet das coisas", inteligência artificial, impressão 3D, geração 5G, *big data* etc.), que passará a comandar todo o processo produtivo (no sentido mais amplo possível), com a consequente redução quantitativa do trabalho vivo, que será substituído pelo mundo maquínico, tornando maior a superfluidade dentro da classe trabalhadora. Novas máquinas-ferramenta automatizadas e robotizadas, agora sob impulsão algorítmica, expulsarão enormes contingentes de trabalho. Mas quando eu falo em desantropomorfização do trabalho, quero aludir também a outro elemento de extrema relevância, que diz respeito à dimensão qualitativa. Marx, no volume I de *O capital**, afirmou que, na manufatura e no artesanato, o trabalhador se servia da ferramenta, mas na fábrica ele servia à maquinaria. Na manufatura, o trabalho comandava e controlava o movimento do instrumental do trabalho, sendo, então, parte de um mecanismo vivo. Na fábrica, tem-se um mecanismo morto, independente do trabalhador, que foi incorporado como apêndice vivo.

---

2   György Lukács, *Para uma ontologia do ser social* (trad. Carlos Nelson Coutinho, Mario Duayer, Nélio Schneider, São Paulo, Boitempo, 2012-2013), 2 v.

*   Karl Marx, *O capital: crítica da economia política*, Livro I: *O processo de produção do capital* (trad. Rubens Enderle, São Paulo, Boitempo, 2011). (N. E.)

38   Os *laboratórios do trabalho digital*

Transformou-se, então – conforme escreveu Marx –, num autômato, uma vez que o trabalho morto passou a dominar o vivo.

Pois bem, na lógica da Indústria 4.0, mais robôs, mais máquinas digitais vão comandar a produção – processo que não se restringe à "indústria" em sentido estrito, mas a um vasto leque de empresas que seguem a lógica da autoexpansão do valor –, de modo que adentramos em uma nova fase, qualitativamente diferente: ingressamos em um novo patamar de subsunção real do trabalho ao capital, agora sob a regência digital e algorítmica. Teremos, então, nos polos mais "qualificados" informacionalmente (aqueles considerados mais "criativos", mais "aptos", mais "talentosos") menos trabalho vivo operando nesse universo, que se torna mais maquinal, mais digital, *internetizado* e *coisificado,* ao mesmo tempo que novos supérfluos e sobrantes serão gestados, ampliando ainda mais o contingente desempregado de força de trabalho global. Serão substituídos pela inteligência artificial e pela internet das coisas, que serão responsáveis por controlar, supervisionar e comandar essa nova fase da ciberindústria ou da infoindústria no século XXI. Assim, é de enorme obviedade que esse complexo tecno-digital-informacional, desenvolvido no interior das corporações globais, que visam sempre ao mais-valor, não tem como finalidade atender às necessidades humano-sociais. A guerra entre a Apple e a Huawei é emblemática: a questão central é qual das duas corporações vai deter a hegemonia produtiva da geração 5G. Ou seja, a disputa passa muito longe de qualquer tentativa de minorar e mitigar o empobrecimento societal. Não há nenhuma preocupação em melhorar substantiva e igualitariamente as condições de vida e de trabalho de milhões de trabalhadores/as brancos/as, negros/as, indígenas, imigrantes que rodam pelo mundo em busca de qualquer labor.

É por isso que penso que adentramos uma nova era de *desantropomorfização do trabalho,* cujas consequências para o homem e a sociedade oscilam entre o *nefasto* e o *imprevisível.* Por fim, é importante recordar que esse novo proletariado, ao mesmo tempo que vivencia altos níveis de exploração e de precarização, também começa a notar a violência em sua vida cotidiana. Informais, intermitentes, explorados, espoliados: esse era o quadro quando explodiu a tragédia da pandemia. E ela vem demonstrando que, se por um lado os trabalhadores/as de plataformas são socialmente imprescindíveis para a entrega de alimentos e produtos e para o transporte urbano, por outro lado são tratados como escravos digitais pelas grandes plataformas corporativas. Vivenciam mais acidentes, sofrem mais assédios e têm muito mais riscos de contaminação e morte. Por esse motivo, a todo momento afloram novas revoltas, rebeliões, manifestações e greves, cada dia mais intensas entre os trabalhadores de aplicativos, os uberizados. E, do outro lado, sem o menor pudor de quem não quer parar a roda da acumulação, a letalidade é tratada com verdadeiro desdém por aqueles que almejam lucrar em pleno *capitalismo virótico.*

3

Heteromação do trabalho e novas lógicas de extração de valor

Hamid Ekbia

A automação de sistemas no capitalismo nunca é completa sem trabalho humano. Pensando nisso, o pesquisador Hamid Ekbia cunhou a expressão "heteromação" para definir a relação de dependência entre trabalho humano e automação.

Ekbia é diretor do Centro de Pesquisa em Interação Mediada da Universidade de Indiana, autor do livro *Artificial Dreams: The Quest for Non-Biological Intelligence* (Cambridge University Press, 2008) e coautor, junto com Bonnie Nardi, do livro *Heteromation, and Other Stories of Computing and Capitalism* (MIT Press, 2017).

O que é exatamente a heteromação do trabalho? De onde vem esse nome?

A heteromação é um novo mecanismo e uma nova lógica de extração de valor no capitalismo atual. Tecnicamente, é o oposto de automação; enquanto esta visa colocar os humanos fora do *loop* de trabalho, a heteromação objetiva *mantê-los* nele. Um caixa eletrônico, por exemplo, retira a interação entre cliente e funcionário. Embora isso funcione em algumas situações, os bancários ainda são necessários para viabilizar muitos tipos de transações. Na verdade, existe um paradoxo inerente à automação em uma economia capitalista porque, como Marx argumentou há muito tempo, o capitalismo não pode acabar de vez com o trabalho humano. Apesar do desejo do capitalismo pela automação total, ele precisa dos seres humanos como produtores de valor e como consumidores de produtos. Com base nisso, pode-se argumentar que a automação total nunca será realizada no capitalismo.

Isso nos leva ao aspecto econômico da heteromação, que envolve três pontos-chave. Em primeiro lugar, ela trabalha com uma lógica de inclusão no sentido de participação universal dos trabalhadores, independentemente de seu *status*; a era atual do capitalismo conecta as pessoas por meio de vários tipos de redes informatizadas, dando-lhes uma forte sensação de pertencimento. Em segundo lugar, e talvez o aspecto mais ilusório, a heteromação geralmente assume uma forma quase voluntária de "trancar" as pessoas em sistemas e plataformas. Talvez o exemplo mais famoso disso seja o onipresente Facebook, cujos usuários sentem que dele não podem prescindir, mas muitas vezes não gostam dessa dependência e tiram "férias" da rede na tentativa de se afastar o máximo possível. Por fim, a heteromação extrai valor de forma invisível, dando às pessoas a impressão de que estão inclusas, de que fazem parte do jogo, de que "estamos todos juntos", quando, na verdade, a maior parte dos benefícios da participação é direcionada a um pequeno grupo de pessoas, se considerarmos as vastas fortunas obtidas a partir do trabalho heteromatizado. Nossa atuação nas redes gera dados pessoais valiosos. Esses dados são vendidos a anunciantes e usados com a finalidade de promover a venda de mais produtos. A coleta de dados é a parte mais comentada da contribuição das atividades digitais cotidianas para os resultados finais das empresas, mas, da mesma forma, também conduzimos – com pouca ou mínima remuneração – tarefas igualmente valiosas ao realizar *reviews* de produtos, autosserviço em bancos e aeroportos, programação de software em plataformas de código aberto, desambiguação de imagens e outros trabalhos não pagos de *gamers*. Construímos comunidades virtuais, criamos vídeos para o YouTube, escrevemos ensaios políticos, comentamos as notícias e contribuímos para fóruns que mantêm as pessoas interessadas e engajadas; tudo isso resulta em lucros abundantes para as empresas e fornece novas lógicas e novos mecanismos para o acúmulo de riqueza.

Chamo isso de heteromação por duas razões: a primeira é que se trata de uma relação que extrai valor do trabalho humano em benefício de outros – normalmente, mas nem sempre, grandes empresas. A segunda é a atuação dos seres humanos à margem da máquina, fazendo o que esta não pode fazer – ao menos não sem dificuldade ou grandes investimentos em software. Enquanto na automação, as máquinas fazem o que os humanos não fariam com facilidade, na heteromação é o contrário. Em outras palavras, os humanos fazem grande parte do trabalho enquanto as máquinas recebem o crédito. Isso inclui uma ampla gama de pessoas em vários papéis e posições – por exemplo, usuários de mídias sociais e mecanismos de busca; *gamers* e *game designers*, cujo trabalho criativo é frequentemente usado sem compensação em apoio a plataformas de jogos; designers gráficos que submetem trabalhos para concursos de design; consumidores comuns que realizam as tarefas de ex-funcionários em nome do "autosserviço".

Você mostra que há muitas formas de trabalho heteromatizado, como o comunicativo, o cognitivo, o emocional e o organizativo. Estou particularmente interessado no trabalho comunicativo e no organizativo. Pode falar mais sobre eles?

As várias formas de trabalho heteromatizado que produzem valor na economia atual estão em ascensão, a começar pela comunicação. Esta é a primeira vez na história em que a própria essência da comunicação privada das pessoas se tornou um trunfo para as corporações: "Os dados são o novo petróleo", como afirmam os especialistas. Os bilhões de participantes do Facebook tornaram-se a maior força de trabalho não remunerada da história. Alguns números ajudam a colocar isso em perspectiva: entre 2008 e 2013, o número de membros do Facebook cresceu de 300 milhões para cerca de 1 bilhão. No mesmo período, sua receita passou de 300 milhões de dólares para 4 bilhões de dólares. Cenários semelhantes podem ser encontrados no Twitter, no LinkedIn e em outras mídias sociais.

O trabalho organizativo, por sua vez, tem a ver com a capacidade humana de coordenar atividades entre indivíduos e grupos. Outros animais, como abelhas, pássaros e lobos, também têm uma capacidade semelhante, mas apenas os seres humanos levaram isso ao mais alto nível, com a construção de ambientes e vários tipos de organização ao longo da história. Agora, instituições organizativas pressupõem gastos – elas precisam de infraestruturas, rotinas, registros, fluxos de informações etc. –, que constituem uma grande parcela de suas despesas, sejam essas instituições empresas privadas ou agências governamentais. Uma das inovações do capitalismo atual é terceirizar boa parte desses custos para as pessoas comuns. Pensemos na Wikipédia como fonte de informações para o mecanismo de buscas do Google. Eu não sei sobre o Brasil e a língua portuguesa, mas no mundo anglófono, sempre que se procura algo no Google, a Wikipédia é um dos principais resultados. Isso não é uma coincidência: o gigante da Califórnia encontrou nessa página colaborativa uma fonte barata (essencialmente gratuita) e autogerida, e que ainda apresenta certo grau de verificação e supervisão, com milhares de pessoas contribuindo com conhecimentos e experiências em vários assuntos. O mesmo pode ser dito sobre o Google Tradutor, que usa em seu sistema bilhões de pedaços de traduções produzidas por humanos.

Esses são exemplos de trabalho humano usado gratuitamente por corporações modernas. É assim que essas empresas podem se dar ao luxo de administrar seus negócios com um número mínimo de funcionários. Para ilustrar, a partir de 2018, as três principais empresas do Vale do Silício, juntas, contrataram menos de 200 mil funcionários, sendo 50 mil do Google, 20 mil do Facebook e 123 mil da Apple. Para colocar esses números em perspectiva, em 1990, as três principais montadoras de Detroit, com um quarto da receita e menos de um sexto da capitalização, empregavam dez vezes mais pessoas do que esses gigantes do Vale do Silício. A razão, novamente, é que, na realidade, essas corporações se beneficiam do trabalho de milhões de usuários, que não estão na folha de pagamento.

Como pensar, a partir de uma visão radical, mudanças e utopias reais em relação ao trabalho digital?

Essa é a pergunta de 2 milhões de dólares. Acredito que existe um potencial verdadeiro para a efetivação de uma utopia real, que pode nos permitir superar as circunstâncias atuais. Deixe-me esboçar brevemente os pontos-chave de tal utopia, que, em minha opinião, deve se basear em três princípios, atualmente sob forte ataque em nome da liberdade de mercado, da escolha pública e do crescimento econômico:

Os *laboratórios do trabalho digital*

liberdade, justiça social e sustentabilidade. Para reviver e implementar esses valores, são necessárias reversões sérias nas tendências atuais, um empreendimento difícil, mas não impossível. Primeiro, no que diz respeito às liberdades, as experiências das últimas décadas mostram de modo recorrente que os mercados deixados à própria sorte produzem economias descontroladas que regeneram a crise, aumentam a desigualdade, minam o bem-estar e a segurança das pessoas e destroem o meio ambiente. Uma abordagem alternativa deve frear os mercados e sua tendência a interferir em todos os aspectos da vida. Alguns componentes óbvios disso seriam a supervisão e a regulamentação, mas encabeçadas pelas comunidades e por seus conselhos, não por burocratas. Embora tal ideia pareça improvável no ambiente cultural de hoje, ela é praticada há muito tempo em diferentes partes do mundo: as cidades-estados autônomas de Jônia, na Grécia antiga; os municípios jeffersonianos da América antiga; as comunas e sovietes das Revoluções Francesa e Russa; a comunidade islandesa e o kibutz israelense. Essas comunidades demonstraram repetidas vezes a eficácia da autogovernança. Mesmo no caso da União Soviética, os relatos triunfalistas do capitalismo não deveriam nos cegar para as primeiras realizações dos sovietes. Um exemplo atual disso é a região curda autônoma de Rojava, que se baseia nos princípios federalistas de autodeterminação, democracia comunitária não estatista, participação de base e antinacionalismo.

Em segundo lugar, em relação à justiça social, essa visão utópica colocará a tecnologia moderna a serviço do bem-estar das pessoas e das comunidades – ao contrário da situação atual, em que os frutos de nossa engenhosidade coletiva atendem aos interesses de um número muito pequeno de indivíduos super-ricos. No que diz respeito à heteromação, o trabalho pago mediado por computador pode contribuir para rechaçar a ideia de que quarenta horas semanais seriam a base da propriedade e da respeitabilidade para um trabalhador. A heteromação pode dar lugar à noção de "casinha eletrônica", uma proposta de trabalho justo e mediado por computador, com promessas de autonomia e libertação das alienações da vida cercada por cubículos. Essa proposta provavelmente exigiria uma renda básica para que os trabalhadores não fossem levados à autoexploração. Questões assim não devem ser colocadas como "ou/ou", tal qual frequentemente são. Não há razão para que uma renda básica não possa ser associada a arranjos de trabalho remunerados, flexíveis e autônomos. O valor econômico atual do trabalho heteromatizado é indicativo de quantas atividades já são realizadas fora dos ambientes de trabalho convencionais; a tarefa, agora, é encontrar formas de isso ser recompensado.

Em terceiro lugar, esse futuro utópico precisa visar à sustentabilidade social e ambiental. Como tal, deve se destacar do pensamento que domina a política e os discursos em todo o mundo hoje. Uma alternativa está em andamento no movimento de "decrescimento", que defende não apenas a interrupção dos atuais padrões insustentáveis de consumo – particularmente na América do Norte –, mas uma séria redução na escala de produção. Temos de lembrar que, quando se trata da sobrevivência da espécie humana, o limite é a Terra – não o "céu", como a mentalidade do Vale do Silício tende a sugerir. Em suma, acredito firmemente que um futuro utópico impulsionado pelos princípios de liberdade, justiça social e sustentabilidade tem uma chance real de implementação efetiva em escala global, desde que as atuais formas hegemônicas de pensamento e governança sejam substituídas por alternativas viáveis. Aproveito para agradecer a oportunidade de conversar com o público do Brasil, país fundamental para mudanças socioculturais, econômicas, políticas e ambientais na América do Sul. Como tal, os brasileiros têm uma grande responsabilidade nas mudanças a serem empreendidas no hemisfério ocidental – e, por meio delas, no resto do mundo.

4

Não há trabalho sem comunicação

Roseli Fígaro

Roseli Fígaro é professora na Escola de Comunicações e Artes da Universidade de São Paulo (ECA-USP) e coordenadora do Centro de Pesquisa em Comunicação e Trabalho da mesma faculdade. Investiga a área há mais de vinte anos e é autora dos livros *Comunicação e trabalho – estudo de recepção: o mundo do trabalho como mediação da comunicação* (Anita Garibaldi, 2001), pesquisa realizada com trabalhadores da Mercedes-Benz; e *Relações de comunicação no mundo do trabalho* (Annablume, 2008), pesquisa realizada com trabalhadores da Siemens e da BCP/Claro. Além disso, é coautora da obra *As mudanças no mundo do trabalho do jornalista* (Atlas, 2013).

Ela tem dedicado seus esforços de pesquisa nos últimos anos à compreensão dos arranjos produtivos alternativos no trabalho jornalístico. Os resultados mais recentes estão no relatório *As relações de comunicação e as condições de produção no trabalho de jornalistas em arranjos econômicos alternativos às corporações de mídia* (ECA-USP, 2018)[1].

Nesta entrevista, a pesquisadora fala sobre o papel central da comunicação na formulação de respostas para os problemas do capitalismo e do mundo do trabalho e analisa as mudanças na atividade dos jornalistas, em especial a atuação das mídias independentes e alternativas.

O que significa considerar a comunicação como trabalho no contexto do capitalismo de plataforma?

De início, preciso falar que comunicação *não é* transmissão de informação. A comunicação é uma característica específica e especial do ser humano, porque tem a ver com a ontologia do ser social. Ou seja, é fundamento da formação do ser

---

[1] Disponível em: <http://www2.eca.usp.br/comunicacaoetrabalho/wp-content/uploads/E-book_FIGARO_As-rela%C3%A7%C3%B5es-de-comunica%C3%A7%C3%A3o-e-as-condi%C3%A7%C3%B5es-de-produ%C3%A7%C3%A3o-no-trabalho-de-jornalistas-em-arranjos-econ%C3%B4micos-alternativos-%C3%A0s-corpora%C3%A7%C3%B5es-de-m%C3%ADdia-2.pdf>; acesso em: 3 mar. 2021.

humano. Assim, afirmar que comunicação tem a ver com capitalismo de plataforma é dizer que comunicação *é* trabalho e *está* nele; portanto, o capitalismo, ao explorar o trabalho, explora a capacidade humana de comunicação. Por que Marx estudou o capitalismo? Não foi por gostar do sistema, mas pelo desejo de compreender seu funcionamento e entender como a sociedade acumula e para onde destina riquezas. Há um aspecto filosófico de extrema empatia e solidariedade na compreensão de Marx sobre o que é a humanidade. Quando dizemos que o ser humano é um animal específico, diferente dos outros, não é só pelo formato específico de seu corpo, já que cada animal tem sua especificidade corporal. O que o diferencia enquanto espécie é sua capacidade de produzir instrumentos e conceitos, sendo estes instrumentos do nosso pensamento. As ideias de planejar, de pensar o tempo, o antes e o depois, vinculam-se à capacidade de criar uma cultura específica, que se dá pela capacidade de o ser humano produzir os próprios meios de vida. É a partir disso que ele se produz a si mesmo, seu corpo, sua cultura.

Na ontologia do ser social, a comunicação e o trabalho são aspectos imbricados. O trabalho é impossível sem a relação com o outro, o acúmulo de experiências repassadas adiante, a criação de conceitos, a mediação de signos. Aí está a comunicação. E se buscamos entender o capitalismo hoje, notamos que ele atravessa uma fronteira que havia contornado até o século XX: a tecnologia era física, analógica, pautada em máquinas e instrumentos pesados. Nessa práxis simbólica, a ciência é um aspecto do trabalho. Mas no estágio atual do capitalismo e do desenvolvimento das forças produtivas, vivemos uma época fantástica em que a espécie humana cria condições de conexão que ultrapassam as dimensões de tempo e de espaço. Quando o ser humano inventa certas ferramentas que permitem essa relação, o que temos são instrumentos que potencializam a capacidade humana de produzir bens materiais ou imateriais – eu não gosto muito dessa ideia do *imaterial* – capazes de manter nossa sociedade viva e plena. Como dizia Marx, as necessidades da sociedade variam a cada tempo histórico. Não falamos apenas das necessidades básicas de sobrevivência – e mesmo elas o capitalismo nunca conseguiu suprir, e tampouco o fará agora, nesta fase financeira e de empresas de plataforma. Ao contrário, vimos na crise trazida pela pandemia de covid-19 que os milionários das empresas de tecnologia ficaram ainda mais ricos, enquanto as massas não têm acesso a hospital, álcool, água encanada, sequer a uma habitação para se proteger. Então, estamos chamando atenção para o fato de que a comunicação é um pilar do atual desenvolvimento tecnológico e uma fronteira a mais para a exploração capitalista.

Então a comunicação, por um lado, é expressão humana e, por outro, tem sido cada vez mais apropriada pelo modo de produção capitalista, inclusive no âmbito do trabalho digital?

Exatamente. O capitalismo sempre se apropriou do tempo social do trabalho humano, transformando-o em riqueza e tomando para si a potência do fazer do trabalhador. Sempre pensamos essa força apenas como física, como se o trabalhador fosse meramente aquilo que Frederick Taylor definiu: um corpo forte, sem cabeça para pensar; um "boi" de carne e osso. Não se admitia que essa força, desde sempre, tenha sido inteligência, subjetividade e comunicação. Isto é, toda a potencialidade de recriação e renormalização estão no trabalho real. E o trabalhador produz a partir disso porque as normas, o conhecimento dado, estabelecido e estabilizado, não dão conta das dinâmicas do real do trabalho. Isso não foi desvelado por Marx, mas pelos avanços dos estudos sobre o trabalho no século XX; o real do trabalho, ou seja, o momento de sua realização, exige o potencial da força física, da subjetividade, das inteligências, da comunicação. Esse saber sempre foi apropriado e transformado em valor, jamais retornando ao trabalhador na forma de recursos econômicos, de bens culturais e de capacitação técnica e acadêmica. Ele sempre teve de se virar sozinho, sempre foi deixado à míngua. Hoje não é diferente. Discursos como o do profissional "empreendedor", do *coaching* e tantos outros modismos encobrem o problema central: a desregulamentação dos direitos trabalhistas, a precarização das condições de trabalho e o desemprego. O capitalismo não dá conta de sanar as mazelas que cria e os avanços da ciência e da tecnologia assumem para os trabalhadores a forma de migalhas e consumo de rebarba. O capitalismo de plataforma se apropria cada vez mais da nossa capacidade de comunicação, de interação com os outros por meio de dados, que podem ser nossos corpos, olhares, gestos, gostos e nossas subjetividades. Isso tudo empacotado como mercadoria a ser negociada no mercado da publicidade, do controle social e da política em benefício do capitalista.

Você fala das relações entre comunicação e trabalho há mais de vinte anos. Se, por um lado, os estudos de comunicação sempre relegaram o trabalho a um segundo plano, por outro, as pesquisas sobre trabalho também têm na comunicação um ponto cego. O que acha que mudou nessas duas últimas décadas?

Muito pouco. Essa pergunta me dá a oportunidade de dizer que, no campo da comunicação, em exatos vinte anos de atuação, sempre me disseram que eu era uma pessoa séria, mas que "deveria deixar essas coisas para lá". E a área continua vendo a própria comunicação de uma maneira instrumental, pensando em público-alvo; mesmo hoje, com a inteligência artificial, o que se busca em termos de dados é aperfeiçoar cada vez mais a aproximação com esse alvo. Nos estudos do trabalho, quem tem alguma preocupação com a comunicação é a ergonomia, e ainda assim de maneira funcional, mais preocupada em observar o corpo e os gestos. Pensam a comunicação de uma maneira sistêmica, envolvendo departamentos, setores e o fluxo de ferramentas e normas. Mas a área da comunicação precisa assumir a responsabilidade de responder a perguntas que só cabem a ela, dado o momento que vivemos em relação às tecnologias e à desestruturação completa do Estado pelos fluxos do financismo e do rentismo. O que se mostra são meios, conexões e ferramentas que possibilitam fluxos de dinheiro, matérias e mercadorias.

48 Os *laboratórios do trabalho digital*

Para além disso, há a apropriação de informações e dados das pessoas, o que constitui o grande banco do capitalismo hoje. Apenas a comunicação pode responder como a sociedade vai interagir com essa expropriação. As disputas hegemônicas estão postas. Como humanizaremos esse processo e alcançaremos melhores condições de vida se não compreendemos, do ponto de vista comunicacional, o que está acontecendo? Como o capitalismo se apropria dessa capacidade humana de comunicação e trabalho? Do ponto de vista do desenvolvimento das forças produtivas, ele abriu uma nova fronteira. Nunca estivemos tão próximos das condições ideais para o socialismo, para outro mundo possível, para a humanização da humanidade. Do ponto de vista da organização, porém, não temos forças políticas capazes de dar respostas a essa base que está preparada. E se a comunicação não analisar o que está acontecendo, não ofereceremos respostas que criem uma organização política para dar conta dos desafios que estão colocados.

Publicada em 2013, a pesquisa *As mudanças no mundo do trabalho do jornalista* apontava que esse profissional não se via como trabalhador. Atualmente temos visto a emergência de novas formas de fazer jornalismo e de organização de trabalhadores. Que balanço você faz disso?

Em 2013, em um curso de extensão, falávamos que o que mais havia mudado no setor da comunicação era a empresa de comunicação, porque as plantas empresariais que conhecemos no fim do século XX estavam completamente implodidas. Lembro-me do olhar inquisidor dos muitos jornalistas e alunos que estavam nesse curso. Então, podemos dizer que o que mais mudou foi a própria empresa capitalista e a ideia de como se organiza um empreendimento privado. Tudo isso foi remodelado. No jornalismo, isso se deu de maneira cruel, afetando não apenas os grandes conglomerados nacionais de mídia, mas promovendo o desemprego de milhares de trabalhadores e a precarização das condições de trabalho. No Brasil, até a instauração da obrigatoriedade do diploma*, os jornalistas eram trabalhadores de classe média, média-baixa, intelectualizados. Mas, quando passa a ser exigido do jornalista que tenha uma formação universitária, em um período em que a universidade, sobretudo a pública, ainda era bastante restrita, dá-se a elitização desses profissionais. A redemocratização e os planos econômicos dos anos 1980 e 1990 geraram um momento de deslumbramento dessas empresas jornalísticas, que ganharam muito dinheiro e, com isso, concederam prêmios e viagens aos editores, além de muitas comemorações. Ali havia uma elite de jornalistas, que criava certo *habitus,* nos termos de Pierre Bourdieu, de como era ser jornalista, de como se enquadrar naquela profissão. Havia uma aspiração: "Eu posso ter uma carreira".

---

* A obrigatoriedade do diploma de jornalista para trabalhar na área foi derrubada pelo Supremo Tribunal Federal (STF) em 2009. (N. O.)

No entanto, uma quebra da identificação que o jornalista tradicionalmente tinha – e foi bastante forte – se deu com os trabalhadores gráficos. Acredito que que a demarcação dessa ruptura foi a greve dos jornalistas de 1979, em São Paulo. Historicamente, era muito grande essa identidade do jornalista com o conjunto dos trabalhadores da empresa, com os gráficos, com quem compunha o jornal no linotipo. Com a reestruturação produtiva, os computadores, o distanciamento da gráfica e todo o *boom* nos conglomerados brasileiros nos anos 1990, criou-se uma elite de jornalistas que passou a inspirar os quadros novos que também almejavam esses postos. Hoje ainda temos essa elite de jornalistas, mas há um número muito maior de profissionais completamente no desalento, ou seja, fora daquelas plantas reestruturadas das grandes empresas de comunicação. Os próprios veículos hoje buscam soluções pouco jornalísticas para se manter comercialmente. Também a universidade atende um público mais amplo. Em São Paulo, por exemplo, há muitos cursos de jornalismo que formam os primeiros da família em uma universidade. São filhos de trabalhadores terceirizados e informais que moram nas periferias e que querem praticar um jornalismo voltado para essa camada mais oprimida da população, com quem melhor se identificam. Há aí uma mudança. Nossas pesquisas sobre os novos arranjos produtivos no trabalho de jornalistas demonstram uma identidade muito maior desses profissionais com outros trabalhadores, mesmo com aqueles que são "empreendedores de si próprios". Espero que isso continue. É o melhor caminho para o jornalismo. O outro caminho é a sua "uberização", com as informações sendo entregues como produção de conteúdo para curadoria humana ou de robôs.

Por que você chama de "arranjos produtivos" as iniciativas de mídia independente e alternativa?

Em um tempo de incertezas e instabilidade, como conceituar algo que pode mostrar a mudança que ainda não chegou a se efetivar? Um arranjo é uma forma de organização, mas que ainda está em preparo, em aberto. Esse termo também é usado na literatura econômica para se referir a organizações locais em situações mais débeis de desenvolvimento, como os arranjos produtivos locais. As pesquisas do professor Wilson Suzigan[2], da FGV, revelaram que esses arranjos não deram muito certo em nosso país. Já na Itália, eles provocaram uma renovação do desenvolvimento capitalista local. Então, o que vi na literatura econômica é que o termo "arranjo produtivo local" também pressupunha instabilidade, num campo semântico que mostra algo em formação, em processo. E, embora venha

---

[2] Ver Wilson Suzigan, *Identificação, mapeamento e caracterização estrutural de arranjos produtivos locais no Brasil*; disponível em: <https://www3.eco.unicamp.br/Neit/images/destaque/Suzigan_2006_Mapeamento_Identificacao_e_Caracterizacao_Estrutural_de_APL_no_Brasil.pdf>; acesso em: 8 mar. 2021.

50 Os *laboratórios do trabalho digital*

da literatura econômica e depois tenha sido apropriado pelo Sebrae para falar de empreendedorismo, o aspecto mais forte no sentido do termo continua sendo a instabilidade. É o arranjar-se. A partir disso, propus a ressemantização, mantendo essa ideia fundamental que é o processo, algo que está se arranjando, mas acrescentando os qualificativos "independente" e/ou "alternativo".

Como, a partir da pesquisa, você tem compreendido as potencialidades e os limites desses arranjos jornalísticos alternativos e independentes?

Os limites são enormes, porque são da ordem do sustento. Isso quer dizer que as pessoas que vão para um arranjo estão sem suporte. Não têm um emprego ou uma empresa estável. Estão em um mar revolto, tentando, com outros, arranjar-se, lutando por uma independência financeira para suprir as necessidades básicas e fazer bem o seu trabalho. O sistema do capital não vai facilitar para esses corajosos jornalistas que querem fazer seus arranjos de trabalho. Há muitas dificuldades do ponto de vista do sustento, e há diversos estudos sobre isso, mas não no sentido de trazer emancipação. Exemplo disso é a Fundação Open Society, que está muito interessada nesses arranjos para continuar entendendo como aplicar financeiramente nas empresas digitais. Ela compreende que, na ponta do trabalho dos jornalistas desses arranjos, há muita criatividade e inovação, o que corresponde às buscas dos financistas por um retorno das aplicações no mercado de tecnologia. Saber dos riscos e das possibilidades é um privilégio.

Aqueles que atuam nesses arranjos jornalísticos não querem sobreviver fazendo qualquer coisa, ou permaneceriam onde estavam. Eles querem viver de seu trabalho praticando um bom jornalismo. Essa é uma dificuldade, mas também é a potencialidade, o novo e a solução, porque esses profissionais são movidos por uma energia e uma potência impressionantes, que mostram para a sociedade que é possível ter informação de qualidade proveniente de outras fontes que não as dos sacramentados conglomerados de mídia. Penso, contudo, que eles têm de encontrar tempo para se organizar enquanto força associada para enfrentar as plataformas e para exigir o direito de receber dessas empresas o valor das informações que produzem. Nós temos de lutar pela regulamentação da atuação dessas empresas de plataforma. Elas já reconhecem, de maneira inteligente, essa necessidade, porque passaram a comprar serviço de produtores de conteúdo, como *Folha de S.Paulo* e *O Globo*, obtendo ainda mais lucro ao captar a enorme verba publicitária que eles têm e que antes era direcionada para rádio, televisão, jornal e revistas. Há um movimento na sociedade que mostra como a lógica de monetização das empresas de plataforma provoca a desinformação. As denúncias de vazamentos seletivos também são sérias. Tudo isso faz com que percebam que não podem correr o risco de continuar sendo as vilãs da desinformação. Para se qualificarem, começaram a pagar pela informação dos tradicionais produtores jornalísticos. Por que não podem pagar para os novos arranjos?

Em que medida a agenda predominante voltada às *fake news* – vinda da imprensa tradicional e do campo acadêmico – não acaba ajudando a discriminar ainda mais os arranjos alternativos?

Muita gente reproduz os manuais dos meios de comunicação tradicionais dizendo que quem faz jornalismo profissional é a *Folha*, *O Globo*, o *Estadão*. Só nos últimos cinquenta anos, temos vários exemplos da atuação dos conglomerados desinformando a população em momentos decisivos da política nacional*. Mas os discursos hegemônicos, tanto da academia quanto do jornalismo tradicional, acabam por depreciar os arranjos alternativos dizendo que não fazem "jornalismo profissional", que fazem "jornalismo-ativismo" ou "jornalismo-engajado". Ou seja, acabam por estigmatizar o trabalho jornalístico que tem outro ponto de vista editorial.

Qual a responsabilidade política do pesquisador em comunicação e trabalho em relação aos impactos sociais dessa área?

Se hoje reivindico que a comunicação tenha o protagonismo que a sociologia teve no século XX, isso também tem a ver com a responsabilidade da área em contribuir para que as pessoas e os grupos organizados possam avançar nas formas de responder a todas as mazelas que o capitalismo tem criado. A contribuição que damos é no sentido de fazer com que a sociedade possa avançar. Depois de nossas pesquisas no Centro de Pesquisa em Comunicação e Trabalho (CPCT) sobre o mundo do trabalho dos metalúrgicos, tentamos devolver os resultados em seminários com o sindicato da classe e com a imprensa e as centrais sindicais, isso nos anos 2000. Mais tarde, quando começamos as pesquisas na área de comunicação, fizemos reuniões com sindicatos de jornalistas e com jovens profissionais, traçando questionamentos e reflexões a partir dos dados que as pesquisas mostraram. No último relatório de pesquisa, concluímos que é possível pressionar por políticas públicas que promovam a regulamentação das empresas de plataformas sobre as informações e os dados produzidos pelos arranjos do trabalho dos jornalistas. Poderíamos ter ido além, mas o momento político tem mudado nosso foco no sentido de levar essas ideias para a Câmara Municipal e para a Assembleia Legislativa, buscando discutir também a legislação para os ajudar a sobreviver. Mas acho que avançaremos um pouco mais, ampliando o leque da pesquisa para outros trabalhadores, principalmente os de plataformas digitais. Talvez com isso possamos avançar nessa proposta sobre políticas públicas.

---

* Como deixa claro a atuação desses serviços nos anos 1960, início da ditadura militar. (N. O.)

5

A organização do trabalho nos galpões da Amazon

Alessandro Delfanti

Alessandro Delfanti, professor de Cultura e Novas Mídias da Universidade de Toronto, é coautor do livro *Introduction to Digital Media* (Wiley, 2019) e pesquisador das áreas de economia política de ciência e tecnologia, contraculturas digitais e resistência de trabalhadores em contextos digitais. Sua pesquisa mais recente foca as condições materiais de trabalho nos centros de distribuição da Amazon, de gerenciamento a tecnologias algorítmicas. Nesta entrevista, Delfanti fala sobre a pesquisa na Amazon, as resistências dos trabalhadores das plataformas e o futuro do trabalho.

Afinal, quais são as condições materiais de trabalho nos centros de distribuição da Amazon?

Essas condições já foram investigadas algumas vezes, especialmente por jornalistas. Nos últimos anos, porém, os trabalhadores também têm produzido testemunhos sobre a condição de trabalho em alguns desses lugares. Por um lado, o processo é basicamente padronizado ao redor do mundo nos centros de distribuição da Amazon. Há condições similares em termos de como o processo é realizado e sua relação com a tecnologia, apesar de haver tipos diferentes de galpões. Desse modo, os galpões seguem mais ou menos os mesmos padrões e o mesmo processo de entrega de mercadorias em muitos países. O *scanner* portátil de códigos de barras é o principal instrumento de trabalho, sendo utilizado pelos trabalhadores nos próprios crachás para fazer login no sistema. Essa ferramenta possui uma pequena tela sensível ao toque que identifica o item a ser buscado e a sua localização no galpão, por meio de algoritmos que alimentam o inventário. Então, o trabalhador deve seguir as instruções oferecidas pelo *scanner* portátil e andar até determinada área do galpão, por exemplo: segundo andar, corredor C, célula 45/B. Lá, ele pega um item, digamos, um livro, e escaneia seu código de barras. Assim, o sistema é informado de que aquele livro foi "resgatado", como dizem, e está a caminho das fases de processamento e empacotamento. Esse é o tipo de trabalho mais comum para um apanhador (ou *picker*, como é chamado em inglês), e podemos resumir sua atividade assim: são pessoas que trabalham com base em instruções fornecidas por um *scanner* portátil, resgatando e entregando itens. Basicamente, o algoritmo designa tarefas, mas também captura conhecimento por meio de informações, registrando, por exemplo, quando um determinado item foi resgatado e quando ele estará pronto para processamento, empacotamento e envio ao cliente.

Há outros galpões mais automatizados: os apanhadores não andam por eles, mas trabalham em estações fixas e são os robôs que pegam as prateleiras certas e movem-nas até eles para que possam resgatar os itens assinalados. Os robôs são chamados Kiva Robots e contribuem para que esse tipo de galpão seja mais automatizado. Há galpões nos quais o trabalhador de fato circula por esse inventário gigantesco, de múltiplos andares, com prateleiras enormes. É um trabalho físico e manual em todos os casos. Há um determinado ritmo que você precisa atingir e manter a partir da velocidade ditada pelo algoritmo que dá suporte ao software do inventário.

Muitas das considerações sobre as condições materiais de trabalho na Amazon são feitas a partir da leitura de reportagens ou de pesquisas realizadas pelos próprios trabalhadores. Em muitos casos, eles ressaltam a repetitividade física na natureza do trabalho e a incrível flexibilidade de horários exigida dos trabalhadores para que os turnos possam ser designados em uma lógica praticamente diária, dependendo da demanda prevista pela Amazon para cada dia. Então, acho que existe um *mix* de gestão algorítmica similar ao que acontece, por exemplo, nas empresas da *gig economy*. Para um motorista da Uber, por exemplo, isso se dá com um celular assinalando uma tarefa. Para um apanhador de um galpão da Amazon, é o *scanner* portátil que lhe atribui tarefas, rastreia e controla suas atividades. Há relatos de trabalhadores que precisaram urinar em garrafas por não terem direito a intervalos para ir ao banheiro, em meio a um ambiente despótico de gestão, que pressiona e explora ao máximo sua força laboral. Essa realidade não é absoluta, pois depende da cultura política e institucional de cada país em que estão instalados esses centros de distribuição. Depende também de fatores como quem são os gerentes e quão fácil é repor a força de trabalho naquele local. Há uma rotatividade muito alta de trabalhadores: eles tendem a durar de quatro meses a poucos anos na função, o que é estimulado pela própria Amazon, por causa do limites físicos e psicológicos desse ritmo de trabalho. Então, a empresa tende a encorajar as pessoas a ir embora, a pedir demissão. Ela oferece uma recompensa financeira àqueles que se demitem após alguns anos em um galpão da Amazon.

Qual é o papel dos robôs e dos algoritmos na organização do trabalho na Amazon?

Nos centros de distribuição mais analógicos, há apenas o *scanner* portátil de códigos de barras e o algoritmo do sistema organizando o trabalho. Naqueles mais digitais, os robôs promovem a automação parcial de algumas tarefas, como os já referidos movimentos de prateleiras na direção dos trabalhadores ou, recentemente, a introdução de máquinas que empacotam as mercadorias. Há uma produção crescente de tecnologia no galpão, mas não é tão *high tech* como se imaginaria. A estrutura fundamental é o sistema, o algoritmo do inventário, que retém a posição de todos os itens do galpão de acordo com o que eles chamam de "armazenamento caótico". Nesse modelo, os trabalhadores estocam as mercadorias nas prateleiras de maneira quase aleatória, com poucas regras, de modo que apenas o algoritmo do sistema captura e registra a posição de cada um dos itens, por meio do *scanner* de código de barras. Imagine que um trabalhador precisa armazenar um determinado número de ursos de pelúcia. Ele os coloca em setores diferentes e utiliza o *scanner* portátil em cada mercadoria e no local onde ela está, cabendo ao algoritmo processar essa informação e saber onde encontrar as diferentes cópias do ursinho de pelúcia. Nenhum ser humano possui esse conhecimento, nem os trabalhadores nem os gerentes sabem onde as mercadorias estão. O inventário desses centros de distribuição é tão complexo e vasto que a principal função do software é racionalizá-lo, capturando conhecimento sobre a posição de um item e usando essa informação para atribuir tarefas aos apanhadores e dirigi-los à mercadoria certa. Se um cliente encomendar, digamos, um livro, o infame ursinho de pelúcia e um *pen drive*, é possível que o algoritmo mande três trabalhadores diferentes para resgatar cada um desses objetos e que depois convoque outros trabalhadores para juntar o pedido e colocar esses itens em uma única caixa que será embalada e enviada ao comprador.

Na literatura sobre trabalho digital, há muitas críticas à economia de plataforma, mas ainda há poucos estudos sobre alternativas e resistências. Como avançar nisso?

Há pesquisadores importantes, como Jamie Woodcock, Callum Cant e Enda Brophy, trabalhando com essa perspectiva. Existem alguns estudos nos Estados Unidos que dão especial atenção aos tipos de organização de trabalhadores na *gig economy*, assim como teses de doutorado na Europa continental e no Reino Unido centrados em formas emergentes de organização e resistência de entregadores e motoristas de empresas de plataforma. Eu não acho que há poucos estudos, mas sim que se trata de um campo emergente, com um número crescente de pesquisas sendo realizadas e com muitas publicações a caminho, o que certamente transformará o atual cenário.

Você mesmo foi um dos organizadores do evento Log Out!...

Sim, e publicamos uma edição especial na revista *Notes from Below*[1], em que tentamos começar a organizar, de maneira coerente e consistente, algumas das ideias que vêm de estudos sobre resistência de trabalhadores à economia digital. Esse tipo de

---

[1] Alessandro Delfanti e Sarah Sharma, "Log Out! The Platform Economy and Worker Resistance", *Notes from Below*, n. 8, 2019; disponível em: <https://notesfrombelow.org/article/log-out-platform-economy-and-worker-resistance>; acesso em: 4 mar. 2021.

56 Os *laboratórios do trabalho digital*

mudança tecnológica radical, ou reorganização radical de processos gerados por novas tecnologias algorítmicas e plataformas digitais, é algo bem recente. Apesar disso, já testemunhamos várias greves, lutas e formação de organizações e sindicatos, o que nos leva a crer que esse tem sido um processo mais acelerado que outros na história do movimento trabalhista, com respostas bem rápidas a uma transformação radical também em relação à tecnologia. Acho que essa é uma peça importante do quebra-cabeça, além do fato de ser em escala global. É bem interessante por causa do tipo de poder generalizador na organização de processos que essas tecnologias têm, por causa da natureza global de algumas dessas empresas. Temos testemunhado alianças e formas similares de resistência dos trabalhadores em todo o mundo. Há pesquisas sobre a luta dos motoristas na China, na Índia e nos Estados Unidos, dos entregadores na Europa e no Canadá. Há trabalhadores da Amazon em todos os continentes. É algo que vem se estruturando, crescendo e estreitando laços entre diferentes países e indústrias. Talvez ainda não haja muitas publicações acadêmicas, mas há muita efervescência política, o que alimenta as expectativas em torno de pesquisas futuras.

Você afirma que a automação é usada mais para controlar, intensificar e desqualificar (*deskill*) o trabalho do que para o substituir. A partir disso, como reposicionar as discussões sobre o futuro do trabalho?

Essas discussões tendem a despolitizar tal futuro ao assumir que a tecnologia é um tipo de força externa independente do ambiente político e de quaisquer escolhas políticas ou coletivas. Isso tem a ver com o fato de o determinismo tecnológico ainda prevalecer, especialmente no campo dos negócios. Acredito que o ponto de vista dos trabalhadores seja central. Do ponto de vista teórico e acadêmico, é necessário olhar para como os trabalhadores respondem a essas mudanças e como eles imaginam o futuro da automação, ou seja, como eles imaginam as mudanças em sua vida a partir do tipo de automação futura que será de fato colocada em prática em nossos ambientes de trabalho.

Portanto, a concepção da tecnologia como algo externo ignora uma peça enorme do quebra-cabeça. É preciso analisar como diferentes forças sociais se moldam, com a adoção, o design e o uso de novas tecnologias, mas sem ignorar os trabalhadores, que são atores centrais no futuro do trabalho. É necessário observar também empresas, engenheiros e formuladores de políticas públicas para entender as forças que estão moldando as tecnologias relacionadas a um possível cenário do futuro do trabalho. Do ponto de vista político, incluir os trabalhadores nessa questão é fator crucial para a promoção de uma sociedade em que a automação seja utilizada em prol dos trabalhadores e não para o aumento da exploração. Eu acho impossível entender a automação em um vácuo, como se tivesse sido apenas produzida em algum lugar, independentemente de forças sociais e modelos trabalhistas. E, politicamente, a força de trabalho pode e deve ter lugar de fala na tomada de decisão em relação a novas tecnologias de automação, em vez de ser considerada meramente um alvo de seus efeitos.

6

Trabalho em plataformas é trabalho de minorias

Niels van Doorn

Niels van Doorn, professor da Universidade de Amsterdã, coordena a Platform Labor, uma pesquisa sobre trabalho em plataformas nas cidades de Nova York, Berlim e Amsterdã. Ele parte de dois questionamentos: o primeiro é sobre como as pessoas se sustentam em circunstâncias precárias; o segundo, sobre como a noção de valor surge na intersecção entre economia política e economia moral. Van Doorn afirma que as plataformas são novos locais de acumulação do capital e que nelas há clivagens de gênero e raça. Além disso, aponta que, no contexto europeu, a migração é um componente-chave para compreender o trabalho em plataformas.

Como você define o trabalho em plataformas?

Trata-se simplesmente do trabalho mediado, organizado e governado por plataformas digitais, seja por meio de um aplicativo no smartphone do trabalhador, no caso de muitos serviços incorporados localmente, ou por meio de notebook, computador de mesa ou tablet, no caso de microtrabalho ou de outras formas de trabalho on-line. Uma característica central desse processo é o que chamo de sua "produção dual de valor", ou seja, como o valor monetário do serviço prestado é incrementado pelo valor de uso e pelo valor especulativo dos dados produzidos antes, durante e depois da prestação de serviços. O trabalho em plataformas é, portanto, essencialmente trabalho de produção de dados e treinamento de algoritmos. Isso é o que o torna tão valioso, e, em contrapartida, tão desvalorizado e explorado, como muitos outros serviços de baixa renda que já existiram. Por isso o trabalho plataformizado é uma dimensão-chave do capitalismo de plataforma financeirizado: sem pessoas fornecendo todo tipo de serviços de dados que sustentam não só outras pessoas, mas também máquinas (produção de IA), não haveria capacidade de arrecadar tanto capital de risco e outras formas de investimentos financeiros.

Como o trabalho em plataformas se relaciona a questões de gênero, raça e classe?

Primeiramente, eu diria que ele é moldado por essas forças da mesma forma que outras formas de trabalho de serviços (de baixa renda). De fato, no trabalho em plataformas, há muita reprodução de desigualdades e exclusões com base em raça, gênero e classe. Em contraste com minha resposta anterior, que tentou oferecer uma visão universalizante e abrangente sobre essa dinâmica, aqui eu gostaria de enfatizar que não existe realmente algo como trabalho em plataformas em sentido abstrato. Em vez disso, existem apenas plataformas específicas inserindo-se em mercados específicos para serviços e bens específicos. Então, as relações entre trabalho em plataformas e gênero, raça e classe só podem ser definidas caso a caso. O Uber Eats é muito diferente do Helpling, que, por sua vez, é muito diferente do Upwork.

O que estou tentando fazer em minha pesquisa é descobrir quem trabalha *com* e *para* essas plataformas, além de *como* e *por que* isso ocorre: como o trabalho em plataformas realmente funciona? Por quanto tempo e por quais motivos? Estou muito interessado na distribuição desigual de oportunidades e nos desafios do trabalho em plataformas nas três cidades que estudo, Amsterdã, Berlim e Nova York, e estou atento também a como essa distribuição desigual é fortemente influenciada pelas disparidades de gênero, raça e classe existentes. Ao mesmo tempo, o trabalho em plataformas também pode contrariar essas disparidades ou exclusões, normas ou desigualdades. Mas essa é uma questão empírica e na qual trabalho no momento, afastando-me um pouco de meus escritos anteriores sobre as formas herdadas de violência e dominação estrutural que lançam uma sombra sobre a *gig economy*, apesar de seus esforços para apagar essa história e ressemantizar o trabalho de bico como algo empreendedor.

Quais são os primeiros achados da pesquisa Platform Labor?

O projeto ainda está em fase inicial, ainda estamos fazendo coleta de dados e trabalho de campo. É por isso que fico um pouco hesitante em revelar quaisquer "descobertas" definitivas sem ter tido tempo para analisar adequadamente todo o material coletado. Dito isso, em nosso site[1], publicamos regularmente as chamadas "notas de pesquisa", que dão ao leitor uma visão das pesquisas em andamento e dos achados experimentais. Eu diria que uma das principais revelações da minha pesquisa sobre plataformas de entrega de comida e de limpeza é que a situação é muito diferente em Nova York e em Berlim. Uma das razões é que o custo de vida é muito maior na primeira cidade, especialmente no que diz respeito ao aluguel, enquanto os pagamentos por meio da entrega de comida e de plataformas de limpeza são relativamente baixos. Isso torna o trabalho em plataformas em Nova York muito mais precário, o que significa que pessoas entregadoras e faxineiras

---

[1] Disponível em: <https://platformlabor.net/>; acesso em: 7 mar. 2021.

nessa cidade costumam trabalhar por mais horas, estando expostas a maiores riscos, ao mesmo tempo que é mais difícil satisfazer suas necessidades. Mais pessoas em Nova York também dependem do trabalho em plataformas. Em geral, elas trabalham de trinta a quarenta horas por semana, às vezes mais, enquanto em Berlim as pessoas frequentemente têm projetos paralelos e trabalham por menos horas. Outra conclusão é que o trabalho em plataformas é *trabalho migrante e de minorias*: a entrega de comida e a limpeza sempre foram serviços feitos em geral por homens e mulheres não brancos, migrantes com poucas oportunidades, e isso não é diferente quando esse trabalho é governado por aplicativos. Embora essas empresas formalizem, de certa maneira, economias historicamente informais, elas também perpetuam formas de precarização e improbidade – como assimetria de informações, espoliação de salário, falta de apoio e inexistência de direitos trabalhistas –, sabendo que os trabalhadores migrantes, especialmente os mais precários, não estarão em posição de protestar. Dado que as organizações trabalhistas das duas cidades analisadas até agora tiveram pouco sucesso ou interesse em organizar coletivamente os trabalhadores de plataforma, as empresas continuam a se safar.

Tenho buscado organizar fóruns e workshops com trabalhadores, como o Cornell's Worker Institute[2], em Nova York, e a Fairwork Foundation[3], em Berlim, reunindo diferentes grupos de *stakeholders* para, no mínimo, iniciar um diálogo entre trabalhadores, representantes de plataformas, advogados e formuladores de políticas públicas e potencialmente forjar algumas mudanças locais, ainda que pequenas e provisórias. A questão é que muitos trabalhadores de plataforma nos dizem que esse tipo de trabalho é uma grande oportunidade, mesmo que discordemos. Isso significa que, enquanto tudo estiver correndo bem, receberão o seu dinheiro. Mas é diante de algo inesperado, como um acidente ou uma lesão, um pneu furado ou uma bicicleta roubada, que os trabalhadores percebem que dependem somente de si mesmos, no máximo de amigos ou familiares, pois é esperado que assumam todo o risco de serem "contratados independentes". Enquanto para alguns isso pode não ser um problema, outros são menos capazes de assumir, ou mesmo de entender, todas as responsabilidades.

Você escreveu uma resenha do livro *Uberworked and Underpaid* (Polity, 2016), de Trebor Scholz, em que faz críticas muito interessantes ao cooperativismo de plataforma. Quais podem ser as alternativas ao cenário do trabalho plataformizado?

Acredito que qualquer alternativa à economia do compartilhamento corporativa ou à *gig economy* terá de surgir na intersecção entre iniciativas de base da sociedade civil e o apoio do Estado. Isso quer dizer que precisamos de ideias originais, de

---

[2] Disponível em: <https://www.ilr.cornell.edu/worker-institute>; acesso em: 7 mar. 2021.
[3] Disponível em: <https://fair.work/en/fw/homepage/>; acesso em: 7 mar. 2021.

60   Os *laboratórios do trabalho digital*

experimentação financiada e, o mais importante, de vontade política. Este último elemento, infelizmente, é algo em falta, mesmo agora, quando os governos começam a levar a sério a regulamentação de grandes plataformas corporativas como Facebook, Uber e Airbnb. Acho que estamos nos aproximando de um ponto de virada e a vontade política de perturbar o domínio das plataformas corporativas deve aumentar nos próximos anos. No entanto, uma coisa é limitar o poder das empresas de plataformas e outra é propor alternativas sustentáveis e equitativas. Aqui, acredito que o trabalho do professor K. Sabeel Rahman é pertinente e inovador, especialmente sua ideia de tratar plataformas como serviços públicos.

Mais uma vez, penso que qualquer alternativa viável às economias corporativas de "compartilhamento" terá de envolver as instituições públicas, ou seja, o poder do Estado. Embora tenha plena consciência da cumplicidade histórica do Estado na perpetuação – e também na criação ativa – das desigualdades de gênero, classe e raça, bem como seu papel fundamental no fortalecimento da exploração e dominação capitalistas, acredito que é a única instituição com poder suficiente para se voltar contra corporações emergentes do capitalismo de plataformas: empresas de plataformas e "metaplataformas", como a Softbank. Tudo se resume, a meu ver, à vontade política, o que significa dizer que nós, cidadãos, temos de levantar nossa voz e agir para catalisar as mudanças. Quanto ao cooperativismo de plataforma, continuo a ser um "apoiador cético" dessa ideia e desse movimento, que espero ver florescer, mas receio não ser capaz de fazê-lo sem o apoio estrutural de instituições públicas que podem ser democraticamente responsabilizadas.

7
Tempo, gênero e tecnologia no trabalho

Judy Wajcman

Judy Wajcman é professora da Escola de Economia e Ciência Política de Londres e tem se dedicado à investigação de questões relativas a tecnologia, tempo, gênero e trabalho. Entre seus livros mais famosos estão *TechnoFeminism* (Polity, 2004) e *Pressed for Time: The Acceleration of Life in Digital Capitalism* (The University of Chicago Press, 2007). Wajcman considera a tecnologia uma prática sociomaterial que resulta de uma série de decisões tomadas por grupos em tempos e espaços específicos. Da mesma forma, as práticas temporais também são sociomateriais, e a organização social do tempo depende de questões de gênero e classe. Portanto, as práticas tecnológicas e temporais afetam concretamente a vida de trabalhadoras e trabalhadores.

Nesta entrevista, a pesquisadora fala sobre sua pesquisa mais recente, em que trata dos calendários digitais como parte de uma racionalidade mais ampla do Vale do Silício de "gestão eficiente do tempo", e comenta tópicos que marcaram sua trajetória, como tecnologia, aceleração, tempo e trabalho, apontando como essas questões são atravessadas por relações de gênero.

Conte-nos um pouco sobre sua pesquisa mais recente envolvendo os calendários digitais e o projeto do Vale do Silício em relação à tecnologia e ao trabalho.

A cultura do Vale do Silício valoriza hiperprodutividade e jornadas de trabalho muito extensas. Os valores primários do Vale do Silício se relacionam ao uso eficiente e produtivo do tempo para maximizar a jornada de trabalho. Assim, os calendários digitais foram projetados para otimizar o tempo e agendar os eventos, de modo que as reuniões sejam organizadas da maneira mais eficiente possível. Uma das minhas preocupações é que isso, de certa maneira, exacerba esse tipo de ideologia da produtividade, eficiência e cultura *workaholic* e não incentiva que o tempo seja gasto com outras atividades. Eu presumo que as pessoas que trabalham nessas empresas da Califórnia são basicamente jovens e sobretudo do sexo masculino, provavelmente sem filhos, podendo se dedicar a longas horas de trabalho.

62 Os *laboratórios do trabalho digital*

Mas os calendários e algoritmos são projetados para maximizar a eficiência tanto do trabalho quanto do lazer.

Tenho tentado apreender o que chamo de *éthos* do Vale do Silício. Por um lado, é a ideia de que o mais importante na vida é trabalhar, e trabalhar duro, e isso é uma crença incrível para o progresso tecnológico e o uso das tarefas automatizadas. Por outro lado, muita energia é gasta na automação, em vez de na qualidade do trabalho ou na alocação de pessoas. Outro ponto é que, em certa medida, todos esses locais de trabalho presumem que muitos trabalhadores de serviço estarão a seu dispor. Mas é raro lermos, quando se trata dessas grandes empresas, sobre limpadores, cozinheiros, motoristas e entregadores, todo esse trabalho massivo que é muito mal pago.

Em seu livro mais recente, *Pressed for Time*, você relaciona tecnologia e tempo a partir de uma perspectiva sociomaterial. O que isso quer dizer exatamente?

Antes que tivéssemos relógios com pêndulos, as pessoas viveram a maior parte da história sem sequer ter uma ideia do que era um *segundo* ou mesmo um *minuto*. Depois, muito foi escrito sobre a modernidade e o papel crucial dos relógios, sobre ferrovias, telégrafos, fábricas, inclusive teorias marxistas sobre a jornada de trabalho. Tudo isso depende de as máquinas serem artifícios precisos de cronometragem. E é isso o que quero dizer com materialidade social. Se esses objetos não existissem, o mundo seria um lugar diferente. Nós assumimos que o modo como calculamos o tempo, em termos de segundos e minutos, é algo natural, mas na verdade, isso tem apenas algumas centenas de anos. Essa noção de tempo, de forma suave e progressiva, é uma construção histórica da Idade Moderna.

Isso não está no livro, mas certo dia um colega turco veio me visitar no trabalho e me contou sobre um romance de seu país que eu não conhecia chamado *Instituto para a Regulação do Tempo**. A obra é sobre a adoção pela Turquia da cronometragem ocidental e sobre quão emblemático isso foi para todo o projeto de modernidade do país. Uma parte do processo de "tornar-se moderno" era adotar o horário e as práticas ocidentais de cronometragem. Isso é muito interessante porque revela uma espécie de noção cultural do tempo que foi imposta ao mundo inteiro. Se você não adota o tempo ocidental, você não é "moderno", não entra no "mundo moderno". Isso é pensar de forma sociomaterial. As máquinas ditam o tempo. Nós contamos o tempo a partir delas.

E esse tipo de perspectiva nos ajuda a desconstruir a ideia de uma aceleração do tempo diretamente ligada às tecnologias...

Quando escrevi o livro, queria desmistificar essa noção de aceleração. Parece-me que muitas das teorias sobre aceleração são deterministas tecnologicamente, pois

---

* No original, *Saatleri Ayarlama Enstitüsü*, de Ahmet Hamdi Tanpınar, publicado pela primeira vez em 1961. (N. E.)

Tempo, gênero e tecnologia no trabalho 63

assumem que ela é simplesmente impulsionada pelas próprias tecnologias. E o que eu tentei dizer é que vivemos em uma cultura que valoriza a produtividade e os negócios, que desvaloriza o lazer e o "desperdício" de tempo. É essa a cultura que temos, e é a partir dela que desenvolvemos tecnologias, as quais tanto refletem quanto impulsionam a sociedade. O fato de termos muitos novos recursos tecnológicos voltados à eficiência está relacionado à valorização desta na sociedade. Estamos, de maneira infinita, projetando tecnologias para tornar as coisas mais rápidas porque valorizamos muito a velocidade. Então, não são as tecnologias em si, mas o modo como valorizamos a pressa. Por exemplo, o mercado financeiro poderia ser operado de forma mais lenta, mas não é a tecnologia que o está acelerando. É o fato de que os operadores mais rápidos obtêm mais lucros, e todos competem entre si pelo lucro máximo.

Você tem uma trajetória de pesquisa que relaciona questões de gênero aos temas do mundo do trabalho e da tecnologia. Como as relações de gênero têm aparecido em suas pesquisas mais recentes?

Se você olhar para as empresas do Vale do Silício, notará que são, em sua maioria, empresas masculinas. Há muito sexismo e exclusão das mulheres em trabalhos na área de tecnologia. Da mesma forma, os negros são muito sub-representados em termos da força de trabalho nessas companhias. Encontramos muitas mulheres e, claro, muitos hispânicos e negros no trabalho de serviços, nos empregos mal remunerados, o que revela uma divisão de trabalho nesses lugares. Outro ponto que tem sido discutido é sobre como os robôs vêm assumindo uma forma feminina. Muitas máquinas da internet das coisas que agora estão na casa das pessoas têm vozes femininas. E vozes femininas muito agradáveis para torná-las mais aceitáveis no ambiente. Isso faz tudo parecer confortável e que as máquinas estão aqui para ajudar; assim esquecemos todas as tecnologias de vigilância que coletam nossos dados para venda. As pessoas deveriam estar muito mais conscientes da coleta de dados a que estão sujeitas quando possuem objetos ecoando a seu comando na sala de estar, mas, de alguma forma, a voz feminina ajuda a suavizar esse processo.

8

Trabalho digital e trabalho gratuito em perspectiva feminista

Maud Simonet

Maud Simonet é professora da Universidade Paris-Nanterre, no laboratório Instituições e Dinâmicas Históricas da Economia e da Sociedade. É autora de livros sobre trabalho gratuito e trabalho associativo, como *Travail gratuit: la nouvelle exploitation?* (Textuel, 2018). Nesta entrevista, Simonet fala sobre as intersecções entre trabalho digital e trabalho gratuito a partir de uma perspectiva feminista.

Como acontecem as dinâmicas de trabalho gratuito no trabalho digital?

A questão do trabalho gratuito está presente desde as primeiras reflexões sobre o trabalho na internet, como evidenciado pelo texto pioneiro e fundador de Tiziana Terranova[1], publicado em 2000. O artigo, escrito em inglês, insiste no duplo significado de "free" na expressão "free labor": o termo pode tanto significar "livre" e, portanto, opor-se ao trabalho forçado, como significar "gratuito", no sentido de não ser remunerado. Criar sites, modificar softwares, ler e participar de listas de discussão e construir espaços virtuais são exemplos desse trabalho, que é livre e gratuito, oferecido de forma voluntária, não remunerada e explorada. Há alguns anos, fiz uma curta pesquisa de campo nos Estados Unidos que ilustra essa dinâmica do trabalho gratuito no trabalho digital. Ela se concentrou na mobilização de blogueiros do *Huffington Post* em 2011 após a venda do jornal à AOL por 315 milhões de dólares. Na época, o jornal on-line trabalhava com centenas de funcionários e cerca de 9 mil blogueiros não pagos. A venda levou a uma dupla mobilização: primeiro, uma chamada para a greve de blogueiros lançada por um site da Califórnia que costumava contar com os artigos do *Huffington Post*; depois, uma ação coletiva lançada por dois jovens advogados e cinco blogueiros em Nova York.

---

[1] Tiziana Terranova, "Free Labor: Producing Culture for the Digital Economy", *Social Text*, v. 18, 2000, p. 33-58; disponível em: <http://web.mit.edu/schock/www/docs/18.2terranova.pdf>; acesso em: 7 mar. 2021.

66   Os *laboratórios do trabalho digital*

"Fomos essencialmente nós que criamos o valor desse jornal que vocês venderam por 315 milhões de dólares: reivindicamos uma parte desse valor", disseram os blogueiros. Eles perderam a batalha jurídica, mas a mobilização se tornou um modelo de luta contra o trabalho gratuito na internet.

Você mostra que a análise feminista já aborda a questão do trabalho gratuito/ não pago há muitas décadas. O que significa, nos dias de hoje, entender o trabalho gratuito a partir de uma perspectiva feminista?

Grande parte das pesquisas sobre trabalho digital coloca questões de trabalho gratuito, exploração e alienação de uma forma fascinante, mas muitas vezes ignora a contribuição das análises feministas sobre trabalho doméstico. Há quarenta anos, as feministas já faziam todas as perguntas cabíveis sobre o trabalho gratuito: qual é o seu valor? Por que e como medi-lo? Quem se beneficia dele? As pensadoras feministas discutiram essas questões e não estavam necessariamente de acordo sobre como respondê-las. Mas é precisamente por meio desses debates e controvérsias que elas fizeram reflexões de grande poder teórico que constituem uma perspectiva real de análise do trabalho gratuito hoje, nas diferentes formas que ele pode assumir, dentro ou fora de casa, presencial ou virtualmente, mas também assumindo formas como voluntariado, estágios e trabalho em serviços públicos.

A partir desses debates sobre o trabalho doméstico, é possível extrair pelo menos três lições para analisar as formas cívicas e digitais de trabalho gratuito. A primeira lição é que ele não deve ser pensado como uma subtração – trabalho menos remuneração –, mas como uma negação do trabalho, um não reconhecimento do trabalhador enquanto tal, e em nome de determinados valores: em nome do amor ("não é trabalho, é amor!", como dizem), em nome da "cidadania", mas também em nome da "paixão" por tarefas gratuitas na internet. A segunda lição dessas análises feministas é um chamado para que nos afastemos do mercado para pensar a exploração, mostrando que ela é realizada e também se operacionaliza em "nossas cozinhas e em nossos quartos". Para citar Silvia Federici e Nicole Cox[2], ocorre também em nossos ditos espaços de "lazer" ou "engajamento". Finalmente, por meio de vários debates empreendidos entre feministas marxistas e materialistas sobre a relação entre capitalismo e patriarcado e pelo feminismo negro sobre a pluralidade das relações sociais de sexo, classe e raça, as análises do trabalho doméstico, de alguma forma, forçaram-nos a refletir sobre a pluralidade de formas de exploração das mulheres e a heterogeneizar suas experiências. Elas colocam as relações sociais no centro da análise do trabalho. Como Kylie Jarrett[3] enfatiza com vigor e raiva diante daqueles

---

[2]   Silvia Federici e Nicole Cox, *Counter-Planning from the Kitchen* (Nova York/Bristol, New York Wages for Housework Committee/Falling Wall Press, 1975).

[3]   Kylie Jarrett, *Feminism, Labour and Digital Media: The Digital Housewife* (Nova York, Routledge, 2016).

que consideram novas todas essas formas de exploração na internet, baseadas no íntimo e nas emoções dos trabalhadores: "Sim, claro, quando isso interessa aos homens brancos, heterossexuais, cis, de classe média ou de classe alta, isso pode parecer novo. Para todos os outros, é o que acontece há tempos".

O que tem mudado no trabalho gratuito em termos de exploração?

Se o trabalho gratuito pode, à primeira vista, parecer contrário ao emprego, é importante notar que essas formas de trabalho invisíveis, não reconhecidas enquanto tal – como estágios e voluntariado –, estão, de maneira cada vez mais institucionalizada, no cerne do funcionamento do mercado de trabalho hoje, e em duplo sentido. Em primeiro lugar, estão presentes em empresas, associações e serviços públicos. A pesquisa que realizei com meu colega John Krinsky[4] mostra como os parques da cidade de Nova York são, desde os anos 1980, cada vez mais sustentados por trabalhadores invisíveis, em grande parte mulheres, com voluntárias de classe média, por um lado, e, por outro, beneficiárias de programas de assistência social, que constituem uma fração racializada e feminina das classes populares. Ao lado delas, sempre há funcionários municipais, sindicalizados e com direitos trabalhistas, mas em número decrescente: eles não representam mais a maioria desse serviço público. No entanto, a manutenção dos parques da cidade ainda está nas mãos do município. Não foi privatizada, mas sustentada pelo trabalho gratuito. Em suas várias formas, ele está no centro da lógica dos empregos hoje: funciona tanto como prova de que alguém é um "bom jovem" procurando um emprego, como uma promessa – você trabalha de graça hoje na esperança de conseguir o emprego dos seus sonhos amanhã. O mercado de trabalho desenvolveu verdadeiras "carreiras de *status*", trajetórias típicas que vão do trabalho gratuito ao emprego e, assim, constroem um *continuum* entre os dois. Hoje voluntariado, amanhã voluntariado, depois de amanhã um estágio, depois um contrato precário e, finalmente, depois, talvez... um "emprego de verdade".

Em quais sentidos você conecta essas questões ao trabalho invisível e à invisibilização do trabalho?

Falar em invisibilização do trabalho significa dar continuidade às análises feministas sobre o trabalho invisível, dinamizando-as e mostrando como atividades específicas que eram realizadas anteriormente no âmbito do trabalho visível deslizam em direção a formas invisíveis de trabalho. Isso é notório nos parques de Nova York, como comentei anteriormente, mas também pode ser visto no trabalho em outros serviços públicos, muito além das fronteiras dos Estados Unidos. Pude mostrar que, na França, algumas cidades criaram programas de voluntariado para beneficiários de assistência social, convidando-os a limpar jardins e praias. Nas escolas públicas, há

---

[4]   John Krinsky e Maud Simonet, *Who Cleans the Park? Public Work and Urban Governance in New York City* (Chicago, The University of Chicago Press, 2017).

status diferentes de professores: titulares, temporários e também voluntários. Falar em "invisibilização do trabalho", portanto, nos convida a fazer a ligação entre essas formas de trabalho gratuito realizadas "em nome de algo" (cidadania, engajamento, formação, por exemplo) e as políticas trabalhistas (no mundo associativo, nos serviços públicos, políticas para juventude e assistência social). De maneira mais ampla, isso nos convida a questionar o papel do Estado no desenvolvimento, na institucionalização e no uso do trabalho gratuito atualmente e a levar em conta o lado "cívico" – e patriarcal – da neoliberalização dessas atividades.

9
Raça e classe no trabalho digital em olhar não eurocêntrico

Sareeta Amrute

Sareeta Amrute é professora de antropologia da Universidade de Washington e diretora de pesquisa do instituto Data & Society. Pesquisa implicações do capitalismo nas formas de trabalhar, especialmente as reapropriações de raça e classe na chamada "nova economia", buscando mostrar as materialidades do trabalho em uma economia chamada por muitos de "imaterial". Ela é autora do premiado livro *Encoding Race, Encoding Class: Indian IT Workers in Berlin* (Duke University Press, 2016), sobre o trabalho de programadores indianos entre aspirações de classe média e questões de raça e migração.

Nesta entrevista, Amrute aborda conceitos e dados de sua pesquisa, relações entre raça, gênero, classe e geografia e perspectivas descoloniais para compreender o trabalho digital.

Como relacionar raça, classe, gênero e geografia para compreender o trabalho digital?

A geografia é uma consequência das práticas materiais. Por muito tempo, dizia-se que o "digital" era a mesma coisa que "sem espaço" ou "sem lugar", e questões de gênero e raça não eram mencionadas. É mais preciso dizer que o digital costura lugares, é algo construído e se move pelo espaço. Em outras palavras, o trabalho digital, as linhas de programação e os tipos de vigilância obtêm propriedades, assumem formas sociais e alcançam um *status* legal à medida que aterrissam em localizações específicas e se desdobram em histórias particulares de raça, gênero, idade, entre outros. Ao mesmo tempo, essas categorias muito específicas são constituídas por meio de seus vários emaranhados com processos e produtos digitais. "Digital" aqui significa as tecnologias que tratam principalmente da coleta de dados, juntamente com aquelas que medeiam relações humanas, incluindo as de trabalho, por meio de telas e, especialmente, tomam decisões por meio de algoritmos. Uma questão adicional a essa história é que, enquanto a

70 Os *laboratórios do trabalho digital*

especificidade de lugares e categorias está sendo produzida, as tecnologias digitais e as economias políticas que as produzem se apresentam como naturais, neutras e iguais para todos. Grande parte dessa ideologia global em relação ao digital pode ser vista nos termos usados para descrever as próprias relações sociais na internet: usuário, plataforma, rede, seguidor, moderador – em vez de empregador, trabalhador, população, formação política, ideologia, infraestrutura ou relações de produção. A tarefa de análise é, então, dobrada. É preciso, ao mesmo tempo, descobrir como se constituem trabalho digital e raça, gênero e geografia, e compreender quando isso é discutido como uma batalha política, social e econômica e quando é descrito como algo inevitável para entender o que essa descrição implica nesses mundos.

Ao longo de seu livro, você fala em corporalidade, soberania e *glitch* [falha] como um olhar para o trabalho digital.

Sim, corporalidade, soberania e *glitch* são três caminhos para falar sobre transformação a partir de minha recente pesquisa sobre ética e trabalho digital. Nos Estados Unidos e na Europa, a ética nas empresas de tecnologia está em pauta no momento. No entanto, a maior parte das discussões a trata do ponto de vista de uma lista de verificações do que os CEOs e outros líderes empresariais podem ou não fazer. Uma ética da tecnologia do ponto de vista dos trabalhadores, no entanto, deve começar pelas condições materiais de sua atuação.

Penso em casos que vão além da lista de verificações para mostrar como os corpos são construídos no local de trabalho e como, a partir da falta de adequação entre os ambientes de trabalho e os corpos (nas diferenças de raça e gênero, por exemplo), existe potencial para uma ação libertadora ou transformadora. Penso também no trabalho digital como um espaço em que a soberania é entendida como o modo como os trabalhadores são distribuídos de forma distinta ao redor do globo, enquanto corpos protegidos ou desprotegidos. Alguma cautela é necessária: essa não é exatamente uma história sobre justiça. Às vezes, a identificação de uma falta de adequação pode tornar esses locais de trabalho um lugar propício ao estabelecimento de uma ideologia conservadora. Pode ser uma maneira de decretar soberania e decidir que outros órgãos historicamente excluídos do trabalho de colarinho branco não cabem no escritório. Enfim, vejo a noção de *glitch* como uma falha em um programa que também pode ser celebrada e transformada em uma maneira de fomentar a crítica ao capitalismo. Em conjunto, as perspectivas de corporalidade, soberania e *glitch* são maneiras de falar, a partir da teoria feminista do afeto, em sintonia, que é uma forma de fazer aflorar a solidariedade entre trabalhadores e que pode surgir no trabalho digital.

Quais são as posições contraditórias dos trabalhadores indianos de tecnologia da informação (TI) que moram em Berlim?

Para os trabalhadores de TI indianos, tanto no Vale do Silício quanto em Berlim, suas posições são ambíguas. Por um lado, eles fazem parte de uma elite global de classe média. Por outro, fazem parte de uma política de migração volátil e em mudança que, muitas vezes, os enquadra como "ladrões de emprego". Quando adicionamos a isso as restrições à mobilidade que os vistos temporários impõem a esses programadores, eles se tornam sujeitos que beneficiam uma indústria global de tecnologia oferecendo mão de obra mais barata em trabalhos longos e menos fascinantes, como softwares de depuração. Ao mesmo tempo, eles também são membros da classe média indiana.

Como os trabalhadores entrevistados reinventam maneiras de viver e trabalhar no neoliberalismo?

Uma das coisas mais surpreendentes que descobri durante meu trabalho de campo foi que esses trabalhadores, que sempre são descritos como entusiastas da tecnologia que gostam de trabalhar longas horas e viver para a programação, na verdade, têm uma ética mais antitrabalho do que pró-trabalho. Ou seja, eles desenvolvem uma crítica das condições de seu trabalho que pode assumir tanto a forma de piadas quanto de comentários e discussões profundas, inclusive com a troca de estratégias para terem momentos de lazer e descanso antes do turno seguinte. Esse é um tipo de movimento de *slow life* [vida lenta], embora não o chamem assim. Essas estratégias, que descrevo como eros ou erótico, não correspondem a um movimento organizado contra o neoliberalismo como forma de austeridade estatal, mas apontam um caminho para destruí-lo enquanto uma ideologia do empreendedorismo individualizado e do autoaperfeiçoamento sem fim. Eles fazem isso dando primazia ao prazer da vida cotidiana em detrimento do uso do tempo livre para melhoria do *self* [eu].

Como pensar em alternativas ao trabalho digital de um ponto de vista descolonial e a partir do Sul global?

A questão descolonial é um enfoque um tanto comprometido pela maneira como foi adotado por instituições como as universidades – como se fosse uma metáfora e não um movimento vinculado à redistribuição de propriedades. Da mesma maneira, o Sul global é também frequentemente entendido como uma posição geográfica e não como uma relação. A partir disso, com essas advertências em mente, os projetos descoloniais devem desarranjar as formas hegemônicas de conhecer e construir mundos, na formulação de Yarimar Bonilla e Jonathan Rosa[1]. Para isso,

---

[1] Yarimar Bonilla e Jonathan Rosa, "Deprovincializing Trump, Decolonizing Diversity, and Unsettling Anthropology", *American Ethnological Society*, v. 44, 2017; disponível em: <https://anthrosource.onlinelibrary.wiley.com/doi/pdf/10.1111/amet.12468?casa_token=MEo8BqLMVaYAAAAA:I8-tQczmuF-QLRKSH016g9ZSDlmsAf_0KX_-qP8KK8_P2TprENua_HNYGg2z3Ms1srzd0tqcAybvwlll>; acesso em: 7 mar. 2021.

72　Os *laboratórios do trabalho digital*

precisamos levar o conhecimento produzido por pontos de vista corporificados para nossas conversas sobre dados e trabalho digital. Com muita frequência, supõe-se que, se entendemos o que acontece com o trabalho digital nos Estados Unidos e na Europa, entendemos também o que acontece no restante do mundo, como se tudo fosse explicável a partir desse ponto de vista. Porém, tal posição não leva em conta os efeitos do trabalho digital em outros lugares e ignora a origem dessas circunstâncias.

É importante dizer que não concebemos o Sul global como uma fonte de inovação a ser extraída para o Norte nem a partir da retórica do desenvolvimento em que alguns (por exemplo, a Organização das Nações Unidas, com o Dia Internacional da Menina) são instados a assumir a responsabilidade de salvar o resto de nós. Penso na construção de um movimento. Para mim, a descolonização talvez seja mais bem encapsulada em um díptico do artista Kent Monkman, em que ele revisita as histórias da Revolução Americana e a chegada dos europeus à Ilha da Tartaruga*. A descolonização será diferente em comunidades distintas. Mas quais histórias podem ser contadas? Quais modelos de trabalho e de organização social poderão ser revelados se nos recusarmos a nos prender a "terras de ninguém" e mitos de conquista? Essas são questões de descolonização e, como sempre me lembra meu colega Rigoberto Lara Guzmán, que atua comigo no #unsettle, projeto de pesquisa sobre tecnologias descolonizadoras, as formas de organização social são tecnologias. As alternativas ao trabalho digital a partir de tais posições precisam perguntar quais histórias, conexões e geografias essas perspectivas podem possibilitar.

---

*　Ilha da Tartaruga (*Turtle Island*) é a forma como várias culturas nativas norte-americanas se referiam à América do Norte ou à Terra em geral. (N. E.)

10

Imaginários, aspirações e solidariedade no trabalho digital nas Filipinas

Cheryll Soriano

Cheryll Soriano é professora de Comunicação da Universidade de La Salle, nas Filipinas, e pesquisa cultura e trabalho digital a partir das margens. Seus artigos abordam imaginários, aspirações e práticas de trabalho a partir do Sul global. Também tratam dos dilemas daqueles que vivem entre a precarização e o relativo sucesso em uma sociedade como a filipina, destacando questões e contradições que envolvem perspectivas de classe e colonialidade.

Sua pesquisa tem como foco os trabalhadores *freelance* de plataformas digitais que trabalham para empresas de várias partes do mundo, com uma ampla gama de atividades de trabalho. Ela descobriu, inclusive, uma elite entre esses trabalhadores, responsável por ajudar na formação de novos trabalhadores de plataforma. Soriano também tem investigado novas formas de solidariedade e sociabilidade emergentes na organização desses trabalhadores, para além das organizações tradicionais.

Quais são os pontos cegos da pesquisa sobre trabalho digital no Norte global e como podemos desenvolver investigações a partir de outros contextos?

Há uma crescente e valiosa coleção de estudos sobre trabalho digital, retratando as experiências nos contextos do Norte e do Sul. As pesquisas empreendidas no Sul global têm levantado preocupações sobre a precariedade das condições de trabalho nessa região, em que as pessoas se veem competindo por empregos hiperespecializados e subvalorizados em ambientes às vezes descritos como *sweatshops** digitais. Alguns desses estudos fornecem análises teóricas úteis e relatos empíricos das experiências de precariedade entre trabalhadores do Sul global, incluindo Filipinas; nossa pesquisa se dá a partir deles. No entanto, sentimos que ainda existe uma

---

* Literalmente, "fábricas de suor". São fábricas que utilizam mão de obra semiescrava, a qual trabalha por longas horas em espaços aglomerados e recebe remuneração irrisória, em condições de trabalho degradantes. (N. E.)

74   Os *laboratórios do trabalho digital*

compreensão insuficiente acerca da natureza do trabalho digital baseado no contexto de informalidade e precariedade nessa região e que falta um exame apurado das experiências dos trabalhadores com uma abordagem etnográfica mais fundamentada. Embora concordemos com o argumento da literatura existente de que o trabalho digital expõe os trabalhadores à exploração e à autoexploração, notamos que, além de considerá-lo uma mera resposta ao desemprego ou ao subemprego, é possível desenhar uma análise das complexidades socioculturais e econômicas da história do trabalho e das experiências atuais a fim de compreender por quais motivos os filipinos são atraídos para essas jornadas.

Com esse objetivo, nossa pesquisa em andamento examina: a) os imaginários dos trabalhadores das plataformas, ou como eles descrevem e entendem suas experiências de trabalho digital, e suas aspirações futuras; b) a estrutura emergente de apoio ao trabalho digital, incluindo quaisquer intermediários locais e as assimetrias de poder entre os trabalhadores e entre eles e as plataformas; c) até que ponto os trabalhadores reconhecem que são bem-sucedidos em relação aos desafios impostos pelas condições de trabalho digital, o que envolve uma análise das formas emergentes de resistência e solidariedade que procuram desafiar as condições abusivas desse tipo de vínculo; e d) as materialidades do trabalho digital, incluindo a natureza e o design dos espaços de *coworking* e como eles são usados por quem atua nas plataformas.

Como entender a plataformização do trabalho dos *freelancers* no contexto das Filipinas?

A crescente conectividade global e o relativo acesso às tecnologias anunciaram o aumento do trabalho nas plataformas on-line e do trabalho de serviços mediado digitalmente. A plataformização refere-se a esses novos arranjos em que os trabalhadores (muitos deles localizados no Sul global) conseguem atuar em plataformas digitais, incluindo Upwork (globalmente) ou Onlinejobs.ph (no contexto filipino), que procuram conectá-los a clientes em potencial, geralmente sediados no Norte global. Ao contrário da terceirização realizada em *call centers*, as plataformas digitais representam um novo modelo de trabalho em que os processos são terceirizados sem a mediação de empresas formais. Os trabalhadores, ao construírem portfólios atraentes, podem oferecer lances para as tarefas disponíveis, que são aceitos de acordo com as diferentes políticas de cada plataforma. Não existem relacionamentos formais empregado-empregador nessa dinâmica. Em vez disso, os trabalhadores celebram um "contrato" que os impede, por exemplo, de fazer transações diretas com clientes fora daquela plataforma específica. Além disso, de modo semelhante ao que acontece na Uber ou no Grab, os clientes dão nota para os trabalhadores por cada projeto, e essas classificações acumuladas constituem um portfólio que, por sua vez, também determina as chances de novos serviços.

Há uma ampla variedade de tipos de trabalho nessas plataformas, de codificação de dados a moderação de conteúdo, de desenvolvimento de softwares e *games* a aulas de inglês e criação de sites. Os estudos mostram, assim como nossas entrevistas, que muitos filipinos atuam na "assistência virtual", que envolve desempenhar o papel de assistente de um cliente frequentemente sediado no exterior e pode abranger toda uma gama de tarefas.

Classificadas com as piores taxas de desemprego da Ásia, mas com uma população vasta e proficiente na língua inglesa, as Filipinas se tornaram um polo desse tipo de atividade. Dados sobre a força de trabalho na *gig economy* mostram que o país, juntamente com Índia, Bangladesh e Paquistão, é a principal fonte de oferta de mão de obra. O governo filipino defende o trabalho digital como uma maneira de superar o desemprego em todas as faixas etárias e formações educacionais, como um complemento a outras atividades, uma alternativa à migração de mão de obra para o exterior, um catalisador para o desenvolvimento urbano e rural e uma opção atraente para jovens graduados. Os profissionais filipinos também têm migrado para o trabalho em plataformas digitais em troca de autonomia e flexibilidade e pela possibilidade de obter ganhos maiores. Os rótulos de "heróis modernos" e "força de trabalho de classe mundial", atribuídos anteriormente aos filipinos no exterior, vêm sendo gradualmente conferidos também a *freelancers* on-line. Agora, eles são rotulados como aqueles que ganham dinheiro atuando como "trabalhadores globais", ainda que trabalhando de casa.

Quais são os imaginários e as aspirações dos *freelancers* em relação ao trabalho digital?

Em nossa pesquisa, procuramos nos apoiar em trabalhos que problematizam a cômoda atribuição acadêmica de marginalidade a trabalhadores digitais no Sul global. Damos especial atenção às experiências contraditórias que os trabalhadores das plataformas nas Filipinas têm em relação à precarização. Para fazer isso, inspiramo-nos no trabalho de Ronaldo Munck, que argumenta vigorosamente pela necessidade de contrabalançar a tendência da pesquisa ocidental de conferir uma aura de novidade à precariedade e à informalidade, que sempre foi a condição dos trabalhadores dessa região. Enraizados nos sentidos que esses profissionais atribuem a seu engajamento no trabalho, argumentamos que os elementos afetivos do trabalho digital talvez possam ser compreendidos por meio dos imaginários de classe e colonialidade, que acabam por se entrelaçar. Aqui, definimos classe além da questão econômica, por meio das lentes mais amplas do social. Também reconhecemos uma consciência pós-colonial que diz respeito a como os sujeitos possuem uma história e um modo de ser que resiste ou subverte uma subjetividade totalmente definida pela colonialidade e pelo capital.

No entanto, para muitos trabalhadores de plataforma filipinos, o imaginário pessimista de uma "classe média marginal" está lado a lado com um imaginário colonial

76 Os *laboratórios do trabalho digital*

celebrando o fato de serem "trabalhadores globais". Eles não se veem apenas como funcionários de colarinho branco quaisquer, mas como pessoas ligadas ao fluxo global de indústrias e, como tal, a um estilo de vida global. E, como muitos deles são ex-trabalhadores de *call center* que migraram para plataformas para evitar escalas noturnas, longas horas de trabalho e péssimas condições de trânsito ou para passar mais tempo com a família em casa, apreciam o fato de que seus empregos lhes dão acesso a alguns dos marcadores percebidos de um estilo de vida global de classe média, como vestir roupas da moda ou poder arcar com certos "luxos", como ter casa própria ou matricular as crianças em escolas particulares. É nesse contexto que enfatizamos que qualquer análise dos trabalhadores de plataforma no Sul global deve situar as condições de trabalho existentes em relação às alternativas disponíveis, que em geral apresentam condições piores. Em um artigo que escrevi com Jason Vincent Cabañes[1], com base em uma pesquisa de dois anos, apresentamos três imaginários entrelaçados sobre trabalho digital de *freelancers* on-line nas Filipinas: distinção, transcendência e flexibilidade.

O que eles significam?

O imaginário da *distinção* diz respeito à crença na excepcionalidade dos filipinos quando se trata de um trabalho de serviço global e qualificado. Isso os situa na longa história dos compatriotas que satisfazem a escassez de mão de obra em todo o mundo, como enfermeiros, cozinheiros e trabalhadores domésticos e agrícolas. Eles se veem, em particular, como uma classe especial, que possui características distintivas, como a habilidade de falar bem a língua inglesa, de serem bons prestadores de serviços e de serem capazes de lidar com clientes estrangeiros, correspondendo aos requisitos de "trabalhadores de uma classe mundial".

O segundo imaginário de classe, a *transcendência*, refere-se à crença em sua capacidade de superar as dificuldades inerentes ao trabalho digital e, consequentemente, alcançar a promessa de um futuro de sucesso. Eles costumam expressar isso construindo uma reputação baseada na resiliência e, em seguida, ostentando o sucesso (retratado por meio do que conseguiram conquistar ou comprar) que resulta de seu trabalho, em mensagens compartilhadas ativamente em grupos do Facebook ou em comunicados durante encontros presenciais. Observamos que essa prática de construir uma reputação em torno da resiliência teve fortes inflexões coloniais e de classe, dinâmica reforçada pela percepção dos trabalhadores de que seu desejo de autoaperfeiçoamento e de mobilidade social está alinhado com os interesses do capital global. Por sua vez, essa mentalidade "resiliente" também

---

[1] Cheryll Soriano e Jason Vincent Cabañes, "Between 'World Class Work' and 'Proletarianized Labor': Digital Labor Imaginaries in the Global South", em Erika Polson, Lynn Schofield Clark e Radhika Gajjala Clark (orgs.), *The Routledge Companion to Media and Class* (Nova York, Routledge, 2020), p. 213-26.

os torna suscetíveis à exploração e autoexploração, levando-os a passar horas sonhando que um dia os frutos de seu trabalho árduo serão recompensadores.

Por fim, os *freelancers* filipinos também articulam o imaginário colonial e de classe da *flexibilidade*. Para muitos entrevistados, seu trabalho é espelho de como eles estão conectados às infraestruturas globais que impulsionam as plataformas em que atuam. Também revela como eles são capazes de encontrar maneiras de evitar as imobilizações de infraestrutura das Filipinas que caracterizam a vida de classe média contemporânea nos ambientes urbanos congestionados do país, como trânsito intenso, estradas ruins e transporte público ineficiente. O trabalho de *freelancer* on-line também os fez repensar o padrão do que seria um "bom trabalho", já que o trabalho digital proporcionou flexibilidade e a atraente fluidez entre espaço de trabalho e espaço de lazer. O imaginário da flexibilidade também engloba imaginários de mobilidade social ilimitada – ou seja, quanto mais se trabalha duro, maior sucesso se tem – e diversidade em relação à natureza do trabalho – isto é, é fácil passar de um serviço para outro, conforme o necessário, aprendendo o trabalho "na hora". O aspecto mais interessante do imaginário da flexibilidade é que ele pode ser negociado dependendo dos valores específicos aos quais um trabalhador atribui importância. Ou seja, pode estar relacionado a diversificar a natureza do trabalho, expandir a capacidade de ganho, projetar o espaço de um escritório como um espaço de lazer, ter mais oportunidades de viajar ou passar mais tempo com a família.

O que são os chamados *skill makers* [criadores de habilidades] nas Filipinas?

A maioria das pesquisas recentes sobre trabalho digital no Sul global destaca as dificuldades desse cenário, indicando que os trabalhadores assumem uma posição impotente em relação a seus clientes e tratando dos recursos disciplinares das plataformas. O que geralmente não se compreende é o que impulsiona e sustenta essa forma de trabalho, além das políticas e assimetrias que caracterizam as diferentes experiências dos trabalhadores nessa economia digital. Em nossa pesquisa[2], observamos que há alguns trabalhadores capazes de prosperar e experimentar a mobilidade social e econômica, tornando-se os "criadores de habilidades" da área. Essa é uma categoria emergente de profissionais influentes que iniciam várias atividades para "capacitar o setor", treinando aspirantes e gerenciando comunidades de suporte on-line, enquanto obtêm ganhos com essa nova economia de "desenvolvimento de habilidades". Por sua vez, os imaginários que eles detêm atraem outros para o trabalho digital, embora às vezes essas promessas não sejam cumpridas.

Os *skill makers* emergem, então, como uma categoria importante, pois ajudam os trabalhadores de plataforma a reconciliar a condição ambígua de

---

[2] Cheryll Soriano e Joy Panaligan, "'Skill-Makers' in the Platform Economy: Transacting Digital Labour", em Adrian Athique e Emma Baulch (orgs.), *Digital Transactions in Asia* (Londres/Nova York, Routledge, 2019), p. 147-67.

78 Os *laboratórios do trabalho digital*

seu trabalho. Desempenham um papel na introdução de aspirantes rumo a uma visão do que podem se tornar nesse ambiente digital e os treinam com "estratégias práticas" para alcançar o "sucesso". Ao mesmo tempo, estão muito cientes da precariedade do trabalho em plataformas. Muitos conhecem o dilema entre continuar nelas ou mudar para um emprego regular em tempo integral, as condições perniciosas e injustas geradas pelo design das plataformas – a arbitragem trabalhista, o sistema sociotécnico de classificação de trabalhadores, entre outras – e foram expostos às dificuldades na interação com clientes estrangeiros. Em suma, eles se colocam como um "grupo de elite" de trabalhadores porque se expõem aos desafios impostos pelo trabalho digital e capitalizam sua experiência traduzindo-a em narrativas e habilidades positivas que podem ser monetizadas como "pacotes de treinamento".

Apesar dos pronunciamentos do governo promovendo o trabalho digital como uma solução crucial para o desemprego, os mecanismos para apoiar os trabalhadores de plataforma seguem ausentes. Para os recém-chegados, o trabalho plataformizado pode ser confuso, porque não apenas o processo é totalmente mediado, mas também porque é preciso discernir plataformas e clientes legítimos de possibilidades de golpes, além de ter de apresentar a si mesmo e suas habilidades de maneira convincente em um idioma estrangeiro e gerenciar as demandas de clientes de outros países. Aqueles que fazem a transição do emprego em período integral (geralmente em *call centers*) para *freelancer* em período integral por meio de plataformas costumam ser cautelosos em relação à segurança ou sazonalidade do trabalho, à disponibilidade de benefícios não salariais e à existência de mecanismos de reparação no caso de os clientes acabarem não pagando pelas tarefas concluídas. Alguns trabalhadores que ingressam na economia das plataformas digitais não têm a formação educacional ou profissional necessária para os empregos que desejam, mas acreditam que os conseguirão se tiverem a "receita certa" para o sucesso – novamente, como lhes foi vendido por formadores de opinião. Porque muitos trabalhadores acabam sendo vítimas de golpistas e clientes abusivos, aqueles que pretendem aproveitar as promessas coloridas desse setor exigem ser orientados para a navegação nesse ambiente complexo.

Quais as formas emergentes de solidariedade entre os trabalhadores filipinos?

Em nossa pesquisa atual, eu e Jason Vincent Cabañes procuramos problematizar os tipos de solidariedade entre os trabalhadores que podem se cristalizar a partir das experiências contraditórias de precariedade por eles vividas. Atualmente, há um interesse crescente em como a organização coletiva pode ser alcançada, especialmente porque é esperado que trabalhadores de plataforma atuem de casa ou em algum local público, fisicamente distantes uns dos outros. Essas pesquisas em geral se concentram na investigação de novos modelos de sindicalização, mas buscamos ampliar a discussão e considerar outras formas emergentes de solidariedade.

Analisamos a função que os grupos do Facebook desempenham para esses trabalhadores *freelance* on-line filipinos, que estão geograficamente distanciados, e investigamos as possibilidades desse tipo de grupo no sentido de organizar os trabalhadores digitais na luta por direitos trabalhistas.

Em um artigo publicado na revista *Social Media + Society*[3], examinamos a complexidade com que os trabalhadores digitais no Sul global experimentam a precariedade e, de forma crucial, os tipos de solidariedade entre eles que emergem disso. A partir da observação de grupos no Facebook, entrevistas e grupos focais com trabalhadores *freelance*, argumentamos que o que parece emergir são "solidariedades empreendedoras", um conceito que desenvolvemos ao longo do artigo. Mostramos que as interações e trocas sociais promovidas por essas solidariedades são caracterizadas por discursos concorrentes de ambiguidade, precariedade, oportunidade e adaptação e são articuladas e visualizadas por meio das mídias sociais. Também apontamos que, por um lado, essas solidariedades empreendedoras mostram que os *freelancers* não aceitam de maneira passiva e simplista os discursos neoliberais sobre o trabalho digital. Em vez disso, as trocas nos grupos do Facebook revelam que os trabalhadores estão cientes dos abusos e das condições árduas que o trabalho em plataformas representa. Por outro lado, essas solidariedades estabelecidas e mantidas principalmente on-line (ocasionalmente também de forma presencial) podem ser interpretadas como insuficientes em seu potencial de resistência, pois reforçam a viabilidade das condições de trabalho em plataformas, em vez de tentar impor pressões por mudanças estruturais críticas buscando melhorá-las.

As aspirações por um ambiente de trabalho flexível e de "oportunidades ilimitadas" são promovidas mais ativamente nesses círculos locais de *freelancers*, enquanto *skill makers* treinam trabalhadores para "navegar sabiamente pelos desafios do trabalho digital" com sucesso. A natureza cotidiana e pessoal dessas sociabilidades funciona para criar um senso de *coworking* e de identificação a partir de experiências compartilhadas, com o intuito de reconhecer os desafios e, ao mesmo tempo, tornar palatáveis as condições de trabalho. Enfatizamos que isso serve como espaço para a articulação dos descontentes e para o compartilhamento de estratégias de enfrentamento e de sucesso entre os trabalhadores, que em geral não têm melhores opções de emprego nem recebem muito auxílio do governo. Talvez seja por meio de tais solidariedades que possam ser adotadas futuras intervenções para apoiar e promover a viabilidade do trabalho digital.

Antes de encerrarmos, permita-me compartilhar uma observação feita a partir de uma atualização da pesquisa. Em um recente trabalho de campo em Iligan, cidade de médio porte em Mindanao, ao sul das Filipinas, descobrimos a Wrupup, uma forma emergente de organização que visa desafiar as plataformas de trabalho

---

[3] Cheryll Soriano e Jason Vincent Cabañes, "Entrepreneurial Solidarities: Social Media Collectives and Filipino Digital Platform Workers", *Social Media + Society*, v. 6, n. 2, 24 jun. 2020.

80   Os *laboratórios do trabalho digital*

já existentes e estabelecer uma fonte mais justa de atuação em plataformas para aqueles que moram em Iligan. Isso se dá por meio dessa plataforma própria, que combina trabalhadores locais com alguns clientes e contatos estrangeiros e locais. Criada pelos próprios trabalhadores da plataforma, a Wrupup promete taxas mais justas, organiza formações para trabalhadores locais e promove poupanças em cada transação a fim de proteger os trabalhadores durante a "baixa temporada". Sua desvantagem reside na dificuldade em atrair mais trabalhadores e competir com plataformas maiores e mais populares. Estamos acompanhando esses desenvolvimentos e novas formas de organização coletiva entre os trabalhadores de plataforma. Enquanto isso, continuamos com nosso trabalho de campo em outras áreas do arquipélago das Filipinas.

11

Trabalho digital, gênero e fofura no Japão

Gabriella Lukács

Gabriella Lukács é professora do departamento de antropologia da Universidade de Pittsburgh e pesquisadora dos temas do trabalho digital e trabalho criativo, com foco no Japão e na Hungria, mesclando perspectivas da economia política e das materialidades e infraestruturas. Seu primeiro livro, *Scripted Affects, Branded Selves* (Duke University Press, 2010), fala sobre a televisão japonesa nos anos 1990.

Em 2020, publicou a obra *Invisibility by Design: Women and Labor in Japan's Digital Economy* (Duke University Press, 2020), que trata da cultura e do trabalho da "fofura" e do "fofo" no contexto japonês, a partir de uma pesquisa com mulheres que trabalham na cultura digital, como blogueiras e *influencers*. Atualmente, Lukács trabalha em um livro sobre populismo estatal autoritário e ativismo midiático na Hungria, mesclando lógicas analógicas e digitais. Também está envolvida em um projeto sobre a indústria da fofura e inteligência artificial no Japão.

Quais são as especificidades do trabalho digital e das relações de gênero no Japão?

No Japão pós-guerra, o gênero serviu como um critério prontamente disponível, a partir do qual uma reserva de mão de obra não qualificada poderia ser mantida ou não à medida que os ciclos comerciais flutuavam. A longa recessão do país durante os anos 1990 e 2000 ajudou a exacerbar essa situação. Entre os países capitalistas mais avançados, o Japão tem a pior disparidade salarial em relação a gênero. As mulheres representam 70% dos trabalhadores "irregulares" e recebem apenas 67,1% dos salários dos homens. À medida que o desenvolvimento da economia digital acelerou no fim dos anos 1990, muitas mulheres jovens se voltaram a ela para desenvolver carreiras baseadas no "faça você mesmo", que consideravam mais significativas que o emprego disponível no mercado de trabalho convencional. Argumento em meu livro que, de maneira frequente, essa economia não permitiu que as mulheres desenvolvessem

82 Os *laboratórios do trabalho digital*

carreiras viáveis. Em vez disso, seu trabalho não pago serviu como motor para o desenvolvimento do país.

O que é trabalho afetivo (feminizado) e trabalho emocional? Como essas noções aparecem na sua pesquisa?

Michael Hardt e Antonio Negri, com base no estudo de Maurizio Lazzarrato, definem trabalho imaterial como aquele que cria produtos imateriais, tais como conhecimento, informação, comunicação, relacionamento ou resposta emocional[1]. Eles identificam o trabalho intelectual e o trabalho afetivo como as principais formas de trabalho imaterial, sendo o último aquele que "produz ou manipula afetos, como sensação de conforto, bem-estar, satisfação, excitação ou paixão". Com base nas minhas observações de que as figuras do trabalhador criativo e da dona de casa estão integradas em novas identidades ocupacionais, como a fotógrafa "feminina", a blogueira, a comerciante on-line e a escritora de "romances de celular"*, ressalto que, nas últimas duas décadas, a economia digital desestabilizou a fronteira entre trabalho afetivo e trabalho intelectual.

De fato, o reconhecimento (ou não) desse limite emergiu como a principal estratégia para os proprietários de plataformas gerarem lucros. Os regimes de trabalho afetivo são sempre incorporados em sistemas de desigualdades localmente específicos, cujo maior princípio estruturante é o gênero. Para enfatizar esse ponto, uso o termo "trabalho afetivo feminizado" quando me refiro ao que Hardt e Negri chamam de trabalho afetivo. Prefiro esse termo a "trabalho reprodutivo", porque este último ajuda a explicar apenas como os proprietários de plataformas on-line geram lucros com a sociabilidade, não com o fornecimento de conteúdo. Eu proponho que distinguir várias formas de trabalho relacionadas ao gênero ajuda a visibilizar o trabalho invisível. Por exemplo, eu uso o conceito de trabalho emocional – que Arlie Hochschild[2] define como a expectativa do empregador de que seus trabalhadores ofereçam um serviço com um sorriso, ou seja, personalizar uma relação que não é pessoal – quando discuto especificamente o trabalho nas indústrias de serviços. E preservo o conceito de trabalho afetivo para discutir sua integração com os afetivos intelectuais e feminizados. Ao conceituar trabalho afetivo como sinônimo de trabalho criativo, cognitivo e intelectual, enfatizo que esse gênero quase sempre contém um componente do trabalho afetivo feminizado, mas o contrário não é verdadeiro.

---

[1] Michael Hardt e Antonio Negri, *Empire* (Cambridge, MA, Harvard University Press, 2001) [ed. bras.: *Império*, trad. Berilo Vargas, Rio de Janeiro, Record, 2001].

* "Romances de celular" são obras literárias escritas em telefones celulares, especialmente via mensagens de texto, e fizeram muito sucesso no Japão nos anos 2000. (N. O.)

[2] Arlie Hochschild, "Emotion Work, Feeling Rules, and Social Structure", *The American Journal of Sociology*, v. 85, n. 3, nov. 1979, p. 551-75; disponível em: < http://www.manuallabours.co.uk/wp-content/uploads/2015/02/Hoschild-article.pdf>; acesso em: 20 mar. 2021.

O que é o trabalho de "fofura"?

No livro, exploro como a economia digital transformou o investimento dos "ídolos da internet"* na construção de uma base de fãs em busca de novas fontes de lucro. A produção de "fofura" era indispensável para o desenvolvimento de uma carreira como um ídolo da internet. Originalmente uma subcultura desenvolvida por jovens no fim da década de 1970, a cultura "fofa" havia crescido em um negócio de vários bilhões de ienes até a década de 1990. Pesquisadores interpretaram a participação das jovens na produção de bonecas como uma forma de resistência a uma sociedade adulta orientada para o trabalho e como um refúgio no qual as jovens encontravam redenção ao se divertirem com brincadeiras infantis e comportamento passivo. Em vez disso, proponho que consideremos a produção do "fofo" no campo do trabalho, não do lazer, pois ele designa não apenas visões particulares, mas também comportamentos particulares, cuja performance requer trabalho afetivo feminizado. Os comentários publicados nos sites de ídolos da internet testemunham que foram os comportamentos "fofos" aquilo que os fãs acharam mais atraente em seus ídolos. Os empresários, por sua vez, aproveitaram as comunidades on-line provenientes das interações entre os ídolos da rede e seus fãs para veicular publicidade. Em outras palavras, uso o exemplo dos ídolos da internet (e o trabalho que eles investiram na produção de comportamento e cultura de "fofura") para ilustrar como a economia digital no Japão mobilizou as mulheres para um regime de trabalho afetivo não remunerado e feminizado.

Como o trabalho e a cultura da "fofura" estão presentes no Ocidente?

O trabalho da "fofura" é o trabalho afetivo feminizado que jovens japonesas investiram na produção de culturas e disposições "fofas". Como tal, também argumento que as jovens foram fundamentais para o desenvolvimento de um dos itens de exportação mais lucrativos do Japão, a marca "fofa" do país, cada vez mais popular em todo o mundo e espalhada por todos os estilos. Além do anime, a marca japonesa de "fofura" também circula globalmente como mercadoria: Hello Kitty, Pokémon e a moda Lolita são alguns exemplos de destaque. Ao mesmo tempo, grupos de ídolos japoneses como AKB48 são reproduzidos em versões locais em Taiwan (TPE48), na China (SNH48), na Indonésia (JKT48) e na Tailândia (BNK48). Além disso, os estilos fofos japoneses são adotados não apenas na cultura pop global, mas também nas artes plásticas. O papel das jovens na produção de uma mercadoria altamente lucrativa ressoa na atuação delas na construção da economia digital do Japão, haja vista que foram essenciais para o desenvolvimento da marca fofa

---

* "Ídolos da internet" é como ficaram conhecidas as pessoas no Japão que se tornaram celebridades produzindo os próprios sites, com fotos e diários pessoais, comercializando sua imagem, aparência e personalidade. (N. E.)

84 Os *laboratórios do trabalho digital*

do país. Apesar disso, elas não são as principais beneficiárias dos enormes lucros que a indústria de bonecas produz globalmente.

Você entrevistou blogueiras, garotas que são ídolos da internet, mulheres com carreiras estilo "faça você mesmo". Quais são os principais achados da sua pesquisa empírica?

Em primeiro lugar, no Japão, o compartilhamento de conteúdo on-line e as plataformas de redes sociais (desenvolvidas quase exclusivamente por empresários do sexo masculino) prometeram às mulheres oportunidades de desenvolver carreiras na base do "faça você mesmo". Essas plataformas, no entanto, tornaram invisíveis as atividades de trabalho das mulheres e as utilizaram como mecanismo de seu próprio desenvolvimento. Em segundo lugar, a busca individual por trabalho que seja cheio de sentido é tão importante quanto os avanços tecnológicos que impulsionam inovações na acumulação capitalista. Em terceiro lugar, na economia digital, a vida produtiva das carreiras na base do "faça você mesmo" está ancorada nos ciclos de vida lucrativos das tecnologias digitais que os indivíduos usam para contruí-las. O tempo de vida dessas carreiras, assim como os ciclos de vida das tecnologias em que são construídas, seguem a lógica de curto prazo do capitalismo contemporâneo.

Como relacionar trabalho afetivo e inteligência artificial?

O trabalho afetivo é uma fronteira-chave para a inteligência artificial. A questão é como ele pode ser tecnologicamente simulado ou transformado em algoritmos. Penso no Aibo, o animal de estimação robô da Sony, capaz de desenvolver diferentes relacionamentos com distintos membros da família com base em suas interações particulares e de distinguir entre uma ampla gama de estados emocionais. Os proprietários ficaram tão apegados a seus *pets* robóticos que, quando a Sony decidiu interromper a produção do Aibo, eles se esforçaram para adquirir peças de reposição para salvá-los. Também lemos sobre casamentos com personagens fictícios e sobre empresas de tecnologia que oferecem benefícios para esses casamentos no Japão. Azuma Hikari, personagem fofa da Gatebox, é uma assistente virtual programada não apenas para operar dispositivos domésticos inteligentes, mas também para enviar mensagens de texto para seu "mestre" ao longo do dia, dizendo-lhe para voltar para casa mais cedo porque está sozinha. Em um novo projeto de pesquisa, explorarei como a cultura do fofo e a performance da fofura são essenciais para codificar o trabalho afetivo feminizado em inteligência artificial no Japão.

12

Uberização como apropriação do modo de vida periférico

Ludmila Costhek Abílio

Ludmila Costhek Abílio, pesquisadora do Centro de Estudos Sindicais e Economia do Trabalho da Universidade Estadual de Campinas (Cesit-Unicamp), foi uma das primeiras intelectuais a falar de uberização no Brasil a partir do artigo "Uberização: subsunção real da viração"[1], publicado em fevereiro de 2017. Desde então, tornou-se referência obrigatória para quem estuda trabalho digital no país. No âmbito do Cesit, Abílio desenvolve pesquisas sobre o trabalho dos motofretistas em São Paulo e as atuais políticas de austeridade em relação às transformações do trabalho no Brasil.

Nesta entrevista, a autora discute as mudanças na uberização do trabalho, a importância de pensar as categorias a partir de nossa realidade, o gerenciamento algorítmico, a interseccionalidade no trabalho em plataformas e a generalização produtiva e monopolizada do modo de viver periférico.

O seu texto sobre a uberização tem quatro anos. Você foi uma das primeiras a falar sobre a questão no Brasil. Desde então, o termo se popularizou e o fenômeno também se alastrou. Para você, o que é de fato a uberização e o que mudou de 2017 até hoje?

A uberização, na verdade, trata da transformação do trabalhador nesse profissional *just-in-time*. Acho que essa é uma forma de resumir a história, mas é uma definição complexa. A ideia do trabalhador *just-in-time* é consolidar uma forma de subordinação e gerenciamento do trabalho inteiramente apoiada em um trabalhador desprotegido. E essa desproteção é mais perversa do que a simples ausência de direitos, de uma formalização da jornada. É um trabalho totalmente desprotegido em termos legais porque o trabalhador é transformado em um autogerente de si

---

[1] Ludmila Costhek Abílio, "Uberização do trabalho: subsunção real da viração", *Passa Palavra*, 2017; disponível em: <https://passapalavra.info/2017/02/110685/>; acesso em: 7 mar. 2021.

86 Os *laboratórios do trabalho digital*

próprio, que não conta com nenhuma garantia associada às leis trabalhistas. Mas penso que isso seja algo ainda mais profundo, que vai além do caráter da desproteção. Há a ideia de que é possível constituir uma multidão de trabalhadores disponíveis, que podem ser recrutados pelos meios tecnológicos existentes hoje. Então, eles são recrutados na exata medida das demandas das empresas ou do capital, se quisermos falar de uma forma mais genérica, não dispondo de garantia alguma sobre a própria forma de reprodução social.

O conceito de *just-in-time* abarca também essa eliminação, que já estava em curso com a flexibilização do trabalho, das definições sobre o que é ou não tempo ou local de trabalho. Desse modo, a uberização envolve basicamente a consolidação do trabalhador *just-in-time*, sem garantias sobre a própria remuneração e carga horária. Aqui entra em cena o importante processo da amadorização do trabalho, ou seja, um deslocamento da figura do Estado e de outros vínculos formais como reguladores das relações trabalhistas, responsáveis por conferir legalmente uma identidade profissional, em direção à formação de uma identidade amadora. Ser amador é ser extremamente flexível, polivalente e aberto a novas formas de reconhecimento social. Trata-se de um deslocamento grande em jogo. Penso muito em como, de repente, o termo uberização se espraiou. Mas acho que é porque ele tem essa raiz comum; talvez ele cause impacto porque existe uma percepção social de que se trata de uma tendência costurando o mundo do trabalho hoje, indo além do motorista da Uber ou do motoboy, como se todos nos soubéssemos potencialmente uberizáveis, em nossas relações afetivas e em uma série de formas e esferas da vida que não necessariamente fazem parte do mundo do trabalho, mas estão igualmente sujeitas a esse processo.

O que é especificamente brasileiro na uberização do trabalho? Ou melhor: como não importar acriticamente categorias de análise sobre uberização?

A uberização acompanha uma série de desafios que vivemos permanentemente a partir da periferia. Construímos nossas categorias de análise a partir do que não somos e do que deveríamos ser; nunca damos conta de escrever de fato o que somos. E isso tem uma capacidade e uma potência de invisibilização social gigantescas. A realidade da maioria da população brasileira é invisibilizada em nome de categorias que não nos servem. O trabalho formal é um exemplo: não que ele não nos sirva de horizonte ou de parâmetro para análise do mercado de trabalho, mas a forma como constituímos nossas categorias reafirmam sempre que aquilo que não cabe nelas é exceção. Então, temos de lidar permanentemente com uma regra que nunca se generaliza e não dá conta de explicar a realidade. O que a uberização faz, assim como outros processos, é mostrar que o que entendemos como exceção, na verdade, é a regra. Se essa realidade já estava posta antes é uma pergunta em aberto. Afinal, o trabalho informal é um resíduo? Nunca foi. O trabalho informal é central no desenvolvimento capitalista, mas há teorias que entendem que ele se configurou como um sinônimo de subdesenvolvimento, como algo a ser superado. Agora essa ideia se desfez; ninguém pensa mais que o trabalho informal vai desaparecer. Chegamos ao ponto de ver o atual presidente da República falando que a informalidade é a regra. Sofremos uma reforma trabalhista que mirou na informalidade e a trouxe para dentro do trabalho formal. Nesse sentido, o que a uberização mostra é outra possibilidade para compreender o que é a própria periferia, a partir de uma tendência generalizante de características que são estruturais da periferia e ganham visibilidade também nos países do Norte. Acho que temos sempre de ter muito cuidado com termos como *gig economy* ou *economia dos bicos*, como se fossem uma exceção, uma forma transitória de sobrevivência. Isso é algo estrutural a tomar novas dimensões e nova visibilidade. Acho que esse é um caminho importante para pensarmos.

E a própria questão da viração, não é?

O termo "viração" também está se espraiando, mas continua muitas vezes a ser utilizado como sinônimo de *bico*, de algo transitório. Quando escrevi sobre a uberização como subsunção real da viração, quis dizer que esse modo de vida é um trânsito permanente entre o formal e o informal. O empreendimento familiar, os trabalhos que nem são chamados de trabalho – por exemplo, o das revende-doras de cosmético* – não é o transitório, mas o permanente. Isso é um modo de vida que sequer sabemos mensurar, pois não temos categorias muito fortes de análise para nomear e entender esses processos. Assim, o fenômeno da uberização se apropria produtiva, racional e monopolisticamente desse modo de vida. Por que choca tanto ver o ciclista, o jovem negro carregando a *bag* na bicicleta? Essa imagem teve uma visibilidade social considerável nos últimos tempos. Vivemos em um país tão anestesiado socialmente, e a brutalidade é tão permanente em nossa história, que nos indagamos por que isso teve visibilidade, já que é fato do cotidiano. A brutalidade do mundo do trabalho se apresenta o tempo todo. Mas o uberizado ganhou visibilidade porque, de alguma forma, conseguimos reconhecer nele a existência de empresas se apropriando produtivamente do modo de vida periférico, organizando e subordinando esse modo de vida. Nesse sentido, a ideia de viração também não é do universo do transitório, não é do bico, mas de algo estruturante sendo apropriado de novas maneiras.

E aí acabamos essencializando noções como precarização e flexibilização...

É esse o problema das nossas categorias. Falamos, por exemplo, em flexibilização: mas o que é flexibilização nesse mercado de trabalho brasileiro, que se assenta estrutural-mente na informalidade, na alta rotatividade, no emprego doméstico não regulado? Faz sentido falar nisso? Faz sentido falar em precarização do mundo do trabalho em um

---

* Sobre o tema, ver o livro de Ludmila Costhek Abílio, *Sem maquiagem: o trabalho de um milhão de revendedoras de cosmético* (São Paulo, Boitempo, 2014). (N. E.)

país no qual mais da metade da população trabalhadora ganha até um salário mínimo e meio? Do que estamos falando? Em contrapartida, deveríamos então nos desfazer desses termos? De fato, há uma transformação no mundo do trabalho. Ursula Huws afirma que nossa dificuldade em nomear as categorias não é porque elas são difíceis de serem nomeadas, mas porque nossos horizontes políticos não estão claros. Então, perpetuamos esse dilema porque, na verdade, o problema não é dar um nome a algo, mas para onde miramos quando o fazemos. Quais são nossas referências? Não temos de jogar esses termos fora, mas, ao mesmo tempo, não podemos escamotear que esse mundo do trabalho é precário e flexível de nascença ao analisar elementos novos. Por isso, é sempre muito importante olhar para e pensar em termos de subordinação e gerenciamento, porque assim descrevemos os fenômenos com o horizonte político claro, embora esse seja um dilema que nunca tem fim.

Falando em subordinação e gerenciamento, um dos elementos dessas mudanças é justamente o gerenciamento algorítmico. Como você examina essa questão?

Estou estudando isso com uma juíza do trabalho, Laura Bittencourt. Almejamos juntar as perspectivas do direito e da sociologia para pensar a subordinação com participação do algoritmo. Não se trata simplesmente de mais um meio tecnológico de organização do trabalho: há uma mudança qualitativa acontecendo. Por ora, o que pudemos elaborar é que o gerenciamento algorítmico traz a possibilidade de mapear e controlar completamente a atividade de uma multidão de trabalhadores. Ao mesmo tempo, é possível definir permanentemente as regras do jogo sobre como essa atividade funciona e como será utilizada. Daí a definição do *just-in-time*; é difícil pensar na multidão de trabalhadores *just-in-time* sem pensar no gerenciamento algorítmico, porque é preciso ter os meios de processar esse modo de vida sob demanda e transformá-lo em regras permanentemente cambiantes. Nisto reside meu foco e de Laura: uma nova forma de estabelecer as regras do jogo e mobilizar os trabalhadores.

Há também um enorme processo de informalização com o gerenciamento algorítmico. As regras mínimas não estão preestabelecidas; parece que se trata mesmo de um jogo, mas, é importante ressaltar, um jogo em que não só as partidas, mas o próprio resultado já pode estar predeterminado. Sabe-se que os motoristas de aplicativo são confrontados com alguns desafios: por exemplo, uma bonificação para aqueles que fizerem dez corridas num período de chuva. Porém, apenas a plataforma detém o poder de definir se o motorista receberá por dez corridas ou não. Tratei disso por meio da definição de despotismo algorítmico, em artigo publicado no blog da Boitempo[2].

---

[2] Ludmila Costhek Abílio, "Breque no despotismo algorítmico: uberização, trabalho sob demanda e insubordinação", *Blog da Boitempo*, 30 jul. 2020; disponível em: <https://blogdaboitempo. com.br/2020/07/30/breque-no-despotismo-algoritmico-uberizacao-trabalho-sob-demanda-e-insubordinacao/>; acesso em: 7 mar. 2021.

Há uma gamificação disso, correto?

Sim, mas é um jogo em que as regras mudam permanentemente. Esse é o caminho que estou tentando percorrer com a leitura da Shoshana Zuboff[3], a partir da noção de um deslocamento da ideia contratual do trabalho. Algo novo está acontecendo, e temos de refletir sobre isso. Zuboff fala dessa possibilidade de mapear inteiramente o processo de trabalho e como isso o transforma qualitativamente. Ela vai além do mundo do trabalho, entendendo a vigilância como a viabilidade permanente de transformar todas as nossas atividades cotidianas em dados administráveis. Precisamos agora aprofundar esse debate especificamente no mundo do trabalho. O que é essa extração cotidiana e administração de dados de uma forma não compactuada? É ainda uma relação contratual ou se trata de algo diferente?

Ao mesmo tempo, há outros aspectos, como a amadorização e a perda de formas do trabalho, relacionados a esse fenômeno. Na pesquisa com as revendedoras, pude enxergar a uberização por um caminho inesperado. Não tinha nada a ver com dados ou plataformas, mas com subordinação: como se organiza e se gerencia a relação de trabalho com 1 milhão de mulheres. E quanto menos "forma de trabalho" ela tem, quanto mais informal é, mais eficientemente administrada é essa relação. É algo que coloniza o que é cotidiano, o que é tempo de trabalho, o que não é trabalho. É algo muito poderoso.

Você já falava em "trabalho de consumo" na pesquisa com as revendedoras discutida no livro *Sem maquiagem*...

Sim, e, naquela época, sequer tinha contato com a ideia de algoritmo. Então, hoje há outra dimensão do que é possível organizar e gerenciar. Parece que ainda não conseguimos ter clareza sobre a profundidade disso, de como esse fenômeno atravessa nossa vida em todas as esferas. E há novas formas de subordinação e extração da vida envolvidas nos debates sem fim sobre o que é ou não valor. Acho que, antes de nos perdermos em discussões sobre, por exemplo, se o Facebook produz ou não valor, é preciso pensar que a subsunção no capitalismo se refere às formas permanentes de subordinação e extração de nossas vidas.

Falar de trabalho no Brasil, sobretudo trabalho em plataformas, é também pensar questões de gênero e raça. Como elas têm atravessado suas pesquisas?

Ao olhar para as revendedoras da Natura, podemos afirmar que características do trabalho tipicamente feminino estão se generalizando pelo mundo do trabalho, principalmente o trabalho feminino negro. Hoje, o ápice da uberização, na verdade, representa de forma ampliada o que é o trabalho da mulher negra da periferia. Esse é o primeiro passo. Aquilo que era socialmente invisível, quando começa a

---

[3] Shoshana Zuboff, *A era do capitalismo de vigilância: a luta por um futuro humano na nova fronteira do poder* (trad. George Schlesinger, Rio de Janeiro, Intrínseca, 2021).

90 Os *laboratórios do trabalho digital*

se generalizar e atingir outras classes – em especial, o homem branco europeu –, faz com que se comece a pensar em uma "tendência", ganha uma notoriedade e uma importância política que não tinha. Por exemplo, as revendedoras da Natura não possuem importância política, não é? Já os motoristas da Uber mexem com o debate nas legislações mundiais. É interessante pensar o que tem visibilidade e o que não tem. O surgimento no espaço urbano dos *bikeboys* reforça as questões de raça, classe, gênero e juventude. Uma compreensão que precisamos ter é que essas formas de subordinação e gerenciamento se apropriam e organizam interseccionalidades de desigualdades operantes no mundo desde sempre, fomentando isso de novas formas. Por exemplo, hoje o jovem negro periférico se torna entregador do iFood de bicicleta. Por que bicicleta? Ele está na ponta mais precária da precariedade, para além do motoboy, que tem alguma condição de investir naquela atividade: é a energia física dele sendo explorada permanentemente. Aqui, temos hierarquias e horizontes: o sonho do *bikeboy* é se tornar motoboy. E há reconfigurações, há uma apropriação produtiva da condição do jovem negro periférico. São essas características que possibilitam uma forma de gerenciamento e subordinação especificamente desse trabalho.

Por sua vez, há um reposicionamento da profissão de motoboy. No filme *Gig: a uberização do trabalho**, há um motoboy que diz: "Nossa profissão está virando um bico". E o que ele quer dizer? Isso é algo que pesquisei com esses trabalhadores durante anos. Existe uma identidade profissional muito consolidada entre eles. A figura do "cachorro louco"** não corresponde à realidade do trabalho deles, mas à loucura do tráfego urbano. Na verdade, trata-se, em geral, de trabalhadores que encontraram nessa ocupação condições melhores de remuneração com a qualificação que têm em relação a outras ocupações que já tiveram. O que é "virar um bico"? Significa que essa relação profissional com a atividade está se desfazendo. Há uma entrada de jovens, de desempregados, que não pensavam em virar motoboys. Para além da Loggi, com o surgimento de plataformas como iFood, Rappi e Uber Eats, ampliam-se a oferta e o acesso ao trabalho. Há também restaurantes e vários estabelecimentos que não trabalhavam com entregas, além de clientes que não usavam esse tipo de serviço antes dos aplicativos. Ou seja, há uma ampliação e uma amadorização de todo esse mercado. O entregador do Rappi é muito diferente do que era o motoboy, que passava o dia fazendo entregas para uma empresa terceirizada. Isso reconfigura a identidade profissional dessa classe e se relaciona com condições de desemprego, idade, raça e classe, que são organizadas e apropriadas produtivamente. Este é o grande diferencial das empresas de aplicativos (ou qualquer outro nome que possam ter): elas conseguem gerenciar e se apropriar

---

* Direção de Juliano Barros, Caue Angeli e Maurício Monteiro Filho, Repórter Brasil, 2019, 60 min. (N. E.)

** Alcunha com que os motoboys se autodefinem. (N. E.)

produtivamente das desigualdades. Há muito ainda que aprofundar: as intersecções de raça e gênero, os algoritmos e sua capacidade de produção e reprodução de novas formas de racismo e discriminação. Ainda temos uma estrada a percorrer.

Como isso se relaciona com nosso papel enquanto pesquisadoras e pesquisadores?

Faremos a diferença principalmente se conseguirmos conduzir pesquisas que deem voz aos trabalhadores e possam expor suas perspectivas, condições e motivações. Isso não é fácil de fazer, mas tem uma grande importância política em um mundo que repensa socialmente questões como a regulação do trabalho. A perspectiva da uberização tem um enorme poder desafiador, enfrentando, por exemplo, a área do direito, no sentido do reconhecimento desse fenômeno. Ela contesta também o discurso do "empreendedorismo", que, em realidade, é uma forma invertida de nomear a eliminação de direitos e a transferência de riscos, custos e parte do gerenciamento (subordinado sempre) para o trabalhador. Nada disso é simples de entender e criticar, e torna-se ainda mais desafiador no momento em que vivemos.

Parte II

Narrativas do trabalho digital

13

A retórica da economia do compartilhamento

Athina Karatzogianni

Athina Karatzogianni é professora de comunicação da Universidade de Leicester e tem pesquisado temas relacionados às teorias de novas mídias, redes de resistências e políticas globais. Ela é uma das autoras do livro *Platform Economics: Rhetoric and Reality in the "Sharing Economy"* (Emerald, 2019), escrito em colaboração com Cristiano Codagnone e Jacob Matthews. A obra destrincha as narrativas sobre a economia digital e suas alternativas, como a questão do comum e o cooperativismo de plataforma.

Você e os coautores do livro *Platform Economics* identificaram três grandes narrativas sobre a economia de plataforma: utopia social, otimismo em relação aos negócios e à economia e pessimismo social. A que elas se referem?

Identificamos esses aspectos discursivos e retóricos e, a partir deles, selecionamos e discutimos temas controversos, que contrastamos com as evidências empíricas. Entre a análise da retórica e da empiria, também mostramos como isso foi usado no que chamamos de "*lobby* como enquadramento". Além disso, realizamos uma análise da produção ideológica em relação aos atores da economia do compartilhamento nos discursos a partir do neoliberalismo, do comum e do cooperativismo de plataforma, com base no trabalho de campo que realizamos em Barcelona, Paris e Berlim. Cada uma das análises pode ser associada a grandes narrativas sobre o futuro: transformação intensa (utopia social), globalização orientada para o crescimento (otimismo em relação aos negócios e *laissez-faire* econômico) e barbárie ou uberização (pessimismo social). A primeira é uma visão de mudança inteiramente liderada pela comunidade, na qual a reinserção social da economia é alcançada inteiramente por meio de mudanças no comportamento e na cultura. No segundo item, indivíduos e empresas inovadoras são capacitados de maneira mais competitiva e individualista e, então, as forças de mercado são deixadas sem interferências. A terceira narrativa concebe as empresas e o trabalho

96 Os *laboratórios do trabalho digital*

como entes desintermediados, descentralizados e desconstruídos em elementos menores, sendo novamente mediados por meio do controle panóptico ativado com algoritmos. É o mundo do "cognitariado lúmpen", do "assalariado algorítmico" e da "algocracia". Os trabalhadores são substituídos por robôs ou *transformados* em "robôs" (como na Amazon Mechanical Turk), passando a realizar microtarefas altamente rotinizadas e repetitivas. Isso tem aumentado o desemprego e a desigualdade em níveis sem precedentes e alimentado ainda mais sentimentos antagônicos não apenas em relação aos "grupos externos" (ou seja, imigrantes), mas também aos "grupos internos".

No livro, destacamos cinco temas: 1) cooptação neoliberal da retórica e do movimento da "economia do compartilhamento"; 2) capital social e ressurgimento da questão da comunidade; 3) efeitos da estratificação e da distribuição de renda (como desigualdade, discriminação racial e questões trabalhistas); 4) impactos ambientais (negócios mais ecológicos, menores emissões de gás carbônico etc.) e socioeconômicos (bem-estar dos consumidores, ganhos de eficiência, impactos em indústrias disruptivas etc.); e 5) regulação (ranqueamentos e classificações como formas de autorregulação).

Vocês também identificaram oito temas retóricos em relação à economia do compartilhamento. Quais são eles?

O movimento de "compartilhamento" surgiu como uma forma de utopia social a partir de uma narrativa mais ampla acerca da sabedoria das multidões e da criatividade do comum. Depois de o desenvolvimento de plataformas de "compartilhamento" dar uma guinada mais "comercial", o desencanto provocou cada vez mais críticas. Outros interesses (de indústrias disruptivas, por exemplo) e preocupações (por alguns formuladores de políticas públicas, especialmente por defensores de consumidores e sindicalistas) mais tangíveis exacerbaram o conflito no debate que envolve atualmente a "economia do compartilhamento". Isso inclui, além da ativação política das empresas disruptivas, as tensões urbanas relacionadas às externalidades negativas causadas por serviços de transporte e hospedagem. O fato de as plataformas de "compartilhamento" operarem em uma "área cinzenta", em que não são ilegais, mas às vezes violam as leis locais, também levanta preocupações genuínas ou instrumentais em relação à proteção dos consumidores e aos direitos dos trabalhadores "independentes" ou "sob demanda".

Combinando uma análise geral com uma análise do trabalho digital, identificamos oito temas retóricos: 1) plataformas que ajudam a restaurar a questão das comunidades, fortalecendo o capital social e aumentando a confiança generalizada; 2) queda nos benefícios, especialmente para os mais necessitados; 3) promessas de consumo verde (efeitos ambientais positivos) e ganhos de bem-estar socioeconômico; 4) retórica de um mundo que permita a migração do trabalho digital sem fronteiras, com uma meritocracia mundial on-line, algo presente no mercado de trabalho digital, no trabalho de economistas e em documentos de relações públicas; 5) dinheiro extra como motivação para as pessoas flexíveis trabalharem no mercado digital (estudantes, aposentados, pais que ficam em casa etc.); 6) a alegada contribuição da economia digital na ocupação de desempregados e subempregados; 7) discurso sobre flexibilidade, autonomia e criatividade supostamente oferecidas por essas plataformas; e 8) produção ideológica ilusória e otimista de que os avanços tecnológicos e a organização alternativa do trabalho digital baseada em modelos inovadores de produção (comum ou cooperativismo de plataforma) podem "transformar" o capitalismo como modelo rumo à melhoria da comunidade e a uma sociedade mais justa.

Como se deu a metodologia da pesquisa?

A partir de três conjuntos de literatura (economia crítica da plataformização, organização do trabalho e ativismo digital), usamos uma estrutura integrada para analisar a produção ideológica em plataformas digitais, particularmente em relação à economia compartilhada. Analisamos documentos e entrevistas feitas em campo com 28 pessoas, além da observação de eventos em Barcelona, Paris e Berlim entre 2015 e 2017. Descobrimos que existem três vertentes ideológicas dominantes: "economia compartilhada", "comum" e "cooperativismo de plataforma", dentro de um espectro que varia da legitimação do neoliberalismo e/ou reafirmação de um capitalismo reformista e mais humano até visões mais radicais, como uma sociedade cooperativa orientada ao comum e a resistência à privatização por meio da recuperação do espaço público como comum. Apesar da óbvia diferenciação entre plataformas empresariais da *gig economy* e pequenas plataformas orientadas para a comunidade, no estilo cooperativista, além das várias modalidades intermediárias, a gestão de trabalho interno e externo não é mero exercício de produção de valor, pois afeta condições estruturais que atravessam setores industriais, mas também produz discursos ideológicos e culturais particulares, atualmente envolvendo a recuperação do comum, conceito usado a partir do que Luc Boltanski e Laurent Thévenot[1] chamam de "registro de justificativa moral". Investigamos mais profundamente a produção ideológica e as estratégias agressivas de *players* intermediários que operam dentro do que Martin Kenney e John Zysman[2] chamam de "ecossistemas" baseados em plataforma e gerados de forma privada. Também investigamos a produção ideológica de alternativas, como o comum e o cooperativismo de plataforma, em termos de resistência digital ao trabalho e novas linhas de ação possíveis.

---

[1] Luc Boltanski e Laurent Thévenot, *On Justification: Economies of Worth* (Princeton, Princeton University Press, 2006).

[2] Martin Kenney e John Zysman, "The Rise of the Platform Economy", *Issues in Science and Technology*, primavera 2016, p. 61-9; disponível em: <https://www.researchgate.net/publication/309483265_The_Rise_of_the_Platform_Economy>; acesso em: 23 mar. 2021.

98 Os *laboratórios do trabalho digital*

Quais são as contradições presentes no "comum"?

Entrevistamos um usuário do Goteo, um artista e ativista de jogos digitais que levantou fundos para a produção de um documentário que ilustra a implementação de redes *mesh* em comunidades rurais no Norte da Grécia, sobre como isso contribuiu para o desenvolvimento de processos produtivos mais ou menos autônomos, principalmente nos campos da agricultura e do artesanato. Ele afirma: "Achamos que era uma boa ocasião para lançar não apenas essa campanha de *crowdfunding* [financiamento coletivo] para o documentário, mas também, em geral, a ideia de *crowdfunding* para movimentos sociais gregos". Vale a pena notar que ele considera ser possível transferir a própria experiência de financiar um documentário usando o Goteo para a totalidade dos "movimentos sociais gregos" e que essa coleção de financiamento (e trabalho) baseado em plataformas representaria um remédio contra o esgotamento de grupos sociais e políticos que antes se baseavam na captação de recursos de forma tradicional por meio de doações físicas e organização de eventos. Ele menciona as medidas de controle de capital instigadas pelo Banco Central Europeu e pelo Fundo Monetário Internacional em junho de 2015, apontando um paradoxo: "Embora os gregos não pudessem usar seus cartões de débito diretamente, eles poderiam usar o PayPal". Em seguida, declara:

> Em geral, as pessoas que estão em organizações, campanhas e plataformas de financiamento coletivo apresentam um espírito do que é chamado de "tecno-otimismo". Esse espírito significa que, com as ferramentas certas e o conhecimento certo sobre conexões de redes, podemos resolver problemas. Percebemos que se as elites financeiras internacionais desejam atuar em um país, em uma rede, em um sistema e tomar decisões no nível financeiro, qualquer tipo de plataforma chega a seu limite.

De fato, a equipe do Goteo não enfrentou antes o problema dos controles de capital. Em relação a isso, ele argumenta: "É necessário que a organização política exerça pressão, pois nada pode continuar se não houver um órgão político que funcione fora da nuvem e não dependa da nuvem sabendo pressionar estruturas de poder". Esse ativista experiente e usuário de *crowdfunding* expressa o que considera um dos principais problemas disso:

> Projetos de economia colaborativa são cada vez mais reapropriados pelas instituições privadas, não apenas como métodos e como trabalho de multidão, como dinheiro enfim, mas também como estruturas linguísticas e semânticas. Por exemplo, há três dias, recebi um e-mail de uma grande organização cultural privada em Atenas que é muito agressiva no espaço público. Eles estão fazendo uma campanha de financiamento coletivo para um de seus projetos e, para isso, usam o mesmo idioma, o mesmo vocabulário que usamos na nossa campanha de *crowdfunding*. Pode até ser "copiar e colar", mas não quero dizer com isso que eles copiam de mim ou de nossa organização. Eles copiam e colam o movimento

da mesma maneira que o Syriza no governo copiou e colou os *slogans* usados na praça Syntagma há cinco anos.

E em relação ao cooperativismo de plataforma?

A Catalunha, lugar onde fizemos um número significativo de nossas entrevistas, tem sido historicamente marcada pelo cooperativismo em suas formas anarquistas e libertárias desde a segunda metade do século XIX e, em particular, durante a Revolução Espanhola do fim da década de 1930. A esse respeito, foi interessante observar a apreciação um tanto condescendente de um dos entrevistados, vindo do chamado movimento cooperativista "tradicional", cuja presença é forte na coalizão de esquerda radical que atualmente governa Barcelona. Disse ele: "O cooperativismo tem sido muito forte nessa região por muitas e muitas décadas, mas de uma forma muito tradicional. Essas pessoas ainda estão ligadas a essa forma muito tradicional de grandes reuniões com baixa tecnologia e grande consenso e agora estão um pouco em conflito com a tecnologia". No entanto, esse entrevistado afirmou que parte de sua "missão" foi conciliar o que ele afirma serem duas correntes de cooperativismo:

> Cada um dos grupos pode aprender com o outro. Assim, os capitalistas podem aprender como ter uma melhor governança e uma melhor distribuição de valor nas cooperativas, e as cooperativas podem aprender com os capitalistas a como ter escala e impacto [...]. [Portanto,] quando vou a um movimento cooperativista, sou o capitalista. Quando estou no movimento OuiShare, sou um pouco cooperativista".

Essas contradições te surpreenderam?

Em primeiro lugar, notamos a importância da produção ideológica nos *players* que entrevistamos. Podemos argumentar que essa é sua principal atividade, bem como a execução de instrumentos para transação e organização do trabalho. Um elemento-chave que encontramos em todos os discursos é a imprecisão e a confusão das formas ideológicas produzidas e, em particular, formas (modelos e termos) usadas para descrever as relações de produção. Simultaneamente, todas essas plataformas são parcialmente dependentes da troca de mercadorias. O trabalho continua sendo mercantilizado e nenhum de nossos entrevistados propõe ainda qualquer forma de plano coerente para transformar efetivamente as relações de produção. De fato, a intercambialidade ideológica exibida por esses atores tem uma base objetiva na produção material, e podemos ver em nossas entrevistas que eles estão em uma posição de domínio relativo em comparação com a massa maior de usuários de redes e plataformas e, em particular, com os trabalhadores manuais cuja atividade é organizada por meio dessas "ferramentas".

Em segundo lugar, esses atores também estão bastante envolvidos na criação de novos aparatos sociotécnicos, que são, ao mesmo tempo, o assunto do qual eles falam e sobre o qual agitam, e aquilo que lhes permite tirar alguma renda (ainda que pouca), por meio da exploração do seu trabalho. Eles são, do ponto de vista material, dependentes desses aparatos e plataformas para sobreviver em sua condição atual. Configurar e administrar plataformas e gastar grande parte do tempo de trabalho em agitação é fundamental para a sobrevivência individual, mas serve a uma meta muito mais ampla do que simplesmente servir a indivíduos ou mesmo grupos maiores ("ativistas digitais orientados ao comum", "ecossistema colaborativo"). Nossa hipótese é que esses atores estão, de certo modo, inadvertidamente (ou, como diz Marx, como "promoção involuntária"), servindo ao capital comunicativo. Nesse sentido, nossa pesquisa aponta para a natureza intermediária desses atores. Obviamente, isso abre uma nova área de pesquisa, que é precisamente para onde a investigação nos levou: os agitadores da "economia do compartilhamento", do "comum" e do "cooperativismo de plataforma", embora com notáveis exceções, parecem ser pontas de lança desse enquadramento de classe, espalhando a palavra para outros membros, consolidando a deterioração da classe trabalhadora, com alguns "danos colaterais" inevitáveis dentro do próprio grupo.

14
Uberização como extensão da racionalidade empreendedora

Christian Laval

Christian Laval é professor do departamento de sociologia da Universidade Paris Nanterre. Conhecido por seus trabalhos com Pierre Dardot, como as obras *A nova razão do mundo: ensaio sobre a sociedade neoliberal* (Boitempo, 2016) e *Comum: ensaio sobre a revolução no século XXI* (Boitempo, 2017), Laval também publicou no Brasil o livro *A escola não é uma empresa: o neoliberalismo em ataque ao ensino público* (Boitempo, 2019). Nesta entrevista, o autor discorre sobre a totalização da racionalidade e possíveis brechas para projetos alternativos, o papel da comunicação na circulação da racionalidade empreendedora e do léxico empresarial, uberização e racionalidade empreendedora e o comum na vida cotidiana e como princípio de luta e de instituição.

Um dos maiores dilemas no confronto à racionalidade empreendedora é que mesmo projetos alternativos precisam, até certo ponto, do "espírito empreendedor" para obter financiamento. Essa é uma racionalidade de fato totalizante ou pode haver brechas?

A racionalidade empreendedora tende a prevalecer quando depende de subsídios estatais, como acontece na França com muitas associações de economia solidária, ou quando uma cooperativa é exposta a uma competição ou procura se desenvolver globalmente, como aconteceu com o grupo cooperativista basco-espanhol Mondragón. Esse processo, bem conhecido pelos especialistas em organizações, que o chamam de isomorfismo institucional, leva uma cooperativa ou associação a imitar o comportamento de uma empresa. É um fenômeno perfeitamente observável na França. Mas generalizar essa reflexão nos levaria a esquecer duas coisas. A primeira diz respeito ao poder da motivação política das pessoas envolvidas em iniciativas "alternativas", que devem ser espertas para preservar, em um contexto de burocracias e de relações de forças concorrenciais desfavoráveis, "o espírito do comum". Em segundo lugar, a dimensão da luta social e política de qualquer

102 Os *laboratórios do trabalho digital*

alternativa. Há certa ingenuidade no mundo alternativo, o que provoca desmoralização quando a dificuldade de "fazer o contrário" não é suficientemente antecipada em uma estrutura dominada pelo capitalismo e pela burocracia estatal. Em outras palavras, o comum é uma luta não apenas ideológica, mas prática.

Como você vê o papel da comunicação na circulação da racionalidade empreendedora?

O que as empresas – e os partidos políticos que tentam imitá-las – chamam de "comunicação" está além da publicidade e da propaganda, que são os primeiros motores dessa racionalidade. É uma concepção de mundo que projeta o empreendedor como fonte de todas as ideias, invenções e riquezas. Seria necessário examinar, portanto, vários aspectos, entre eles a comunicação interna e a externa da empresa, que tendem a se impor muito além do campo gerencial, principalmente devido a certa maneira de falar que se tornou habitual. O léxico cotidiano está cheio de termos que eram específicos do mundo empresarial e do mercado, como se a linguagem que falamos agora tivesse o efeito de "naturalizar" as relações sociais internas da empresa. Desse modo, podemos dizer, como fizemos em *A nova razão do mundo*, que uma "subjetivação neoliberal" está em desenvolvimento por meio da circulação dos temas e vocabulários do mundo da gestão. No entanto, será que isso continua tão generalizante quando percebemos e, então, deploramos sua onipresença nos modos de falar e pensar? Ao conversar com pessoas que trabalham em empresas, fico impressionado com o quanto elas sabem que isso se trata de um remendo linguístico, de uma máscara. Isso sempre aparece nas entrevistas, como uma enrolação, uma *langue de bois**. Muitos deles mantêm uma relação, se não esquizofrênica, pelo menos cínica com essa comunicação empreendedora e empresarial, o que os salva da completa alienação e até de uma estupidez quase patológica.

Como você vê o processo que chamam de "uberização do trabalho"?

Não tenho uma posição muito original sobre isso. Estamos lidando com um novo "capitalismo de plataforma", cuja característica histórica é explodir a forma salarial da relação entre capital e trabalho, privilegiando a missão, a operação e a corrida, ou seja, microtarefas pagas por unidade e pelas quais a plataforma cobra uma comissão. É o novo mundo dos proletários sem segurança, transformados em "autoempreendedores" superexplorados, que têm como compensação apenas a liberdade ilusória de trabalhar à vontade. Mas o que é absolutamente notável do ponto de vista histórico é a combinação entre a ideologia empreendedora e os dispositivos digitais, fator que permitiu sua concretização econômica e sua

---

* Em tradução literal, "língua de pau"; trata-se de uma expressão, em geral associada à esfera política, que denota um discurso cínico, com vocabulário vago, ambíguo ou pomposo como disfarce. (N. E.)

sistematização social. Por "racionalidade empreendedora" não nos referimos apenas a um conjunto coerente de ideias, mas um conjunto de questões teóricas e práticas reais que orientam a conduta. A uberização é, portanto, um dos meios pelos quais essa racionalidade se estende e afeta, agora nos países desenvolvidos, as frações jovens das classes trabalhadoras, que nunca conheceram uma condição salarial relativamente protegida por leis trabalhistas e sindicatos.

Em *Comum*, você e Pierre Dardot falam do "comum" como um projeto político que também envolve a organização do trabalho. Como você vê a concretização desse aspecto na vida cotidiana?

"Comum" é como nomeamos um regime muito amplo e diversificado de práticas, lutas, experiências, instituições e pesquisas que visam alcançar um mundo que vá além do capitalismo e do Estado burocrático – ou pelo menos os primeiros marcos práticos dessa superação. É como uma bússola ou grade de leitura que permite ver como se conectam experiências de economia social, instituições cooperativas, ocupações de fábricas, lutas de trabalhadores organizadas democraticamente, mobilizações etc. O comum é o que une todas essas práticas, duas dimensões que, para nós, formam um único princípio: uma exigência de autogoverno e, ao mesmo tempo, um predomínio do uso coletivo de recursos ou espaços em relação à propriedade privada. Se tomarmos o exemplo dos *gilet jaunes* [coletes amarelos], na França, essas duas dimensões estão muito presentes em sua revolta: é uma luta pela igualdade na partilha da riqueza e, ao mesmo tempo, pela "democracia real".

Como compreender o comum sem idealizações?

Não há ideologia ou idealização em relação ao comum. Insistimos que ele não é algo dado, nem poderia ser encarnado dentro de uma comunidade tradicional. É um princípio de luta, mas também de instituição. Não procuramos espalhar um ideal, e sim mostrar o que acontece em lutas ou experimentos, de acordo com um método materialista que chamamos entre nós – de forma descontraída, porque é muito pretensioso – de "materialismo das práticas". Poderíamos complementar ou esclarecer dizendo que o que importa para nós é o caráter institucional das práticas de lutas, resistências ou experiências alternativas: de que maneira elas levam à criação de outra realidade institucional e social? Esse é o critério decisivo para nós em qualquer análise. E é, a nosso ver, a melhor forma de autoanálise que qualquer movimento ou experimentação social deve fazer, perguntando-se qual forma institucional antiga foi questionada e qual nova forma o grupo ajudou a criar.

15
McMindfulness:
retórica empreendedora, ideologia do
Vale do Silício e violência epistêmica

Ronald Purser

Ronald Purser, professor de administração da Universidade Estadual de São Francisco, é autor do livro *McMindfulness: How Mindfulness Became the New Capitalist Spirituality* (Repeater, 2019), em que narra o encontro do *mindfulness* com a racionalidade empreendedora e a ideologia do Vale do Silício. Nesta entrevista, Purser, que é budista, fala sobre capitalismo *hipster*, gramática do capital, aplicativos de *mindfulness* e violência epistêmica em relação ao budismo.

Como o *mindfulness* se relaciona com a racionalidade empreendedora e o mundo do trabalho, especialmente em contexto de capitalismo *hipster*?

O *mindfulness* tornou-se uma ferramenta utilitária e instrumental para os indivíduos atingirem seus objetivos. O empreendedorismo tem tudo a ver com esforço individualizado, com fazer as coisas de maneira quase heroica; o *mindfulness* é usado pela retórica empreendedora para dizer às pessoas que elas podem se sustentar com as próprias "orientações" e se elevar acima do ambiente social por conta própria. O empreendedorismo também significa o espírito do capitalismo, glorificando o trabalho como um chamado e quebrando as regras da ortodoxia. É assim que o *mindfulness* foi adotado com entusiasmo como uma nova ferramenta brilhante nas empresas titãs da tecnologia do Vale do Silício – como Google, Facebook, Twitter, Yahoo, Salesforce, Apple, Zynga –, sendo visto como *cool* e moderno. Nessa forma de espiritualidade, somos lembrados a "procurar em nós mesmos", como aconselha o ex-engenheiro do Google e tsar do *mindfulness*, Chade-Meng Tan, pois lá – e não nas estruturas de uma cultura orientada para o mercado – está a fonte de nossos problemas.

Aplicada dessa maneira, a prática do *mindfulness* é perfeitamente adequada ao que Jim McGuigan chamou de "eu neoliberal". A maioria dos funcionários de empresas como Google e Facebook são engenheiros homens. Existe uma masculinidade hegemônica oculta associada ao ícone do empreendedor. De fato, um

106   Os *laboratórios do trabalho digital*

dos valores corporativos do Calm, um dos aplicativos de meditação *mindfulness* mais lucrativos, é a crueldade. O *mindfulness* é visto pelo Google, segundo um engenheiro, "como uma espécie de WD-40 organizacional, um lubrificante necessário entre funcionários ambiciosos e motivados e a exigente cultura corporativa da empresa". A técnica apela à natureza altamente competitiva do capitalismo moderno, vendo indivíduos como empreendedores gerindo as próprias empresas na concorrência com outras.

Entender o *mindfulness* como um jogo de linguagem e propaganda corporativa, como você afirma, significa compreendê-lo como parte de uma gramática do capital que funciona como um "mantra"? Como isso se relaciona com a linguagem do *coaching*?

Grande parte do estresse e da ansiedade no ambiente corporativo envolve condições estruturais e sistêmicas. O estresse não é meramente uma patologia individual, mas está ligado a forças sociais, econômicas e políticas que são maiores que o indivíduo. O *"coach* de vida" baseia-se na indústria americana da autoajuda, que promove uma forma de pensamento mágico a partir do qual todas as mudanças e todos os sucessos devem vir de dentro. Procurar dentro de si o chamado "eu autêntico" faz parte desse jogo de linguagem. Também é interessante que o rótulo mencione *vida* quando se trata na verdade de extrair mais do *trabalho*.

Como você vê o papel dos aplicativos de *mindfulness*?

Eles são o epítome do *McMindfulness*. Os empreendedores espirituais adotam práticas minadas para se adequarem à abordagem instrumental e com fins lucrativos, remodelando-as como técnicas de "auto-otimização" para melhorar a produtividade e o desempenho. A prática do *mindfulness*, antes de ser apropriada pelas empresas, não tinha nada a ver com soluções rápidas de curto prazo. Os aplicativos de meditação representam a "mcdonaldização" do *mindfulness*, produzindo em massa uma técnica eficiente, escalável e quantificável e uma mercadoria comercializável globalmente. Há uma ironia peculiar quando alguém recorre a um aplicativo para aliviar o estresse causado por problemas geralmente agravados pela tecnologia. O Headspace, assim como seus rivais, tem interesse em manter os usuários ativos. O alerta "Pessoas meditando agora" aparece em sua página inicial e mostra uma contagem em tempo real. Da última vez que verifiquei, havia 20.996 pessoas utilizando o aplicativo naquele momento. Por que não participar quando é tão fácil e divertido? A gamificação do *mindfulness* é o epítome de uma atenção narcísica e egocêntrica, uma tecnologia de si, que insinua um senso neoliberal de si mesmo, o qual deve ser constantemente monitorado, disciplinado e aprimorado.

Esses aplicativos supõem que somos maus monitores de nossos comportamentos e estados internos, e a partir disso nos dão a falsa sensação de que precisamos de tecnologias para exercer controle sobre nossos próprios corpos e mentes. Esse automonitoramento obsessivo é impulsionado por um imperativo moral de estar sempre atento, apto e saudável, mas isolado dos outros. É preciso ser um bom "eu neoliberal", determinado a atualizar e aprimorar o próprio capital mental e emocional no mercado.

Como é o processo de violência epistêmica em relação ao *mindfulness*?

O que geralmente é esquecido é como o processo de tradução cultural do budismo no Ocidente está sendo moldado por um conjunto complexo de forças que interagem envolvendo relações de poder, redes de interesses e decisões interpretativas – forças culturais que quase sempre permanecem submersas e ocultas do discurso público. A retórica entre os *cheerleaders* do *mindfulness* é muito problemática, dadas suas atitudes colonialistas não reconhecidas, porém flagrantes. Seus hábitos discursivos são ofensivos para budistas étnicos e professores e praticantes não brancos, e servem tanto a uma função retórica quanto a uma concessão de privilégios brancos em relação a um *branding* budista. O mantra que eles entoam sem vergonha alguma reduz a tradição budista a um conjunto ultrapassado de acréscimos culturais. Empreendedores com muita visibilidade midiática, como Dan Harris, gostam de criticar o budismo, julgando-o como um recipiente culturalmente arcaico e supersticioso, do qual apenas a prática cientificamente eficaz do *mindfulness* deve ser preservada. Harris afirmou: "Eu pensava que a prática do *mindfulness* era para pessoas que vivem em *yurts* ou colecionam cristais... mas, como se vê, a ciência diz que ela pode melhorar o sistema imunológico, reduzir a pressão sanguínea e religar partes importantes do cérebro". Esse é um lugar-comum do movimento *mindfulness*: a ciência, ao validar a prática, libertou-a da metafísica escamosa, estrangeira, irracional, ultrapassada e assustadora da tradição religiosa. Esse tipo de caracterização depreciativa e até hostil da tradição budista está relacionado a uma terrível falta de compreensão do que é um envolvimento significativo com uma tradição religiosa e a uma crença ingênua na autoridade inatacável da ciência como único árbitro da verdade, do sentido e do valor.

O hábito de apropriar-se e retirar o rótulo budista no discurso do *mindfulness* é uma violência epistêmica. Ao repetir a retórica de dupla face de reivindicar a essência autêntica dessa filosofia para reforçar o próprio prestígio da marca, eles proclamam que o budismo foi substituído por uma abordagem científica (centrada no Ocidente), que permitiu o acesso a uma compreensão ainda mais universal do *mindfulness*. Tal hábito discursivo desempenha uma função epistêmica de controle de fronteiras para policiar o budismo, enquadrando os corpos e as vidas marcados como "budistas" como algo com que se preocupar ou do que se envergonhar, por estarem recheados de bagagem "cultural" ou "religiosa". Esse discurso não tem escrúpulos em exibir o prestígio simbólico do budismo para a própria conveniência, desde que a essência do *dharma* seja devidamente expurgada de sua "estranheza" – embora o exótico ainda seja vendável –, sendo assimilada por um paradigma científico que não é nativo

108   Os *laboratórios do trabalho digital*

dessa corrente. Por que a história do imperialismo ocidental e todos os efeitos vergonhosos da violência – incluindo a supremacia branca – não afetam a maneira como nos relacionamos com heranças não ocidentais? Por que isso não é uma bagagem cultural para carregarmos? Se esse é um sinal de uma nova linhagem do *dharma* em formação, não devemos nos preocupar? Os defensores contemporâneos do *mindfulness* parecem não refletir sobre os próprios compromissos ideológicos, uma vez que a integração da prática depende de uma versão universalista. As estratégias retóricas usadas por Jon Kabat-Zinn, fundador do Programa de Redução do Estresse Baseada em Mindfulness, ilustram essa marca budista, com seus danos e consequências não intencionais.

Você afirma que cuidar de si mesmo é um ato político radical. Mas, para isso, é preciso ir além do *McMindfulness*. Como fazer isso?

Um olhar *mindfulness* crítico elimina os obscurantismos que desassociaram o estresse pessoal do sofrimento social. Isso requer novos recursos teóricos e narrativas explicativas que expandam as fronteiras do enfoque individual do paradigma biomédico, que mantém um relato universalista e a-histórico do sofrimento pessoal. Não mais se escondendo por trás da retórica do "*dharma* universal", não mais alegando a neutralidade terapêutica ou afirmando que a ética é "implícita" ao *mindfulness*, os praticantes críticos estão dispostos a se recusar a psicologizar todos os problemas pessoais e a normalizar o estresse. Um *mindfulness* crítico-cívico ilumina como uma grande quantidade de sofrimento pessoal está ligada a contextos sociais, econômicos e políticos. Isso requer pedagogias críticas que reorientem as práticas para examinar as causas e condições de sofrimento e opressão social, experiências coletivas de trauma cultural, racismo sistêmico e outras formas de marginalização e deslocamentos que não podem ser reduzidas ao psicológico. Isso significa que os currículos de *mindfulness* não podem ser confinados a espaços privados nem limitados a métodos de "gestão de si mesmo". O Programa de Redução do Estresse Baseada em Mindfulness e outros programas de treinamento foram desenvolvidos como métodos terapêuticos para a gestão de si, não para a transformação social e a cura coletiva. Tais programas com manuais e *scripts* não foram projetados para lidar com a natureza emaranhada do sofrimento social. Restaurar a percepção desses vínculos complexos também requer uma maior conscientização de como o poder e os privilégios entre os professores de *mindfulness* resultaram em uma cumplicidade com uma ideologia neoliberal.

16

A retórica sobre cidades inteligentes e internet das coisas

Vincent Mosco

Vincent Mosco, professor emérito de sociologia da Universidade do Queens, é um dos principais pesquisadores da economia política da comunicação. Entre seus 26 livros publicados, destacamos *The Political Economy of Communication* (Sage, 2009), *To the Cloud: Big Data in a Turbulent World* (Paradigm, 2014) e *Becoming Digital: Toward a Post-Internet Society* (Emerald, 2014). Os dois últimos fazem parte de uma trilogia sobre os impactos sociais da "próxima internet", cujo terceiro volume é *The Smart City in a Digital World* (Emerald, 2019), objeto desta entrevista.

Quais são os problemas da retórica predominante sobre as cidades inteligentes?

Meu último livro questiona o que tornaria uma cidade inteligente, descrevendo o cenário e buscando alternativas democráticas à retórica de que a resposta começa e termina com a tecnologia. Na esteira do colapso financeiro global de 2008, as empresas foram a cidades de todo o mundo vender tecnologia, colher dados valiosos e aprofundar a governança privada da vida urbana. Elas se associaram aos governos para promover o que pareciam ser benefícios significativos para os moradores, como ruas mais seguras, ar mais limpo, transporte mais eficiente, comunicação instantânea para todos e algoritmos que tiram a governança das mãos de seres humanos imperfeitos. Mas outra história esconde-se abaixo dessa superfície. As cidades inteligentes, fomentadas pela tecnologia, aprofundam a vigilância e transferem a governança urbana para executivos corporativos não eleitos e para parcerias público-privadas. Isso também encolhe a democracia, cria um paraíso para os *hackers* e acelera a chegada da mudança climática. Para resolver tais problemas, é essencial entender as tecnologias, as organizações e as mitologias que impulsionam o movimento global das cidades inteligentes. Significa também avaliar a crescente resistência a uma cidade movida pela tecnologia, liderada por centros como Barcelona, Amsterdá e Oslo. É importante entender que construímos mitos sempre que construímos cidades. Hoje, eles associam a "cidade inteligente" a narrativas de transcendência tecnológica que fazem dela a melhor, senão a única, esperança para o futuro urbano.

110   Os *laboratórios do trabalho digital*

Não há dúvida de que as apostas financeiras são altas, haja vista que as cidades inteligentes oferecem uma grande fonte de receita na venda de tecnologias, incluindo os sensores da internet das coisas, localizados em postes, veículos, câmeras e outros dispositivos conectados. Como esse mercado apenas começa a se expandir, é compreensível que empresas de tecnologia como IBM, Alibaba, Siemens e Cisco estejam ansiosas para promover a visão de que a implantação das tecnologias da "próxima internet" pode salvar as cidades do mundo de seus problemas aparentemente intratáveis. Outro fluxo de receita vem dos sistemas que gerenciam e controlam essa vasta gama de dispositivos conectados, permitindo respostas rápidas a mudanças. Os principais exemplos incluem o pioneiro Centro de Operações da IBM no Rio de Janeiro e o City Cockpit da Siemens em Cingapura. Eles ampliam enormemente as oportunidades de usar todos os dados coletados pelos dispositivos de vigilância e desenvolver novos algoritmos para gerenciar o tráfego, vigiar o crime, controlar a coleta de lixo, a iluminação pública e outros serviços urbanos. Há outro enorme fluxo de receita na coleta de dados de dispositivos conectados. As oportunidades de medir, monitorar, empacotar e vender dados crescem a cada nova cidade inteligente, a cada novo centro de operações e a cada nova conexão. Quer as cidades inteligentes funcionem ou não para residentes urbanos, é cada vez mais claro que elas trabalham para as empresas que vendem tecnologias, sistemas e dados.

As cidades inteligentes são construídas no imaginário mítico devido às oportunidades que fornecem aos governos para gerenciar e controlar as pessoas. A vigilância em massa detalhada não apenas produz dados comercializáveis, mas também cria o "eu quantificado". Os governos, sejam eles explicitamente autoritários ou não, veem as tecnologias das cidades inteligentes como soluções para o problema de monitoramento e gerenciamento das populações em crescimento, incluindo migrantes recém-chegados. Os algoritmos dinâmicos, que mudam a cada nova onda de dados, facilitam o trabalho, transferindo a tomada de decisão para um conjunto de regras geradas por computador e eliminando a responsabilidade política. Embora as pesquisas evidenciem que eles incorporam discriminações de raça, gênero e classe, o que equivale a inscrever a desigualdade no código desses sistemas, a aparência de objetividade, reificada no algoritmo, é um meio conveniente para aprofundar e ampliar o controle político.

Quais são as possibilidades de alternativas democráticas para esse cenário?

Em primeiro lugar, são as pessoas que tornam as cidades inteligentes. Especificamente, a experiência coletiva e a inteligência daqueles que ali vivem e trabalham, juntamente com aqueles que visitam esses espaços. O objetivo dos aplicativos de tecnologia de cidades inteligentes – em especial os sistemas da "próxima internet", como internet das coisas, análise de *big data* e computação em nuvem – deve ser, primeiro, melhorar a qualidade de vida e as capacidades daqueles que vivem nos centros urbanos, e não expandir o lucro e o poder das empresas ou o controle do governo sobre seus cidadãos. Cidades genuinamente inteligentes são também *democráticas*. Seus cidadãos devem estar envolvidos na tomada de decisão sobre os aplicativos de cidades inteligentes, desde o início até a conclusão de cada projeto, como coparticipantes de governos, empresas privadas e organizações não governamentais. Eles têm o direito de acessar todas as informações, incluindo planos, políticas e debates, sobre o processo de desenvolvimento das cidades. Um índice-chave de um projeto de cidade inteligente de sucesso é a medida em que ajuda seus residentes a expandirem a democracia, ou seja, alcançarem a participação mais completa possível nas decisões que afetam sua vida.

Cidades inteligentes também devem valorizar o espaço público, que deve ser composto de áreas onde indivíduos e grupos sociais são livres para se unirem e se comunicarem abertamente sobre problemas sociais e ações políticas. Essas áreas devem ser diferenciadas do espaço comercial, cuja finalidade principal é vender produtos e serviços. Como os espaços públicos são centrais para apoiar o livre fluxo de ideias e a democracia, as cidades inteligentes devem protegê-los tanto on-line quanto off-line. Isso inclui a comunicação, por meio do acesso universal à informação, serviços públicos essenciais de energia e água, além de instituições públicas como escolas, parques, bibliotecas e locais de reunião. Cidades inteligentes também devem compartilhar dados coletados por projetos, haja vista que eles pertencem às pessoas, e elas têm o direito de reter, remover ou depositar em uma confiança pública – controlada pelos cidadãos – todos esses dados. Eles não devem pertencer às empresas privadas ou às agências governamentais que os coletam. Os cidadãos podem concordar que as instituições públicas e privadas os utilizem, mas somente quando todas as partes estiverem plenamente informadas e quando houver uma garantia de que, se alguém optar pelo não compartilhamento a qualquer momento no processo, não haverá repercussões. A privacidade é um valor fundamental das cidades inteligentes, e as pessoas têm direito à privacidade pessoal. Isso significa que qualquer sistema de coleta de dados deve desidentificá-los na fonte de coleta e assumir total responsabilidade para garantir que nada seja enviado a terceiros.

Cidades inteligentes devem promover a diversidade, com projetos sem discriminação de gênero, raça ou classe social. Isso inclui os algoritmos usados nos processos de tomada de decisão, que devem estar sujeitos a revisão e supervisão pública, com o objetivo de acabar com a replicação das divisões sociais históricas. Cidades inteligentes devem promover o direito à comunicação. As pessoas têm o direito de se comunicar, não apenas receber informações. É essencial que as autoridades públicas promovam o uso de dispositivos de alta velocidade e ampliem o acesso universal à informação, especialmente no que diz respeito à operação dos governos municipais e seus parceiros do setor privado. Cidades inteligentes também devem proteger o meio ambiente, pois temos direito a um planeta saudável. Em cada estágio de cada projeto de cidade inteligente, é essencial colocar em primeiro plano as metas de enfrentamento do desafio da mudança climática, reduzindo ou

112   Os *laboratórios do trabalho digital*

eliminando o uso de recursos energéticos não renováveis, de modo a preservar a biosfera. Cidades inteligentes e suas ruas são para pessoas, não carros, e seu projeto deve começar com os pedestres. Calçadas inteligentes são construídas para serem preenchidas com pessoas e forradas de árvores: uma calçada vazia é como um teatro com a plateia vazia. As ruas inteligentes devem ser projetadas para acomodar primeiro as necessidades dos pedestres e daqueles que viajam em veículos não motorizados.

Respeitando esses princípios, particularmente o compromisso com o controle do cidadão sobre a tecnologia, é razoável esperar que os aplicativos das cidades inteligentes fortaleçam a gestão e a entrega de todos os serviços municipais, em especial as operações de emergência. Isso inclui transporte público, sistemas de energia, segurança contra incêndios, policiamento, remoção de resíduos, água e esgoto. Além disso, eles podem ajudar na prestação de serviços de saúde pública, bem como na gestão de habitação e educação pública. As cidades inteligentes podem melhorar o gerenciamento de crises, mas somente se forem construídas de modo que o serviço público esteja em primeiro lugar.

Quais são os pontos para uma crítica da indústria de internet das coisas?

Algumas tecnologias – literalmente conectadas por meio de telecomunicações de alta velocidade com e sem fio – proporcionam à infraestrutura de tecnologia da informação o que se prevê ser o salto para as cidades inteligentes. Uma delas é a internet das coisas (IoT, iniciais de *internet of things*) – os sensores conectados a objetos como postes de rua e semáforos, que podem monitorar e relatar tudo ao alcance de suas capacidades de vigilância. Em geral, a "internet da coisas" refere-se a um sistema que instala sensores e dispositivos de processamento em objetos físicos e organismos vivos do cotidiano. Para a cidade, isso significa incorporar tecnologia de monitoramento e coleta de dados em estradas, calçadas, edifícios, ruas e iluminação pública, bem como em residências, escolas e locais de trabalho. Onde quer que estejam localizados, esses sensores formam uma rede de "coisas" que acumulam grandes quantidades de dados e os entregam a sistemas de computação em nuvem para armazenamento e processamento com análise de *big data*. O resultado é o monitoramento em tempo real do uso de transporte, comunicação e energia.

Os defensores esperam que a internet das coisas permita respostas mais rápidas para problemas cotidianos e grandes desastres. Um dos resultados é o desenvolvimento de algoritmos ou regras de tomada de decisão que permitem a ação autônoma. O software alimenta os sistemas de inteligência artificial que usam dados para criar regras "se... então", os quais acionam respostas com base na mudança de dados. Por exemplo, com base em estatísticas criminais e tecnologias de reconhecimento facial, as autoridades policiais desenvolveram algoritmos que seguem algumas variações da fórmula "*se* você identificar um rosto assim, *então* aumente (ou diminua) o nível de suspeita". Como bancos de dados são construções sociais que categorizam e classificam elementos a partir das subjetividades e dos preconceitos encontrados na sociedade, não é de surpreender que os algoritmos incorporem vieses racistas, sexistas e de classe. Consequentemente, eles precisam ser avaliados criticamente e com um olhar atento em relação às condições sociais que dão origem a regras de decisão baseadas em IA.

Em certo sentido, a internet das coisas atualiza uma visão antiga, uma vez veiculada em anúncios de produtos da General Electric, de "dar vida a coisas" com as capacidades de inteligência artificial. Esses objetos – que o filósofo da ciência Bruno Latour chama de "actantes" em sua teoria ator-rede – podem formar relacionamentos com outros objetos e com coisas vivas. A internet que conhecemos há mais de trinta anos conecta principalmente pessoas a outras pessoas; a internet das coisas adiciona um universo de dispositivos à rede de redes. Nesse ponto, apenas uma pequena fração de objetos, cerca de 1%, está conectada digitalmente em redes de internet das coisas em um mundo no qual apenas 50% da população faz uso da internet tradicional. Em consequência, à medida que esses números sobem, inevitavelmente há grandes expectativas entre as organizações empresariais. A IoT depende dos recursos de computação em nuvem, em especial dos centros de dados que armazenam e processam o que os sensores monitoram. Então, a análise de *big data* transforma os dados em informações úteis e algoritmos de tomada de decisão. Relatórios sobre as perspectivas econômicas de tecnologias de cidades inteligentes tendem a concordar que essa indústria está prestes a atingir um crescimento explosivo. Um estudo concluiu que o mercado de cidades inteligentes vale cerca de 1,2 trilhão de dólares e será avaliado em 2,75 trilhões de dólares até 2023. Previa-se que até 2020 houvesse seiscentas cidades inteligentes em todo o mundo, metade delas localizadas na China.

E qual é o papel das grandes corporações?

A indústria já é altamente concentrada e dominada por empresas estadunidenses. De fato, as cinco principais empresas da "próxima internet" são líderes mundiais em valor de mercado. Isso inclui a Amazon, que controla mais de um terço do mercado de computação em nuvem e tem uma presença formidável em *big data* e na internet das coisas. A empresa foi uma das primeiras a criar um serviço de nuvem de tamanho único que atraiu indivíduos e organizações por sua simplicidade e baixo custo, o que sugere que a conduta de preços predatórios estava em ação. Google, Microsoft, Facebook e Apple completam a lista das corporações que usam seu controle sobre a "internet original" para se tornarem líderes na "próxima internet". Empresas antigas, como IBM, Oracle, HP e Cisco, esforçaram-se para substituir sua especialização em serviços de TI, agora em desaparecimento, e voltar-se para o novo mundo digital. No entanto, a necessidade de canibalizar sistemas antigos e refazer suas organizações fez com que tudo ficasse lento. Além disso, há empresas especializadas em um ou outro sistema constituinte da próxima internet, como Rackspace e Salesforce, mas elas são constantemente prejudicadas pela invasão das dominantes, que se beneficiam de seus laços estreitos com as agências militares e de inteligência, proporcionando-lhes os

114   Os *laboratórios do trabalho digital*

serviços da próxima internet e cooperando, na maioria das vezes, com solicitações de informações sobre os usuários. De fato, os laços estreitos com o Pentágono, bem como com as agências de segurança e inteligência nacional estadunidenses (NSA e CIA), ajudam a explicar por que não há concorrentes europeus à hegemonia dos Estados Unidos sobre a próxima internet, mesmo empresas de telecomunicações que já lideraram o mundo um dia. A China é a única competidora séria. Lá, o governo investiu ativamente nas tecnologias da próxima internet, chegando a integrá-las em seus planos de cinco anos. Isso beneficiou empresas líderes, como Alibaba, Baidu, Huawei e Tencent, entre outras. Sinalizando que pretende desafiar a liderança dos Estados Unidos, o Alibaba se estabeleceu no Vale do Silício e, como outras empresas chinesas, baseia-se no enorme mercado doméstico daquele país para estender seu alcance internacional. Um exame das questões políticas remanescentes revela por que a concentração do poder corporativo é um problema tão relevante e por que é essencial que as sociedades comecem a considerar a necessidade de intervenção pública para regular e controlar a próxima internet.

E ainda há quem veja a internet como algo imaterial...

Como o mundo digital é composto por elétrons invisíveis que zunem pelo ar, há uma tendência a vê-lo como imaterial. Nada poderia estar mais longe da verdade e, quanto mais cedo isso for reconhecido, maior será a probabilidade de os problemas ambientais e climáticos associados à próxima internet serem abordados. Os centros de dados em nuvem são estruturas muito materiais e, à medida que enchem o mundo, aumentam as já inúmeras questões de política ambiental. No topo da lista está o consumo de energia nesses espaços, que aumentará conforme o número de sensores se expandir exponencialmente. Além disso, a demanda do cliente por serviços 24 horas por dia, sete dias por semana, requer várias camadas de energia de reserva, incluindo baterias de chumbo-ácido e geradores a diesel considerados cancerígenos. Além disso, muitos centros de dados exigem grandes e contínuos suprimentos de água para seus sistemas de refrigeração, o que levanta sérias questões políticas em lugares como o Oeste dos Estados Unidos. Até agora, as operadoras usaram seu poder econômico e o fascínio pelos empregos prometidos para pressionar com sucesso os governos locais a fornecerem incentivos fiscais, acordos de corte de energia e alívio dos regulamentos de poluição. As questões de privacidade e segurança se multiplicam na próxima internet porque uma conectividade maior aumenta as oportunidades de falhas técnicas e de invasões criminosas. Certa vez, um jornalista de tecnologia se referiu à internet das coisas como "a maior infraestrutura de vigilância em massa de todos os tempos". Mesmo num nível relativamente mais baixo, porém, problemas técnicos e *hackers* criminosos atormentam o sistema. Mas as ameaças mais significativas surgem de empresas e governos com fome de dados. Para eles, a maior atração da computação onipresente são os dados valiosos sobre o comportamento das pessoas e o desempenho dos objetos.

Qual é o impacto disso tudo no trabalho digital?

O impacto da próxima internet no número de empregos e na natureza do trabalho é uma questão política importante. Isso tem sido discutido há muitos anos, especialmente desde o fim da Segunda Guerra Mundial, quando o cientista da computação Norbert Wiener gerou considerável debate público ao levantar o espectro da perda massiva de empregos devido à automação computadorizada. No entanto, a próxima internet hoje cria empregos – e provavelmente continuará a criá-los –, incluindo trabalhos de construção tradicionais nas redes globais de centro de dados, na nova profissão de ciência de dados e no controle, manutenção e monitoramento de dispositivos em rede. Ainda assim, hoje há muito mais oportunidades para a nova tecnologia eliminar o trabalho humano, especialmente aquele que envolve conhecimento profissional. Na verdade, existem consultores especializados que preferem definir a computação em nuvem como o próximo passo na terceirização das operações de TI. Isso está de acordo com uma tendência geral, que vê a proposta de valor de longo prazo da TI não como uma forma de apoiar a força de trabalho humana, mas de substituí-la.

A próxima internet também possibilita a racionalização generalizada de praticamente todo o trabalho criativo, porque este envolve cada vez mais a produção, o processamento e a distribuição de informações. Começamos a ver os impactos disso na educação, na saúde, na lei, na contabilidade, nas finanças, nas vendas e na mídia. Organizações privadas e do setor público são incentivadas a terceirizar todos os seus principais processos de negócios, buscando em empresas como a Salesforce, especializada no gerenciamento de vastos bancos de dados de informações de clientes, um trabalho que os departamentos de marketing e atendimento ao cliente anteriormente realizavam. Com a promessa de armazéns de produtos cheios de robôs para localizar, embalar e enviar mercadorias, além de drones para entregá-los, a Amazon é a ponta de lança da próxima internet para expandir a substituição da mão de obra em todo o mundo. Qualquer que seja seu impacto concreto no número de empregos, a próxima internet já está mudando o processo de trabalho. Por exemplo, vemos cenas de ficção científica tornando-se realidade quando os trabalhadores de uma empresa sueca chegam ao escritório todos os dias com *chips* implantados sob a pele para melhorar sua produtividade e o controle da gestão[1]. A perda de empregos, o trabalho precário e o declínio dos sindicatos contribuem para a crescente crise do trabalho digital em todo o mundo.

---

[1] Jena McGregor, "Some Swedish Workers Are Getting Microchips Implanted in Their Hands", *The Washington Post*, 4 abr. 2017; disponível em: <https://www.washingtonpost.com/news/on-leadership/wp/2017/04/04/some-swedish-workers-are-getting-microchips-implanted-in-their-hands/>; acesso em: 31 mar. 2021.

Parte III
Inteligência artificial e trabalho digital

17

Inteligência artificial como condição geral de produção

Nick Dyer-Witheford

Professor da Universidade de Western Ontario, no Canadá, Nick Dyer-Witheford é autor das obras *Cyber-Marx: Cycles and Circuits of Struggle in High Technology Capitalism* (University of Illinois Press, 1999) e *Games of Empire: Global Capitalism and Video Games* (University of Minnesota Press, 2009). Com Atle Mikkola Kjøsen e James Steinhoff, publicou o livro *Inhuman Power: Artificial Intelligence and the Future of Capitalism* (Pluto, 2019). Nesta entrevista, Dyer-Witheford fala sobre capitalismo e inteligência artificial.

Em *Inhuman Power*, você critica as visões liberais e aceleracionistas sobre inteligência artificial. Por que você se afasta dessas duas perspectivas?

Em primeiro lugar, gostaria de dizer que meus comentários aqui são apenas uma interpretação pessoal de uma colaboração sintética: meus coautores podem legitimamente enfatizar aspectos diferentes de nosso trabalho coletivo. A visão liberal define que a inteligência artificial é apenas mais uma etapa do progresso tecnológico alcançado pela economia de mercado, um avanço atribuído aos poderes criativos do capitalismo, trazendo maior prosperidade material, conveniência ao consumidor e melhoria geral à condição humana. Quaisquer que sejam os problemas que a IA possa trazer para os campos do emprego ou da vigilância social, eles podem, nessa visão, ser corrigidos pela educação para a formação profissional e por pequenas reformas na proteção da privacidade. O fato de que o desenvolvimento da IA esteja quase inteiramente nas mãos do capital oligopolista, juntamente com seus parceiros militares e a segurança do Estado, é ignorado, ofuscado ou simplesmente aceito como o caminho natural do mundo.

   O que mais surpreende é a relativa complacência com que essa situação é vista pela esquerda, ou pelo que resta dela, o que parece ter duas origens. De um lado, há aqueles que duvidam da atualidade dos recentes avanços em IA, sugerindo que estes são fortemente vendidos pelo discurso empresarial, sendo isso mais um exagero

120   Os *laboratórios do trabalho digital*

do que realidade. Essa é uma visão que, no momento, apresenta uma boa dose de plausibilidade, mas pode ser inadequada para a trajetória de longo prazo do tecnodesenvolvimento capitalista. De outro lado, está a perspectiva dos "aceleracionistas de esquerda", que são entusiastas da IA e veem essa tecnologia como precursora de um mundo pós-capitalista, no qual a automação dissolveria o nexo trabalho-salário. Tal perspectiva cita Marx em suas previsões tecnologicamente mais otimistas sobre a força progressista dos poderes de produção sempre em expansão, mas invisibiliza um lado mais sombrio da análise marxiana sobre a maquinaria capitalista como dominação. Os *flashes* de crítica ao capital tratam-no como uma força alienígena e inumana. É aqui que entra a questão do autonomismo: a tradição do operaísmo, a partir da qual deriva o marxismo autonomista de hoje, foi notável pela contundente recusa da doutrina capitalista do progresso tecnológico e sua percepção de como a maquinaria é usada como uma arma gerencial contra a classe trabalhadora. No entanto, na transformação para o pós-operaísmo contemporâneo, essa subversão heterodoxa foi perdida e substituída por uma insistente visão otimista sobre as possibilidades de reapropriações ciborgues das tecnologias de computação. Essa é uma perspectiva para a qual eu mesmo dei contribuições, de modo que está em jogo uma certa dose de autocrítica aqui. Mas devemos reconhecer que, desde a década de 1990 até hoje, a condição do capital digital então emergente mudou de maneira significativa, notavelmente por meio da consolidação das empresas de grande porte, como Google, Amazon e Facebook, e suas apropriações sistemáticas de *big data* e comunicação digital. Tudo isso preparou o cenário para avanços recentes na tecnologia de IA, em especial no campo do aprendizado de máquina (*machine learning*). Dada essa situação, pareceu-nos necessário que nós três, autores do *Inhuman Power*, restaurássemos uma perspectiva crítica da trajetória maquínica do capital, que agora produz novas formas de IA.

A curto prazo, nossa crítica aborda tanto as intensificações na exploração do trabalho quanto o comando de toda a fábrica social atualmente habilitada pela IA. A médio prazo, devemos levar a sério os ataques aos trabalhadores nas indústrias, desde o setor de transporte até os *call centers*, que vêm sendo preparados pelos desenvolvedores de IA. E, a longo prazo, devemos considerar as implicações de uma "singularidade" dirigida pelo capitalismo – que, em nome do aumento da eficiência e da produtividade, visa à criação de nada menos que uma "espécie-sucessora", tornando a humanidade obsoleta. Para aqueles que esperam que a IA permita uma sociedade na qual os humanos estejam livres do capital, é importante lembrar que o anverso desse arranjo é que o capital pode se tornar livre dos humanos. Encaramos um cenário não de crescente autonomia dos trabalhadores, mas de aprofundamento da autonomização do capital.

O que significa considerar a inteligência artificial como condição geral de produção?

O conceito marxiano de condições gerais de produção refere-se às tecnologias, instituições e práticas que formam o ambiente para a produção capitalista em determinado tempo e espaço. Ressaltamos que, no momento, a implantação da IA é limitada – embora ainda mais ampla do que muitas pessoas imaginam. Vários tipos específicos dela têm sido usados em robôs industriais, mecanismos de busca, mídias sociais e sistemas militares e policiais. Falar em inteligência artificial de maneira geral continua sendo material de ficção científica. No entanto, os usos comerciais da IA multiplicam-se hoje em residências e locais de trabalho. Ao descrevê-la como uma "condição geral de produção", sugerimos que ela pode se tornar um tipo de infraestrutura fornecedora dos pré-requisitos para uma nova fase do desenvolvimento capitalista. Estradas e navios a vela eram condições gerais de produção do capital mercantil; máquinas movidas a vapor, ferrovias, navios a vapor e energia elétrica, telégrafos, telefones, rádio e televisão eram condições gerais de produção de capital industrial. Dizer que essas condições de produção são gerais não é sugerir que elas estejam disponíveis gratuitamente: os grandes magnatas ferroviários do século XIX tiveram enormes lucros construindo uma das principais condições gerais de produção daquele século.

Isso quer dizer que a IA se torna o alicerce para todos os tipos de empreendimentos capitalistas competitivos e, portanto, também impulsiona profundas transformações da vida social. Como disse em 2016 Andrew Ng, da Universidade de Stanford, ex-pesquisador da Baidu e fundador do Google Brain, o objetivo de seus patrocinadores corporativos era tornar a IA "a nova eletricidade". A ambição dos grandes oligopólios nos Estados Unidos (Google, Amazon, Microsoft, Facebook e IBM) e na China (Baidu e Alibaba) não é simplesmente usar IA para aumentar a eficiência de seus mecanismos de busca, suas recomendações de produtos e suas operações de armazenamento. É para que eles se tornem melhores fornecedores, principalmente por meio de serviços baseados na nuvem, de capacidades de IA que outras empresas não podem dispensar no cotidiano. Eles buscam uma nova instanciação de capital, na qual aplicativos de IA, como veículos autônomos, assistentes pessoais de *chatbot* e agentes de mídias sociais, e a internet das coisas conectando aplicações robóticas em indústrias e residências, saturem a vida cotidiana. Se isso for alcançado, marcará também uma nova fase na subsunção ou no envolvimento da vida humana pelas tecnoestruturas capitalistas – um capitalismo de inteligência artificial.

Como pensar as lutas que envolvem capital e inteligência artificial?

Uma grande parte da atual discussão sobre IA tem relação com as questões do mercado de trabalho, principalmente a partir da dúvida se os robôs substituirão a experiência humana nas empresas. Em torno disso, tem havido um debate entre "apocalípticos versão IA" – principalmente cientistas da computação –, que preveem uma iminente crise geral de emprego causada pela automação, com perdas abruptas de vagas em muitos tipos de trabalho, e os teóricos do "*business as usual*" – principalmente economistas tradicionais –, que insistem que a mudança

122 Os *laboratórios do trabalho digital*

tecnológica, ao mesmo tempo que destrói empregos em alguns setores, sempre cria oportunidades em outras áreas da economia. Esse argumento é agora muito coreografado e previsível, embora também altamente especulativo. Achamos ser bem possível que a IA aumente a mão de obra excedente e torne o emprego cada vez mais precário e polarizado entre as tecnoelites de alto escalão e os cargos com salários de baixa renda. Isso pode eventualmente precipitar uma crise geral de empregos, embora tal processo possa tomar a forma prolongada de um "tsunami lento", em vez de algo súbito, como previsto pelos "apocalípticos versão IA". O que enfatizamos, entretanto, é que neste momento existem vários conflitos relacionados com os efeitos negativos do capitalismo de IA. Nesse sentido, delineamos um "heptágono de lutas".

E o que isso significa?

Foi possível traçar sete áreas de conflitos: 1) as lutas dos trabalhadores que já estão sujeitos à vigilância, à intensificação do trabalho e às pressões salariais da gestão algorítmica conduzida pelo aprendizado de máquina. Isso inclui não apenas os exemplos bem conhecidos dos funcionários do centro de atendimento da Amazon, mas também a multiplicidade de trabalhadores do clique envolvidos na produção real de sistemas de aprendizado de máquina, seja como limpadores de dados ou moderadores de conteúdo; 2) os protestos de trabalhadores de alta tecnologia no Vale do Silício e de outros lugares em relação ao envolvimento de seus empregadores na produção de IA para forças armadas e polícia de fronteiras nos Estados Unidos; 3) o movimento antivigilância, que vem crescendo desde as revelações de Edward Snowden*, e agora enfrenta o aumento dos poderes estatais e corporativos proporcionados por tecnologias como as de reconhecimento facial acionadas por aprendizado de máquina; 4) o ativismo contra a discriminação algorítmica com relação a questões de gênero e raça em sistemas de inteligência artificial para contratação de empregos, policiamento preventivo, monitoramento da assistência social e muitas outras atividades sociais; 5) os movimentos contrários às grandes empresas de IA que planejam o controle de informações geradas por cidades inteligentes, o que as tornaria os principais árbitros corporativos na questão do planejamento urbano; 6) a deserção das redes resultante dessa onda de repulsa de técnicas de propaganda viral e desinformação reveladas nos escândalos da Cambridge Analytica**, que, embora estivessem focadas em uma manipulação eleitoral nefasta, em última análise levantam grandes questões sobre as técnicas de publicidade de todo o sistema de comunicação da capital; 7) a

---

* Em 2013, o ex-analista da Agência de Segurança Nacional dos Estados Unidos tornou públicos documentos confidenciais do órgão, em episódio que é considerado um marco nas questões globais de vigilância no século XXI. (N. O.)

** O incidente que envolveu Facebook e Cambridge Analytica, empresa de mineração e análise de dados, relaciona-se ao uso de dados para influenciar a opinião de eleitores em vários países no ano de 2018 e foi um caso significativo para as pressões por regulamentação das plataformas. (N. O.)

Inteligência artificial como condição geral de produção   123

generalização do *techlash* contra os poderes oligopolistas das grandes empresas de informação, que agora são também as principais controladoras do desenvolvimento da IA, o que traz à tona questões de regulação, legislação *antitruste* e até formas alternativas de propriedade.

Nenhum desses movimentos tem necessariamente objeções à IA impulsionada pelo capital e ao aprendizado de máquina como sua demanda central. Porém, é a inteligência artificial dirigida às corporações, envolvendo uma variedade de "atrativos invisíveis", que desperta antagonismos, que podem se intensificar caso surjam crises setoriais ou gerais de emprego decorrentes de sua implantação intensificada.

Como podemos avançar nas pesquisas sobre capitalismo e inteligência artificial?

Não faltam tópicos. As consequências imediatas do aprendizado de máquina nos locais de trabalho e na *gig economy* é um tema muito apropriado e que tem motivado novas pesquisas. Podemos falar também em estudos sobre a construção de algoritmos corporativos utilizados pelas mídias sociais a fim de moldar as condições gerais da fábrica social. Investigações sobre campanhas de acesso à informação e controle público das agendas de pesquisa são também vitais, assim como um exame mais atento das parcerias corporativas com os militares e a polícia, um tema já quente no Vale do Silício. No entanto, a questão sobre a qual fico mais curioso depois de ajudar a escrever nosso livro mais recente é menos empírica. Trata-se de encontrar agendas comunistas ou socialistas para pensar a IA além do "aceleracionismo de esquerda", agora amplamente popular, para expandir os meios de produção planejados pelo capital. Por razões que espero que esta entrevista já tenha deixado claras, somos céticos quanto à ideia de que a inteligência artificial desenvolvida pelo capital possa ser usada como uma alavanca para criar uma ordem pós-capitalista – como na agora onipresente fórmula pós-trabalho: IA + renda básica universal. Para nós, isso parece uma receita para deixar o proletariado totalmente desprovido de poder dentro de um sistema de mercantilização geral, e à mercê de um capitalismo agora dotado de poderes divinos. No fim de nosso livro, esboçamos algumas alternativas, cuja ausência pode ser considerada um "ponto cego" para o radicalismo contemporâneo.

Nossa perspectiva não descarta possíveis aplicações emancipatórias da IA, se tais sistemas forem treinados, desenvolvidos e delimitados dentro do que podemos resumir como uma ordem comunista. Alguns de meus coautores estão interessados nas possibilidades do transumanismo especificamente socialista ou comunista. Outros se inclinam mais para uma perspectiva que se desvia da lealdade de Marx ao "prometeísmo tecnomodernista". Pois, se os horizontes do socialismo ou do comunismo permanecem fixos em perspectivas de expansão econômica ilimitada, acho difícil evitar a lógica aceleracionista. Tal crescimento tenderá ao uso intensificado da IA, e não apenas para prover os remendos ecomodernistas e

124 Os *laboratórios do trabalho digital*

corrigir os problemas do capital industrial e informacional, em um caminho que paradoxalmente leva a perspectivas de auto-obsolescência humana. Surge então a possibilidade de um contramovimento a partir de alguma articulação entre o marxismo e a ecologia política radical, visando a um nivelamento global da riqueza, um programa maciço de igualdade social, combinando democratização das instituições de trabalho e das agendas de pesquisa científicas e tecnológicas. Tal postura poderia abrir caminho para a diminuição da dependência de sistemas de IA desumanos, ou, mais precisamente, não humanos, ou ao menos abrir espaço para alguma deliberação social genuína sobre as condições de sua adoção, em vez da submissão ao automatismo competitivo ditado pelo capital de alta tecnologia. O impulso para um novo nivelamento social e ecológico e uma articulação por igualdade exigiriam uma insurgência social inovadora. No entanto, tal projeto, envolvendo uma recuperação radical da maior parte do equipamento filosófico da esquerda, claramente exige mais conversas teóricas e experimentações políticas.

18
O trabalho dos moderadores de conteúdo das mídias sociais

Sarah T. Roberts

Sarah T. Roberts, professora da Universidade da Califórnia, em Los Angeles, é pioneira na pesquisa sobre o trabalho dos moderadores de conteúdo das mídias sociais. Ela chama atenção para a moderação realizada por terceirizados de grandes empresas, como Facebook e Google, sendo uma das entrevistadas para o documentário *The Cleaners*. Publicou o livro *Behind the Screen: Content Moderation in the Shadows of Social Media* (Yale University Press, 2019), resultado de oito anos de pesquisa nos Estados Unidos e nas Filipinas.

Roberts afirma que a moderação de conteúdo não é algo novo, remontando a um trabalho feito há quatro décadas. Para ela, a novidade está em sua escala industrial, que a transforma em um poderoso mecanismo de controle. Pessoas que trabalham em lugares como *call centers* e agências *boutiques* passam o dia vendo cerca de 1.500 fotos e vídeos para decidir o que manter e o que deletar das plataformas digitais. Para Roberts, esse trabalho de moderação comercial de conteúdo reforça a internet como lugar de controle, vigilância, intervenção e circulação da informação como mercadoria.

Como você avalia a cobertura jornalística sobre os moderadores de conteúdo das mídias sociais?

Fui uma das primeiras a desenvolver uma agenda de pesquisa acadêmica sobre os trabalhos invisíveis de moderação comercial de conteúdo, mas sou grata à mídia, porque foi uma pequena matéria na edição diária de junho de 2010 do jornal *The New York Times* que me alertou para a existência dessa força de trabalho oculta. Na época, eu era doutoranda na Universidade de Illinois e usuária da internet havia cerca de vinte anos, com uma carreira de cerca de quinze anos no mundo da tecnologia da informação, e esperava focar o trabalho digital em meu doutorado. Tendo em vista esse cenário, foi uma surpresa saber da existência desses trabalhadores, o que sugeriu que, de fato, era provável que a falta de consciência sobre a

126 Os *laboratórios do trabalho digital*

existência dessa classe não fosse um acidente, mas algo planejado. E, ao longo dos anos, desde que comecei a pesquisa em 2010, foi ficando cada vez mais claro que esse é absolutamente o caso.

Há algumas razões pelas quais a mídia chegou um pouco atrasada nesse campo, apesar de terem feito um ótimo trabalho no relato dessas questões (e por isso sou grata a muitos de meus colaboradores e amigos jornalistas, como Olivia Solon e demais colegas do *The Guardian, Wall Street Journal, The New York Times, The Washington Post* e outros meios de comunicação globais). Basicamente, eu diria que a mídia, assim como grande parte do mundo, esteve à parte dessas práticas, o que se deve a várias razões. Em primeiro lugar, o que descobri quando comecei a analisar o tema foi que aquilo que os trabalhadores – contratados diretamente (ainda que isso seja raro nas empresas do Vale do Silício) ou como terceirizados – de fato faziam era moderar o conteúdo levando em consideração as regras de engajamento estabelecidas por essas plataformas. Outra maneira de encarar isso, de forma simplificada, é dizer que eles faziam trabalho de moderação em benefício das plataformas. É verdade que, em muitos casos, isso traz benefícios para o usuário médio. Mas, em grande parte, o processo da moderação de conteúdo, quando realizado em nível industrial, nessa forma organizada e assalariada – o que chamo de moderação comercial de conteúdo–, é feito para a proteção da marca das empresas. Ou seja, elas não querem ser responsáveis pela noção formada em relação a esse tipo de atividade, e sim tomar decisões em benefício de si mesmas e sobretudo do relacionamento com os anunciantes, sem prejudicar a ideia de que eles podem vender aos consumidores em um tipo de ciclo do usuário para as plataformas não interrompido por nenhuma força, nem computacional nem humana. E assim a demanda por esse tipo de serviço cresceu, como uma reflexão tardia dentro do setor ou uma espécie de necessidade obscena, que eles realmente não queriam divulgar para escrutínio público. De certa forma, isso se mantém até hoje.

No livro *Behind the Screen*, você traça uma tipologia dos moderadores de conteúdo. Pode falar mais a respeito dessa construção?

Uma das primeiras descobertas que fiz ao começar a explorar o fenômeno da moderação comercial de conteúdo foi que o trabalho não era monolítico nem se apresentava da mesma maneira em todos os seus processos. Na verdade, descobri evidências desse trabalho não apenas em locais diferentes e em variados contextos industriais, mas, muitas vezes, até mesmo sob diferentes títulos ou descrições de cargos. "Moderação comercial de conteúdo" foi o termo que desenvolvi para abranger todas essas diferentes manifestações do trabalho. E, portanto, desde o início era preciso que eu fosse meticulosa em relação ao contexto observado em cada caso. Descobri que existiam essencialmente quatro tipos de contextos industriais para esse trabalho, e que cada um tinha características particulares a influenciar a maneira como os trabalhadores realizavam suas atividades de moderação de conteúdo. O primeiro foi o contexto interno, que diz respeito aos trabalhadores ligados secretamente às principais empresas do Vale do Silício. No meu livro, refiro-me à empresa em questão como "MegaTech", para proteger a identidade dos trabalhadores que aceitaram ser entrevistados, mas esse é um arquétipo para muitas corporações do Vale do Silício. Os trabalhadores nesse contexto interno iam para a sede da empresa todos os dias e realizavam suas atividades no local. Às vezes comunicavam-se e trabalhavam de casa, mas em geral trabalhavam em frente às estações de trabalho de um departamento específico da empresa. No entanto, eram terceirizados e compareciam ao local não como funcionários em período integral, com crachás; isso significa muitas coisas, mas, sobretudo no contexto dos Estados Unidos, significa que eles não tinham acesso ao mesmo seguro de saúde dos funcionários em tempo integral da MegaTech. Na verdade, não tinham acesso a nenhum seguro de saúde, recebiam baixos salários, poucos benefícios e seu contrato de trabalho estava sujeito a uma limitação de tempo de no máximo dois anos, com um intervalo obrigatório de três meses.

O segundo contexto, o arranjo de "*boutique*", foi algo que deparei no andamento de minha pesquisa, e há um exemplo dele no livro. Ele parece um pouco com uma agência de publicidade ou uma empresa de marketing e relações públicas, que oferece seus serviços, novamente como terceiros, a uma empresa que talvez não tenha capacidade ou interesse em internalizar essa atividade. Então, ao contrário das corporações do contexto interno, essas podem ser empresas que não se especializaram em tecnologia nem pretendiam fazê-lo, mas que julgavam ser necessário ter alguém para manter sua presença nas mídias sociais. O interessante nesse caso é que essas agências não apenas forneciam serviços de moderação – o que em geral significa a remoção de postagens –, mas também criavam e alimentavam conteúdo em uma página do Facebook, por exemplo, ou mesmo em um *feed* do Twitter, fingindo serem atividades de consumidores médios.

O terceiro contexto é aquele em que provavelmente pensamos quando evocamos a ideia de moderação comercial de conteúdo hoje. São as operações feitas tipicamente de grandes galpões, em que os trabalhadores recebem chamadas, atendem pedidos de serviços e realizam outros tipos de atividades de processamento de negócios, novamente, em nome de outras empresas. Eles são terceirizados e oferecem, ou começaram a oferecer, moderação comercial de conteúdo muitas vezes como um bico, mas o que vemos atualmente é o surgimento de empresas especializadas no contexto de um *call center*. Como estadunidenses, muitas vezes imaginamos esses lugares em regiões afastadas geográfica e culturalmente de nós. Algo à distância, a uma longa distância, em lugares como a Índia ou as Filipinas; porém, a história inicial que despertou meu interesse no tema falava de um *call center* em Iowa. Ou seja, esses lugares estão espalhados em todo o mundo e, cada vez mais, as grandes empresas do Vale do Silício usam sua mão de obra para atender às próprias necessidades.

Por fim, há as plataformas de microtrabalho, como a Amazon Mechanical Turk, em que as pessoas de fato realizam atividades on-line de moderação comercial de conteúdo em um contexto que envolve trabalho com objetos digitais. Cada imagem equivale a um pagamento, um conjunto de imagens equivale a certo valor, e não há realmente nenhuma relação, implícita ou não, entre o trabalhador e a empresa que solicita o trabalho – que também pode ser algum tipo de arranjo terceirizado. Esse contexto em particular, obviamente, é o mais precário e mais fraturado de todas as relações de trabalho que descrevi e, no entanto, ao longo dos anos encontramos cada vez mais evidências do uso dessas plataformas pelas grandes empresas do Vale do Silício – mais uma vez, para suprir a necessidade de mão de obra, que está sempre abaixo da demanda.

Ao longo de uma década de pesquisa sobre o tema, quais mudanças você percebe na moderação comercial de conteúdo?

Muita coisa mudou nesse cenário e vem à tona agora, após uma década. Trata-se de uma indústria e um fenômeno que estão absoluta e inextricavelmente conectados a outros tipos de mudanças em curso no mundo, em torno de questões como movimentos políticos conservadores e ascensão de governos de direita em lugares como os Estados Unidos e Brasil, ou o Brexit, por exemplo. Esses fenômenos têm sido conectados e costumam ser usados como exemplos da forma como as mídias sociais servem à manipulação política. Portanto, quando pensamos nesse contexto, percebemos que as decisões tomadas em relação a quais conteúdos e materiais podem circular nas mídias sociais tornam-se, de fato, bastante importantes e operam em modo de extração contínua. Precisamos pensar não apenas sobre quem cria as políticas por meio das quais essas decisões são tomadas. Isso tende a ser feito por indivíduos de médio a alto nível nas empresas de mídias sociais, muitos dos quais procedem do universo político –advogados, ex-funcionários de governos ou ex-lobistas. Mas penso também nos implementadores clandestinos dessas políticas: quem são, sob quais condições trabalham e, em última instância, para quem trabalham. É por isso que a contextualização do fenômeno como, antes de tudo – como defendo em meu livro e a cada oportunidade –, uma gestão firme de marca e de relacionamento com os anunciantes torna-se tão crítica. Acho que isso é algo que mudou na compreensão do público sobre esse tema, e tal conscientização é uma grande mudança. Anos atrás, quando iniciei minha pesquisa, a primeira coisa que tive de fazer foi estabelecer uma base para o que eu falava. Às vezes era necessário discutir com as pessoas se essa questão era ou não real, e isso ocorreu até 2016, mas hoje tornou-se incontestável.

Outra mudança reside nas próprias empresas de mídias sociais, que não vivem mais nesse estado de negação, reivindicando que os computadores estão por trás das tomadas de decisão por conta própria. E, devido ao trabalho de outros pesquisadores que trabalham na área de viés algorítmico – como Safiya Noble, em

Algorithms of Oppression[1] – sabemos que, mesmo que esse fosse o caso, isso não poderia ficar livre de questionamentos. O cenário de pesquisadores e acadêmicos explorando criticamente o tema das mídias sociais e seu impacto na sociedade cresceu de maneira exponencial, assim como a abordagem midiática em relação a essas descobertas. E há a possibilidade de as pessoas entenderem essas questões complexas e pressionarem as empresas de mídias sociais, a maioria das quais capturou a imaginação do público na última década.

Tudo isso são os tipos de mudanças que enxerguei. Na maior parte das vezes, a reação negativa dos usuários é algo bom, porque significa que as empresas não podem mais agir apenas em interesse próprio e sem consequências, principalmente quando a coisa que monetizam é justamente nossa autoexpressão, o material que enviamos e fazemos circular nessas plataformas. Como usuários, estamos bastante enraizados no ecossistema, e cabe a nós perguntar e entender de uma maneira mais sofisticada exatamente o que está acontecendo. Acho que isso tem ocorrido, e é ótimo poder ver mais manifestações a esse respeito. Além disso há, é claro, mais uma peça importante que mudou: existe hoje uma grande disposição em entender e em colocar limites nessas atividades. Pode-se argumentar que esse interesse regulatório é bom ou ruim, dependendo do contexto. Algumas leis são boas, outras são terríveis; há aquelas que reforçam regimes preconizados e totalitários e aquelas que tentam arrebatá-los. Essa é uma tendência que cresceu, e creio que continuará crescendo nos próximos tempos.

Para você, qual é o futuro da moderação comercial de conteúdo, tanto como tema de pesquisa acadêmica quanto em relação aos trabalhadores?

Há muitos desafios em andamento, mas também muitos pelos quais ainda precisamos passar. Para os pesquisadores, é uma dificuldade contínua acessar o funcionamento interno das empresas de mídias sociais, tanto em relação a dados que são amplamente promovidos pelas empresas e ainda não foram entregues, quanto em relação aos trabalhadores, para entender melhor suas condições e os processos de trabalho. Como você deve saber, minha pesquisa a princípio foi feita sem nenhuma autorização oficial, de forma oculta, e isso está cada vez mais difícil – senão impossível – para a pesquisa acadêmica. No entanto, muitos problemas de que falo no meu trabalho, como questões de bem-estar, baixos salários, precariedade, condições de trabalho etc., não estão marcadamente diferentes hoje, a ponto de terem se tornado problemas dissipados. Portanto, a principal questão em andamento para os pesquisadores é realmente acessar e garantir que obtenham as informações necessárias para realizar seu trabalho. E isso continuará sendo um problema no futuro, embora certas empresas tenham demonstrado recentemente uma maior

---

[1] Safiya Noble, *Algorithms of Oppression: How Search Engines Reinforce Racism* (Nova York, New York University Press, 2018).

130 Os *laboratórios do trabalho digital*

abertura. Tive a oportunidade de trabalhar com o Facebook e visitar alguns de seus espaços. É claro que o embargo nessa situação é a presença de uma instância oficial, em termos de ter sido uma visita planejada e informada aos funcionários, o que resulta em um contexto diferente daquele em que fiz a pesquisa para meu livro. Mesmo assim, isso teria sido inimaginável para mim há alguns anos, o que indica uma mudança em andamento. Espero que vejamos mais dessa postura, porque acredito que a indústria precisa de crédito; sendo franca, acredito que eles precisam reconhecer o enorme número de sinais e avisos que muitos de nós fomos capazes de dar, pois previmos situações problemáticas bem antes de as empresas reconhecerem a própria responsabilidade em relação a elas.

A segunda questão que você levanta diz respeito aos trabalhadores. Quais são os desafios que eles enfrentam? Acredito que sejam semelhantes àqueles enfrentados pelos trabalhadores em todo o mundo neste momento, como a precariedade do emprego, a desarrumação do trabalho, o chamado emprego flexível ou *gig work* e o tratamento como mercadoria descartável. Como sociedade, nós nos inclinamos a uma narrativa coletiva de constante progresso em questões sociais. Quanto às condições dos moderadores de conteúdo comercial e das pessoas que performam trabalhos semelhantes, há colegas fazendo pesquisas sobre o tema, como Jamie Woodcock, Mark Graham, Antonio Casilli, Jack Qiu e você mesmo. Esses trabalhos demonstram inequivocamente que, de fato, os ganhos alcançados ao longo do século XX, em grande parte nos setores manufatureiros, em torno das organizações de trabalhadores e do movimento trabalhista, foram radicalmente desfeitos. Particularmente no contexto americano, vimos a difamação do setor industrial e a difamação do movimento operário. Então, qual é o desafio para os trabalhadores? Em todo o mundo, é o sentimento antitrabalho, antiorganização, que promove uma corrida para o fundo do poço. E a indústria de mídias sociais tem seguido essa trajetória para encontrar mão de obra mais barata para moderação comercial de conteúdo. A desculpa é sempre relacionada à escala, o que não deixa de ter uma parcela de verdade: a escala é enorme, a necessidade por mão de obra é massiva, mas devemos sempre pensar nos modelos de negócios em que essas empresas se baseiam e lembrar que há uma série de decisões que são tomadas para operar nessa escala. A porção massiva da audiência mundial é capturada em suas plataformas e, depois, as empresas geram receita com os dados e o conteúdo gerado por essas pessoas. Essas empresas fizeram isso porque foi incrivelmente lucrativo, não por falta de outros caminhos a seguir, pois há muitos modelos que poderiam ter sido escolhidos.

Penso, então, que é preciso manter algumas ideias em primeiro plano. Antes de tudo, são questões essenciais as lições históricas e contemporâneas sobre organização do trabalho e a força para tanto diante de governos hostis em várias partes do mundo. E, é claro, precisaremos de organizadores profissionais, pessoas da área, que trabalham com isso. Penso na coalizão de trabalhadores de tecnologia como um modelo, mas parte da terceirização desse trabalho em todo o mundo tem sido realizada justamente para evitar fortes movimentos trabalhistas em alguns lugares. As Filipinas, por exemplo, são conhecidas como um país com um movimento trabalhista menos significativo; portanto, não é por acaso que esses *call centers* tenham proliferado lá. Trata-se exatamente disso. Para além, penso que seja importante um olhar direcionado ao nosso passado, a algumas dessas lições históricas que foram adquiridas. É importante examinar criticamente elementos como o *gig work* e o trabalho desassociado a algum local – físico ou fixo. Quando todos os trabalhadores estavam juntos no andar de uma fábrica, havia um espaço natural para organizar, discutir e até mesmo compartilhar informações. Quando alguém presta serviços para a Amazon Mechanical Turk, a menos que seja membro do Turkopticon*, torna-se muito difícil sentir solidariedade por outros que podem estar fazendo um trabalho semelhante. Novamente, acho que os pesquisadores críticos demonstraram repetidas vezes que esse isolamento é planejado. Portanto, devemos refletir, já que estão ausentes esses locais tradicionais de organização e solidariedade entre os trabalhadores, sobre o que é possível fazer para apoiar suas atividades e o que podemos extrair disso. Penso nesses fatores em termos de desafios para os trabalhadores, mas também, talvez, como oportunidades para que pesquisadores, ativistas, membros de comunidades e outros possam se aliar e trabalhar juntos em busca de soluções para alguns desses problemas introduzidos – repito, estratégica e planejadamente – ao longo dos anos pela indústria.

---

* Sistema ativista que permite aos trabalhadores da Amazon Mechanical Turk publicizarem e avaliarem suas relações com os solicitantes de tarefas na plataforma. (N. O.)

19
O trabalho para a inteligência artificial e a organização dos trabalhadores

Kristy Milland

Kristy Milland trabalhou na Amazon Mechanical Turk por treze anos, como *crowdworker* [trabalhadora da multidão], executando microtarefas, e como solicitante dessas atividades. Tornou-se pesquisadora da comunidade "Turker" e fez mestrado sobre o tema na Universidade McMaster, em Toronto. Algumas de suas questões de pesquisa são a origem e as motivações dos trabalhadores da Mechanical Turk e suas formas de ação coletiva. Também pesquisou a plataforma do ponto de vista do solicitante de tarefas.

Você trabalhou para e pesquisou a Amazon Mechanical Turk. Como são as experiências e condições de trabalho nessa plataforma?

Trabalhar na Amazon Mechanical Turk é difícil. O trabalho é precário, o salário é baixo e a atividade em si pode ser perigosa. Para começar, o processo de inscrição parece recusar automaticamente os trabalhadores de fora dos Estados Unidos. Alguns chegam a ser aceitos, mas o processo pode levar semanas, meses ou até anos. Para aqueles que têm a sorte de obter a aprovação, ocorre uma curva de aprendizado acentuada. Não há documentos que te ensinam a usar a plataforma, e é um site diferente de qualquer outro que você tenha usado antes. Tem seu próprio vocabulário: "mTurk" é a abreviação de Amazon Mechanical Turk, "*turker*" é como os trabalhadores se chamam, "*requester*" [solicitante] é alguém que posta um trabalho e "HIT" é uma atividade de trabalho. A plataforma tem um fluxo próprio, desde a competição para aceitar um HIT até a pressa para submeter sua proposta, observando rejeições e aprovações. A aprovação significa que o trabalhador é pago pelo tempo que gastou fazendo a atividade, enquanto a rejeição ocorre quando um solicitante decide manter o trabalho, mas não paga por isso. Esse é um dos principais problemas com o sistema: roubo de salário. Além disso, quanto mais rejeições um trabalhador receber, menos trabalho poderá ser feito por ele na plataforma. Na verdade, se o índice de aprovação – a porcentagem de

134 Os *laboratórios do trabalho digital*

trabalho submetido que recebe aprovação – estiver abaixo de 98%, o trabalhador descobrirá que grande parte do trabalho na plataforma estará indisponível para ele. Se a classificação ficar ruim o suficiente, a mTurk poderá suspender aquela conta, embora a Amazon não diga quais métricas usa para definir as contas a encerrar.

Não há nada que prepare o trabalhador para esse novo mundo de atividades, então a maioria das pessoas que entram na plataforma acaba desistindo antes do primeiro mês. Elas enfrentam problemas e não encontram soluções, ou não conseguem entender a plataforma desde o início. Há outros desafios inerentes ao sistema, como o salário médio de dois dólares por hora. Apenas 4% dos trabalhadores da plataforma, nomeados "*super turkers*" pelos acadêmicos, ganham mais do que o salário mínimo federal estadunidense de 7,25 dólares por hora. O trabalho que fazem também causa danos à saúde, sejam eles físicos – por ficarem sentados em frente a um computador durante todo o dia – ou mentais. O trabalho de moderação de conteúdo é uma das tarefas mais prejudiciais, pois significa que os trabalhadores encaram conteúdo obsceno e violento todos os dias, muitas vezes em troca de alguns centavos. E não há qualquer pessoa com quem conversar sobre a situação, porque não há como os trabalhadores se comunicarem pela plataforma. Você deve trabalhar sozinho, em competição com colegas que você não pode ver, em troca de migalhas.

Felizmente, há muito trabalho além da moderação de conteúdo. A maioria das tarefas é muito simples, de modo que qualquer pessoa pode realizá-las, até mesmo quem não possui o inglês como primeira língua. Por exemplo, a transcrição de recibos ou notas é uma tarefa comum. É uma questão de replicação de símbolos, então qualquer pessoa que tenha um teclado em inglês pode fazê-la. As tarefas variam em dificuldade, incluindo transcrição de vídeo e áudio, tradução, redação, edição e participação em pesquisas. Cerca de metade do trabalho na plataforma vem de acadêmicos – e os trabalhadores da mTurk estão sendo cada vez mais objeto de pesquisa. O restante do trabalho vem da indústria, como Google e Twitter. Nós frequentemente treinamos algoritmos de aprendizado de máquina, e é por isso que a Amazon nos chama de "inteligência artificial artificial". Muitas vezes, quando uma plataforma parece fazer algo pela IA, a atividade é na verdade redirecionada para trabalhadores como eu. É chocante quanto trabalho fazemos para alimentar a internet.

Quais são as possibilidades e os limites da organização coletiva no *crowdwork* [trabalho de multidão]?

Os *crowdworkers* não podem ver uns aos outros. A plataforma não libera uma lista com os nomes dos trabalhadores. Isso significa que não há como entrar em contato com os colegas nem como saber quando se atingiu uma massa crítica da força de trabalho geral. Por esse motivo, seria muito difícil organizar os *crowdworkers* da maneira tradicional. Além disso, as leis na América do Norte e na Europa consideram os cartéis ilegais; os *freelancers* que se unem e definem preços únicos são, portanto, tachados de "fixadores de preços" e acusados de atividades ilegais.

Os poucos sindicatos de *freelancers* que existem não se envolvem em negociações coletivas nem no estabelecimento de valores, tampouco em ações de greve. Como resultado, novamente, o modelo tradicional não serve. Toda organização deve se dar a partir da base e do nosso "chão de fábrica". Por exemplo, os *turkers* criaram muitas comunidades nas quais ajudam uns aos outros a aprender os macetes da plataforma e ganhar mais dinheiro. Essas comunidades são usadas para compartilhar tarefas e ferramentas que facilitam o trabalho, mas também podem ser usadas para a organização. Algumas pequenas campanhas foram criadas a partir desses fóruns. Por exemplo, certa vez um solicitante muito ativo repetidas vezes rotulou incorretamente as tarefas (marcando uma atividade qualquer como "pesquisa"), e os trabalhadores acessaram sua conta no Twitter, chamando-o e pedindo para que mudasse esse comportamento. E aquilo funcionou: o solicitante pediu desculpas e a empresa parou de marcar os HITs com a *tag* de pesquisa. Muitas dessas pequenas campanhas foram direcionadas aos solicitantes, com níveis diferentes de sucesso.

E quanto ao Dynamo e ao Turkopticon?

A criação do Dynamo foi resultado de uma grande campanha dos trabalhadores. Essa plataforma anônima permitia que os funcionários criassem campanhas para a aprovação dos colegas. Se elas recebessem votos o suficiente, iriam ao ar. As pessoas, então, se uniam para transformá-las em uma ação real. Por exemplo, os trabalhadores escreveram as Diretrizes para Solicitantes Acadêmicos (*Guidelines for Academic Requesters*) a fim de criar um conjunto de regras para aqueles que usam a plataforma com esse objetivo. Outra campanha, intitulada Caro Jeff Bezos (*Dear Jeff Bezos*), levou os trabalhadores a escrever para o CEO da Amazon dizendo quem eram, por qual motivo estavam ali e o que gostariam de ver mudar na plataforma. A última campanha recebeu muita atenção na mídia e possibilitou aos trabalhadores um sentimento de que seria possível se organizar e mudar suas condições de trabalho. Foi um sucesso*.

O Turkopticon, por sua vez, foi criado por acadêmicos. A plataforma permitia que os *turkers* classificassem os solicitantes, para que pudessem saber para quem trabalhar. A mTurk em si não mostra nenhuma informação sobre os solicitantes na plataforma, então sempre que se faz um trabalho para alguém pela primeira vez, corre-se um grande risco. O Turkopticon nivelou o jogo ao mostrar as classificações na própria mTurk por meio de uma extensão. Depois, foi substituído pelo TurkerView, um sistema privado de classificação por pagamento. Contudo, seu legado está vivo na comunidade.

Você tem enfatizado a necessidade de pesquisadores criarem ferramentas para enfrentar o cenário atual do *crowdwork*. Que tipo de ferramentas? Em quais direções devem seguir?

---

* Atualmente não há campanhas em andamento e a página We Are Dynamo está fora do ar. (N. O.)

136 Os *laboratórios do trabalho digital*

Atualmente, estou fora da academia e da pesquisa. Decidi fazer o curso de direito. Mas gostaria de ver mais pessoas trabalhando no movimento de cooperativismo de plataforma. Se um grupo de trabalhadores pudesse criar uma alternativa cooperativa à mTurk, sinto que seria algo mais justo, pois, se são eles a estabelecer as regras, isso pode garantir que sejam tratados com ética. Além disso, os trabalhadores têm a capacidade de construir uma plataforma com todas as ferramentas necessárias para realizar as atividades de forma eficaz, eficiente e correta. Minha esperança é que os acadêmicos possam ajudar esses grupos a criar e governar plataformas próprias.

20

Os brasileiros que trabalham na Amazon Mechanical Turk

Bruno Moreschi, Gabriel Pereira e Fabio Cozman

O trabalho na Amazon Mechanical Turk – plataforma global de inteligência artificial da gigante de Jeff Bezos, cujo *slogan* é "inteligência artificial artificial" – já é alvo de muitas pesquisas no Norte global, mas ainda há poucas investigações que tratem do trabalho humano que alimenta a inteligência artificial em contexto latino-americano.

O Grupo de Arte e Inteligência Artificial (Gaia) do Inova-USP coordenou uma pesquisa sobre brasileiros que trabalham na AMT, incluindo suas condições de trabalho e formas de comunicação e organização. O Gaia tem se dedicado a propor visões alternativas sobre IA, inclusive artísticas, priorizando questões como responsabilidade e justiça social, a partir de um olhar do Sul global. Nesta entrevista, os pesquisadores do Gaia Bruno Moreschi, Gabriel Pereira e Fabio Cozman falam sobre o perfil dos *turkers* brasileiros, suas condições de trabalho, o papel da comunicação na organização desses trabalhadores e detalhes metodológicos da investigação.

Em geral, qual é o perfil do *turker* brasileiro – no que diz respeito a questões demográficas, *emoticons* mais usados e o contexto de vida dessas pessoas?

BRUNO MORESCHI: Nossa pesquisa abrangeu 149 *turkers* brasileiros. Grande parte são homens (66,4%), com idade média de 29 anos. A maioria se declarou branca (64%), em seguida parda (21,5%) e preta (12,7%) – o que difere da proporção da população brasileira segundo o censo de 2010 do IBGE, em que 47,7% da população se declarou branca, 43,1%, parda e 7,6%, preta. Um total de 57% dos *turkers* possui outro trabalho além da AMT – desse total, 28,9% possuem carteira assinada e 23,5% são autônomos. Mesmo que a AMT exista desde 2005, é preciso pontuar que, para grande parte dos brasileiros entrevistados, a plataforma é uma realidade recente – 13,4% está nela há menos de um mês e 65,1%, entre um e seis meses.

138   Os *laboratórios do trabalho digital*

O questionário que montamos e foi respondido por eles foi publicado como um trabalho na AMT (seguindo parâmetros justos de pagamento formalizados pela comunidade TurkerNation). Para evitar que *turkers* de outras nacionalidades se passassem por trabalhadores do Brasil, entramos em um grupo de WhatsApp de *turkers* brasileiros, fizemos o convite para que respondessem à pesquisa e, em seguida, enviassem uma mensagem privada no WhatsApp informando seus *workers' IDs* alfanuméricos. Ter acesso a esse grupo no WhatsApp nos ofereceu dados para além do questionário. Por exemplo, 22% dos *stickers* (figuras no estilo de *emoticons* que são um sucesso entre brasileiros) enviados por eles no grupo estão associados a sensações de estresse ou indignação quanto ao contexto laboral da AMT.

GABRIEL PEREIRA: Descobrir que parte dos brasileiros na AMT se reúne e troca mensagens diárias em um grupo no WhatsApp é também se aproximar de uma das especificidades de uma pesquisa que almeja entender os *turkers* a partir de um contexto específico – no caso, o Brasil. Nada parece mais típico do que brasileiros com algo em comum (aqui, o trabalho) se reunindo em um grupo desse aplicativo de mensagens que possui uma substancial comunidade no país. O MTurker era um grupo bastante movimentado – com cerca de 1.500 mensagens trocadas diariamente, incluindo não só textos, mas mensagens de áudio (algo também muito comum entre brasileiros no WhatsApp) e imagens diversas. Seis meses depois de nossa pesquisa, um dos criadores excluiu o grupo. O motivo alegado foi o aumento de novos participantes que não respeitavam noções básicas de convivência on-line, mas já temos conhecimento de pelo menos dois outros grupos que continuam ativos no WhatsApp.

Quais são as especificidades das condições de trabalho dos *turkers* brasileiros – por exemplo, em relação aos estadunidenses e indianos? Como se entrecruzam elementos do "capitalismo de plataforma" (ou quaisquer outras denominações) com a economia informal de características brasileiras?

BRUNO MORESCHI: As normas da Amazon definem que apenas trabalhadores residentes nos Estados Unidos e na Índia podem receber o dinheiro ganho por suas atividades diretamente em suas contas bancárias, via processos de transferência on-line. Para todos os outros *turkers*, incluindo os brasileiros, o pagamento na verdade se transforma em créditos que devem ser obrigatoriamente utilizados no website de compra da Amazon estadunidense. Para driblar isso, de forma geral, os brasileiros trocam os créditos da Amazon por outros créditos, como os do Google Play, Nintendo e PlayStation, em uma espécie de leilão que ocorre com frequência na internet. Ali, o vendedor pode colocar o preço que quiser nesses créditos, o que contribui ainda mais para a volatilidade e para a diminuição dos valores recebidos pelos *turkers*. Em relação a isso, complemento que não é raro que brasileiros sejam bloqueados nesses leilões. Quando isso acontecia com alguém do grupo de WhatsApp, a tensão por ali aumentava. Por mensagem de áudio, um deles nos explicou que esse caminho com várias etapas para receber de fato o dinheiro em suas contas significa não só uma situação tensa e demorada, mas também uma redução dos valores já baixos que recebem na AMT. Quando eles compram um cartão-presente por 10 dólares, precisam vender por cerca de 8,50 dólares, muitas vezes até menos que isso. Como se isso não bastasse, depois de vendido, eles recebem o dinheiro via PayPal, que desconta mais 8% do valor. Quando o dólar cai, a situação se agrava.

GABRIEL PEREIRA: Isso nos faz pensar que a AMT, por operar como uma plataforma, não assume a responsabilidade pelos trabalhadores ali envolvidos, o que acarreta condições ainda piores para profissionais do Sul global. Cerca de 31% dos *turkers* que participaram de nossa pesquisa indicaram que, em maior ou menor grau, dependem dessa plataforma para a subsistência, um número similar aos *turkers* da Índia e muito maior que os dos Estados Unidos.

Vocês salientam a riqueza do material coletado, não só em termos quantitativos, mas no que diz respeito à aproximação individual com *turkers* específicos. Como isso aconteceu?

BRUNO MORESCHI: Foi uma etapa muito rica da pesquisa, pois nesses momentos tivemos de fato acesso a essas pessoas, não só a informações factuais sobre o grupo de trabalhadores. Quando nos interessávamos em saber mais ou não entendíamos muito bem alguma resposta específica no questionário, entrávamos em contato com o brasileiro em questão por e-mail ou WhatsApp, em uma aproximação mais íntima. Fiquei responsável por essas aproximações, e a sensação é de que há muitas singularidades; não podemos simplesmente reduzi-los ao amplo termo "*turkers* brasileiros". Foi a partir de uma dessas aproximações, por exemplo, que conheci a história de um deles, alguém que estava havia dois meses trabalhando como *turker*, pois precisava cuidar de um parente doente em casa e, por isso, não podia mais ser motorista da Uber. Ele estava desempregado havia três anos e me contou que, desde que começara a trabalhar na AMT, dormia cada vez pior, acordando várias vezes durante a noite para trabalhar um pouco mais na plataforma, com medo de perder algum serviço com melhor pagamento. Outro trabalhador seguia incomodado com um serviço que realizou na AMT e que consistia em ver imagens de pessoas ensanguentadas, em um cenário de guerra em um país não identificado por ele.

Em quase todas as aproximações individuais com os *turkers* brasileiros, senti que eles tinham uma vontade muito grande de conversar, dois deles até me expressaram a alegria de finalmente serem ouvidos. Isso me fez pensar que essas pessoas estão em um processo de imenso desamparo material e psicológico. Ainda mantenho contato com alguns desses trabalhadores, e eles relatam que a situação na AMT piora a cada dia, com pagamentos cada vez mais baixos e um aumento considerável de novos trabalhadores na plataforma após o início da pandemia e do isolamento social no Brasil.

O que a inserção nos grupos de WhatsApp permitiu descobrir sobre os modos de organização e comunicação dos *turkers* brasileiros?

BRUNO MORESCHI: Vejo o grupo como uma forma de driblar a impossibilidade de contato por meio da plataforma da Amazon. Isso não é pouco, já que esse movimento pode ser entendido como uma forma de mobilização de trabalhadores em um contexto laboral extremamente avesso a agremiações. Em outras palavras, a peculiaridade dos *turkers* brasileiros reunidos em um grupo de WhatsApp demonstra que, mesmo que o trabalho na Amazon Mechanical Turk seja de baixo pertencimento por parte de quem o realiza, ainda há ali uma rede em potencial para organização dos trabalhadores. Há uma espécie de força latente de mobilização, que pode eventualmente provocar certas mudanças na plataforma da Amazon. No grupo, por exemplo, ficou nítido que os brasileiros estão pensando em maneiras de tentar pressionar a Amazon a pagá-los de forma mais direta – eles já começaram a se organizar para mandar grande quantidade de e-mails para a empresa.

GABRIEL PEREIRA: Importante pontuar que os brasileiros não estão sozinhos nessa busca por mobilizações coletivas. De acordo com Ming Yin e coautores[1], mundialmente os *turkers* operam mais como redes do que como trabalhadores isolados, usando especialmente fóruns. Já existe mobilização. O TurkerNation é um espaço de avisos on-line no Reddit no qual *turkers* de todas as nacionalidades publicam informações diariamente e trocam dicas de HITs disponíveis, e esse é só um dos muitos exemplos dessas comunidades. Como dizem Winter Mason e Siddharth Suri: "Esses sites externos podem ter um forte efeito sobre a taxa de aceitação de HITs e, portanto, servem efetivamente como uma vigilância de solicitantes abusivos"[2].

O que as pesquisas do Grupo de Arte e Inteligência Artificial têm permitido analisar sobre alternativas (artísticas) à inteligência artificial?

BRUNO MORESCHI: Todos os projetos em andamento do Gaia (cerca de dez) possuem em comum a ideia de que é urgente a união de pesquisadoras e pesquisadores de diferentes áreas de conhecimento no campo das infraestruturas digitais. O que importa neste momento não é mais só a eficiência das máquinas, mas sim seus múltiplos efeitos na sociedade. A arte aparece no grupo nesse sentido, o de ampliar a discussão e imaginar novas realidades. Também é importante termos aproximações mais artísticas no campo das IAs, porque só assim poderemos chegar a dois

---

[1] Ming Yin et al., "The Communication Network Within the Crowd", *WWW '16: Proceedings of the 25th International Conference on World Wide Web*, abr. 2016, p. 1.293-303; disponível em: <https://doi.org/10.1145/2872427.2883036>; acesso em: 25 mar. 2021.

[2] Winter Mason e Siddharth Suri, "Conducting Behavioral Research on Amazon's Mechanical Turk", *Behavior Research Methods*, v. 44, 2012, p. 1-23; disponível em: <https://link.springer.com/article/10.3758/s13428-011-0124-6>; acesso em: 25 mar. 2021.

pontos importantes. O primeiro é, a partir de metodologias mais experimentais, entender e reagir a sistemas fechados que utilizam IAs de forma pouco transparente e responsável – em total acordo com a postura diante da tecnologia defendida pelo pesquisador Arlindo Machado[3]. O segundo é que a arte deve ser bem-vinda no campo da tecnologia porque tanto ela quanto a criação de experiências digitais estão intimamente relacionadas com a prática de especular o futuro, criar novos modos de compreensão e de organização no mundo. Há similaridades significativas entre o processo criativo de um artista e o de um programador.

GABRIEL PEREIRA: Acredito que existe muito potencial na tentativa de fugir à maneira "padrão" de pensar sobre inteligência artificial. Como dito por Genevieve Bell[4], a conversa sobre IA que conduzimos hoje vem com uma série de pressupostos culturais tácitos e implícitos demarcando o que é possível, o que é aceitável e até o que é imaginável. A realidade é que essas ideias, em sua maioria, vêm do Vale do Silício, do Google, da Amazon, dos Estados Unidos, de uma visão capitalista, e assim por diante. Acredito que nosso papel é tentar romper com essas visões e, por mais difícil que seja, gerar alternativas que tenham mais relação com o contexto do Sul global, com visões de mundo criativas e artísticas, e que coloquem responsabilidade e justiça social em primeiro lugar.

FABIO COZMAN: Como nosso grupo está diretamente conectado ao Centro de Inteligência Artificial (C4AI) da Universidade de São Paulo (que conta com financiamento também da Fapesp e da IBM), além de ter um apoio essencial do colecionador Pedro Barbosa, existe a perspectiva de congregar mais pesquisadores de diversas áreas da universidade. E esse é só o início: espero que o grupo possa traduzir em reflexões e resultados as propostas que várias áreas trazem para nosso ambiente digital, em particular aquelas propostas relacionadas às inteligências artificiais.

---

[3] Arlindo Machado, "Tecnologia e arte contemporânea: como politizar o debate", *Revista de Estudios Sociales*, v. 22, dez. 2005; disponível em: <http://journals.openedition.org/revestudsoc/22781>; acesso em: 25 mar. 2021.

[4] Genevieve Bell, "Making Life: A Brief History of Human-Robot Interaction", *Consumption Markets & Culture*, v. 21, n. 1, 2018; disponível em: <https://www.tandfonline.com/doi/abs/10.1080/10253866.2017.1298555>; acesso em: 25 mar. 2021.

21

Trabalho e inteligência artificial além da Mechanical Turk

Florian A. Schmidt

Florian Alexander Schmidt é professor de design e teoria das mídias na Universidade de Ciências Aplicadas de Dresden, Alemanha. Suas pesquisas mais famosas tratam das tipologias de trabalho digital e dos treinadores de dados de inteligência artificial para carros autônomos, os quais são, segundo as descobertas mais recentes de seu estudo, em sua maior parte, venezuelanos.

O que é *crowd-design* e como você deu início às investigações em torno desse tema?

Antes de me tornar pesquisador, formei-me em design gráfico e trabalhei nesse campo por vários anos. Por volta de 2008, as primeiras plataformas de *crowdsourcing* para design, principalmente as chamadas "*logo-mills*", começaram a atuar no setor. Uma das primeiras, e provavelmente a mais proeminente ainda hoje, é a 99designs, da Austrália. Em 2018, eles reportaram uma receita de 60 milhões de dólares. Como muitos designers profissionais na época, percebi seu modelo de negócios como algo explorador. Ainda concordo com isso, porque as plataformas recebem uma comissão de 35% a 45%, sem praticamente nenhum risco, enquanto, em média, apenas um em cada cem trabalhadores eventualmente é pago pelo trabalho. Isso me levou a analisar adequadamente como esse e outros modelos de plataformas que terceirizam o trabalho digital são organizados. Fiquei especialmente interessado nas diferenças entre esse *crowdwork* baseado em concursos, em contraste com o microtrabalho, como acontece na Amazon Mechanical Turk. Isso então se transformou em um doutorado sobre o assunto, cujos resultados publiquei como livro[1]. Então, o que para mim começou como um interesse em como o *crowdsourcing* de design é organizado transformou-se em uma década de pesquisa sobre

---

[1] Florian A. Schmidt, *Crowd Design: From Tools for Empowerment to Platform Capitalism* (Basileia, Birkhäuser, 2017).

144   Os *laboratórios do trabalho digital*

como o próprio *crowdsourcing* é projetado, envolvendo as plataformas individuais e sua estrutura global de terceirização.

Você mostrou recentemente que o trabalho de treinamento de dados de IA é muito mais complexo na indústria automobilística do que, por exemplo, na Amazon Mechanical Turk. O que isso nos diz sobre as tendências em relação ao trabalho humano por trás da inteligência artificial?

Eu analisei como, desde 2017, a indústria automotiva tem desenvolvido uma alta demanda por dados reais para treinar seus carros autônomos. Isso requer uma grande quantidade de trabalho manual na anotação de dados, realizado por trabalhadores em todo o mundo. A demanda das montadoras é excepcional, não apenas no que diz respeito ao grande volume e à expectativa de retorno rápido, mas principalmente a um grau de precisão sem precedentes nas plataformas anteriores de *crowdsourcing*. Como as empresas de automóveis dispõem de muitos recursos, isso levou ao surgimento de um conjunto totalmente novo de plataformas de *crowdsourcing*, projetadas especificamente para atender às necessidades desses novos clientes. Exemplos de destaque são Mighty AI (comprada recentemente pela Uber), Hive AI, Playment, Scale AI e Understand.

Os novos especialistas são muito bem financiados, crescem rapidamente e reúnem grandes "multidões". Em particular, no ano de 2018 reportaram-se centenas de *crowdworkers* da Venezuela especializados nessas tarefas. Em algumas novas plataformas, esse grupo agora representa 75% da força de trabalho. Tais mudanças geográficas recentes na oferta são um sintoma de mudanças estruturais mais profundas na indústria de *crowdsourcing*. As plataformas agora se apresentam como empresas de IA, mas continuam profundamente dependentes do trabalho humano. Tudo é mais oculto agora, orquestrado por plataformas à parte das arquiteturas que aparecem para os clientes. Elas garantem pelo menos 99% de precisão dos dados. Para conseguir isso, devem investir em novas ferramentas de produção, muitas vezes aprimoradas pela IA, que mantêm e controlam a mão de obra, além de investir na pré-seleção e no treinamento dos *crowdworkers*, com camadas complexas de gestão da qualidade e de subcontratação. Os trabalhadores da multidão treinam sistemas de IA e são treinados de volta por eles. Humanos e máquinas trabalham juntos em estruturas cada vez mais complexas. Embora isso crie uma nova classe de trabalhadores qualificados, a precariedade desse trabalho permanece alta porque tarefas individuais estão continuamente sob ameaça de serem automatizadas ou terceirizadas para uma região do mundo com uma mão de obra ainda mais barata.

Quais são os desafios atuais do trabalho mediado por plataformas?

O maior desafio é, obviamente, a erosão de qualquer poder de negociação dos trabalhadores afetados direta ou indiretamente pelo trabalho em plataformas, porque sempre haverá trabalhadores mais desesperados e dispostos a receber quantias ainda menores ou praticamente inexistentes. É um grande desafio político em todo o mundo defender os sistemas de seguridade social da externalização de todos os riscos do lado do empregador/capital em relação aos trabalhadores precários – chamados "autônomos". Dito isso, existem enormes diferenças entre os vários tipos de trabalho terceirizado por meio de plataformas, suas estruturas e a chance de regular esses sistemas. É por isso que um dos objetivos mais importantes para pesquisadores e formuladores de políticas públicas é concordar com uma nomenclatura e uma classificação que sejam precisas na diferenciação dos tipos de plataformas. Sem acordo no que falamos e sem evitar termos sofríveis como "economia do compartilhamento", nenhum progresso é possível.

Duas perguntas cruciais que devemos fazer para estruturar o espaço entre milhares de plataformas distintas são se determinado trabalho é baseado na localização e se é baseado em *crowdwork*. As respostas fornecem uma matriz para nortear os maiores desafios políticos. O trabalho realizado por indivíduos em um local específico (delivery, táxi, limpeza etc.) pode ser regulamentado e organizado por sindicatos ou cooperativas de forma relativamente fácil; atualmente vemos cada vez mais iniciativas promissoras. No entanto, o trabalho realizado independentemente da localização por uma multidão intercambiável no mundo inteiro, como vemos com a indústria automobilística e os *crowdworkers* da Venezuela hoje, será muito difícil de organizar e provavelmente se tornará ainda mais explorador no futuro.

22
Descolonizar a computação

Syed Mustafa Ali

Professor da Escola de Computação e Comunicação da Open University, Syed Mustafa Ali tem se dedicado a compreender conexões entre computação, raça, religião, tecnologia, informação e poder. A partir de uma perspectiva de descolonização, Mustafa Ali propõe, entre outras pautas, a descolonização da computação e uma crítica do racismo algorítmico.

O que significa descolonizar a computação?

A descolonização da computação tem sido enquadrada por pesquisadoras e pesquisadores como Simone Browne, Anita Say Chan, Lilly Irani, Lawrence Liang e Jack Qiu em termos da análise do tipo de computação feito nas periferias, margens ou bordas do sistema moderno/colonial, a partir de um compromisso baseado na práxis em direção a um descentramento radical – com destaque para o trabalho de Chan. No entanto, fico um pouco indeciso sobre a necessidade desse compromisso em relação ao descentramento em si, preocupando-me mais com o descentramento do eurocentrismo e do ocidentalismo. Em minha visão de "pluriversidade" como uma alternativa à universalidade eurocêntrica, por exemplo, pode ser que um mundo pós-eurocêntrico assuma uma visão "policêntrica" – embora eu entenda isso de forma um pouco diferente de pensadores como o teórico marxista terceiro-mundista Samir Amin.

Inspirado por correntes da fenomenologia heideggeriana, da teoria racial crítica e do pensamento descolonial/decolonial, meu trabalho é baseado em uma tentativa de questionar descolonialmente a computação, indagando se ela precisa ser descolonizada e, em caso positivo, como tal descolonização deve ser efetivada. No início, pode parecer um pouco difícil descrever a computação como "colonial", dado que o colonialismo como um fenômeno ligado a estruturas imperiais de dominação e assentamentos é algo do passado. Como a computação pode ser colonial se a "era dos impérios" acabou e vivemos em um mundo pós-colonial? Eu argumento que, na medida em que a computação é um fenômeno moderno, e

148 Os *laboratórios do trabalho digital*

a modernidade é fundamentada por e permanece amarrada com o colonialismo e suas lógicas estruturais facilitadoras – o que os teóricos descoloniais denominam "colonialidade" –, então é possível que ela tenha os traços do legado sistêmico do colonialismo. Em resumo, a computação é um fenômeno moderno e colonial. Isso se aplica a tipos específicos – como a computação ubíqua, incluindo os desenvolvimentos mais recentes, como a internet das coisas, que foram dirigidos por um "impulso colonial" –, assim como à computação de maneira geral.

Embora eu acredite ser possível que a computação seja desarticulada ou desconectada do capitalismo – ou melhor, do capitalismo racial, uma vez que esse sistema não pode ser entendido como separado dos conceitos de raça, racismo e racialização no contexto do sistema mundial moderno colonial –, estou inclinado a pensar que o foco em tais desenvolvimentos periféricos, marginais ou fronteiriços, por mais importantes que sejam, diminui a necessidade de "levar a guerra ao cerne", ou seja, efetuar a descolonização da computação em seu ponto de origem: a articulação hegemônica e a manifestação neocolonial centrífuga. Por essa razão, e como alguém que hoje se encontra geopoliticamente localizado no centro, ainda que corpo-politicamente, como muçulmano, eu esteja marcado como "periférico" e como "outro", costumo focar meus esforços "disruptivos" para interrogar a computação convencional em termos de sua operação como um fenômeno baseado e flexionado por lógicas coloniais, com vistas a refletir sobre as implicações de tais desenvolvimentos para, do ponto de vista privilegiado, aqueles localizados em margens, fronteiras e periferias.

Nesse sentido, sugiro que, ao adotar uma perspectiva de computação descolonial, os pesquisadores façam, no mínimo, o seguinte: em primeiro lugar, considerem suas orientações geopolíticas e corpo-políticas ao projetar, construir, pesquisar ou teorizar sobre computação; em segundo lugar, abracem a "opção descolonial" como uma ética, tentando pensar sobre o que poderia significar a projeção e a construção de sistemas de computação *com* e *para* aqueles situados nas periferias do sistema mundial, baseados nos modos de pensar e conhecer (epistemologias) localizados nesses lugares. O objetivo deve ser minar a assimetria das relações de poder "local--global", efetuando o descentramento dos eurocêntricos/ocidentais universais.

Para retornar à pergunta sobre o significado de descolonizar a computação, creio na necessidade de pensar sobre a conveniência ou não da computação centralizada em si, independentemente de sua forma capitalista (racial), pós-colonial ou descolonial. Na minha opinião, há insuficientes pesquisas descoloniais em relação à informatização, digitalização e/ou dataficação. Tenho apontado para o escopo da computação descolonial como algo além da crítica da computação da internet das coisas, ubíqua e onipresente, para incluir outros fenômenos, tentando traçar alguns questionamentos preliminares sobre governança da internet, *big data* e dataficação. Minha preocupação, em ambos os contextos, tem sido compreender como os fenômenos são construídos discursivamente de forma conjunta a questões geopolíticas, corpo-políticas, entre outras.

Pode nos dar um exemplo em relação à governança da internet?

Há aí três questões relacionadas que constituem um espaço para a operação da colonialidade racializada. Em primeiro lugar, *como* a governança da internet é enquadrada discursivamente, *por quem* e *para quais fins*. Minha preocupação é explicar, por meio de uma leitura descolonial, a operação tácita, ainda que não intencional, da lógica colonial em certas visões sobre a governança da internet articuladas por vozes dominantes e geopoliticamente localizadas no Norte, e corpo-politicamente marcadas como brancas. Em segundo lugar, há a relação de formações prévias de redes de longa duração – sociais, políticas, econômicas, culturais – com as redes sociotécnicas, em face da reprodução das relações de poder sistêmicas no mundo. Em terceiro lugar, há o iliberalismo persistente e mascarado das concepções ocidentais de ordem econômica e política liberal sob a modernidade colonial. Subjacente a esse projeto está a preocupação em revelar o que pode ser descrito como "governamentalidade colonial racializada" no discurso hegemônico da governança da internet. Há um compromisso normativo – político e ético – com a criação de uma governança da internet para o Sul global, e não com um enquadramento em termos da possibilidade de "inclusão" em um sistema existente, hegemonicamente ocidental e "mascarado" – intencionalmente ou não – por meio do discurso de defesa dos múltiplos atores interessados.

E em relação à dataficação?

Tenho feito uma crítica descolonial do discurso das pesquisas sobre dados. Nesse sentido, preocupo-me em mostrar como o fenômeno histórico-geográfico concreto da colonização europeia tem sido apropriado como uma metáfora no contexto de discursos "críticos" ostensivos relacionados à ascensão da *big data* e o que alguns estudiosos chamam de "capitalismo de vigilância". Em minha leitura, tais movimentos discursivos devem ser vistos como uma concretização de violência (neo)colonial, na medida em que são apropriativos e eurocêntricos/centrados no Ocidente.

Como pensar a inteligência artificial em termos de uma geopolítica do conhecimento?

Há duas questões emaranhadas: o que se entende por inteligência artificial e se isso é mais bem abordado por meio de uma geopolítica do conhecimento. Primeiro, é útil esclarecer brevemente a relação entre IA e fenômenos relacionados, como o aprendizado de máquina. Uma maneira de compreender a inteligência artificial é se referir aos fenômenos tecnológicos considerados capazes de exibir traços inteligentes dentro de um domínio circunscrito. Já o aprendizado de máquina refere-se ao uso de algoritmos para processar e analisar dados, a fim de aprender com ele e gerar previsões sobre algo. O aprendizado de máquina e o aprendizado profundo são um subcampo da inteligência artificial. Há também a necessidade de diferenciar alguns de seus diferentes paradigmas, incluindo suas encarnações simbólicas, muitas vezes chamadas de Good Old-Fashioned AI (Gofai, algo como "inteligência artificial à moda antiga"), e

150 Os *laboratórios do trabalho digital*

abordagens conexionistas baseadas em redes neurais artificiais, bem como abordagens inspiradas na biologia, como a robótica situada e reativa, os algoritmos genéticos, entre outros. Devo mencionar também a diferença entre inteligência artificial e o que veio a ser chamado de "inteligência artificial geral". Esta última se refere a fenômenos tecnológicos que alcançaram inteligência em nível humano ou além disso. É claro que, a partir disso tudo, à espreita como um problema incontornável, está a espinhosa questão sobre o significado de inteligência. Nesse sentido, a inteligência artificial, assim como aprendizado de máquina e aprendizado profundo, devem ser entendidos como fundamentalmente conectados a preocupações antropológicas, voltando-se a questões e decisões sobre antropocentrismo e antropomorfismo.

Com relação à segunda questão, não se trata apenas de geopolítica do conhecimento, mas também de corpo-política e teo-ego-política do conhecimento. Além das preocupações epistemológicas, há questões ontológicas a serem consideradas, bem como o entrelaçamento da epistemologia (conhecimento) e da ontologia (ser) com o poder. Estou inclinado a pensar que existe uma tendência bastante persistente e difundida de pensar a inteligência como necessariamente cognitiva, isto é, mentalista em algum sentido. Uma das implicações desse viés cognitivista é que as questões raciais são invisibilizadas: a cognição é considerada um fenômeno sem raça, ao passo que a relação histórica da cognição com raça/racismo/racialização é passível de ser demonstrada. Tenho apontado que, mesmo quando questões de localização e incorporação são levadas a sério, por exemplo, dentro da robótica reativa, o corpo tende a ser enquadrado, assim como seu contexto de situação/incorporação, em termos não raciais. Voltando à questão, acho que uma maneira útil de abordar a questão da inteligência artificial em uma perspectiva descolonial é em termos de como seu desenvolvimento dentro do núcleo do sistema mundial moderno colonial pode e deve ser entendido como forma de manutenção, expansão, refinamento (ou adaptação) de uma hegemonia, a qual aqueles localizados nas periferias, margens e fronteiras tentam contestar. Em resumo, precisamos perguntar qual o papel que a inteligência artificial desempenha na manutenção da operação funcional da colonialidade e/ou da matriz colonial de poder, incluindo sua manifestação sistêmica como supremacia branca global. Acho que essa pergunta é crucial e precisa ser feita independentemente de se considerar a inteligência artificial geral algo imaginado pelos proponentes do trans-pós-humanismo, ou pelo que poderia ser descrito como "aumento/ampliação da inteligência", isto é, a implantação de aprendizado de máquina e aprendizado profundo em contextos específicos, incluindo aqueles que estão emaranhados com outras tecnologias, como a internet das coisas.

Falar em descolonização virou moda no Norte global. Como compreender esse fenômeno e como evitá-lo?

Embora eu partilhe das preocupações a respeito de a descolonização ser reduzida a um modismo nos contextos do Norte global e apoie os esforços para resistir a qualquer coisa que pareça um processo de cooptação colonial, estou inclinado a pensar que a situação é um pouco mais complexa. Em primeiro lugar, não creio que a redução da descolonização a um modismo no Norte global seja inevitável nem que tenha acontecido sem resistências de dentro. Em segundo lugar, e talvez mais importante: na medida em que as lógicas estruturais que sustentam o sistema mundial moderno colonial operam tanto local quanto globalmente, precisamos pensar em descolonizar tanto o núcleo (Norte global) quanto descolonizar a periferia (Sul global) e seu entrelaçamento relacional de poder. Talvez seja crucial a adoção de um compromisso com o que os pesquisadores descoloniais/decoloniais chamam de "opção descolonial", que eu defino como uma opção ético-política para aqueles localizados em margens, fronteiras e periferias do sistema mundial moderno colonial, com vistas a efetuar reparações – materiais e outras – ao Sul global e descentralizar a hegemonia do Ocidente/Norte global. Se o discurso de descolonização vindo do centro não se alinha explicitamente com essa orientação de pensamento, fala e ação, então acredito que ele precisa ser chamado como aquilo que realmente é, ou seja, coopção colonial modista, pelas vozes do Norte e do Sul global comprometidas com o projeto de descolonização – entendido como um projeto de uma nova formação e reconstrução mundial. Em suma, não creio que o problema seja apenas sobre quem gera o discurso descolonial e de onde, mas também sobre o motivo pelo qual faz isso, ou seja, com qual propósito. Se as vozes do Norte global não se motivarem pelo Sul global e suas preocupações, então, no mínimo, elas estão vazias do ponto de vista descolonial. Embora eu não esteja certo de que é útil ou apropriado para alguém localizado no núcleo, como eu – embora corpo-politicamente às margens –, aconselhar sujeitos periféricos sobre como lutar contra a cooptação do/no projeto colonial, talvez eu possa me aventurar a reiterar a necessidade de abraçar a opção descolonial e aconselhar os atores descoloniais do Norte global a refletirem sobre o que pensam, dizem e fazem em seus lugares para promover o projeto de descolonização.

Quais são as características do racismo algorítmico?

Há dois sentidos no racismo algorítmico, um que é ôntico e outro que é ontológico, algo baseado em uma distinção de Heidegger. Entendido onticamente, o racismo algorítmico se refere à manifestação do viés racial nas tecnologias que incorporam algoritmos. Embora alguns estudiosos tenham argumentado que a fonte geradora de tal viés pode ser atribuída a vieses humanos no desenho, implementação ou uso dos algoritmos, outros estudiosos apontam que não são tanto os próprios algoritmos, mas sim os vieses históricos nos conjuntos de dados usados para treiná-los e as classificações geradas por eles a fonte do problema. Existe uma literatura já extensa sobre o tema do racismo algorítmico, além de discursos associados, como o Fairness, Accountability and Transparency in ML (FAT-ML), e é um fenômeno importante para se envolver em uma perspectiva descolonial

152 Os *laboratórios do trabalho digital*

de computação. No entanto, penso que a maneira mais construtiva de fazer isso é situando essa compreensão ôntica do racismo algorítmico dentro de uma concepção ontológica do fenômeno.

Entendido ontologicamente, o racismo algorítmico refere-se a uma maneira de conceituar a relação entre processos de formação racial (ou racialização) dentro da experiência histórica ocidental e seus (vários) "outro(s)". Nesse sentido, mobiliza-se a figura do algoritmo como uma metáfora para pensar a relação entre diferentes formações discursivas – religiosa, filosófica, científica, cultural, informacional, algorítmica (no sentido ôntico) – e como a raça é paradigmaticamente articulada em diferentes períodos da história da modernidade colonial. O racismo algorítmico está relacionado à revelação de que há continuidade mesmo em processos de mudanças na longa e histórica conexão entre "raça" e "religião", associada a processos de estabelecimento, manutenção, expansão e refinamento do sistema moderno colonial, pensando em transformações discursivas como rearticulações ou reiterações da diferença entre o europeu (branco, ocidental) e o não europeu (não branco, não ocidental) ao longo de uma trajetória programática de dominação, que os pesquisadores descoloniais enquadram com referência à "linha do humano".

Com base nesses estudos, refiro-me às origens do "humano" – ou "homem" – como categoria religioso-racial eurocêntrica, forjada em um processo de dialética negativa hierárquica, com base em uma relação antagônica com o "outro" não europeu como subumano, desde o século XVI, se não antes. Além de explorar as transformações nas articulações de raça, penso no racismo algorítmico em termos da mudança da distinção entre subumanos (não europeus, não brancos) e humanos (europeus, brancos) para aquela entre humanos (não europeus, não brancos) e transumanos (europeus, brancos), entendendo tal mudança como a intenção de manter o binarismo relacional e hierárquico entre o europeu e o não europeu. Nesse sentido, e no contexto do meu questionamento descolonial em relação ao transumanismo, aponto para a transformação "algorítmica" do humanismo em pós- -humanismo tecnológico via transumanismo como uma mudança iterativa dentro da ontologia historicamente sedimentada da racialização eurocêntrica. Em suma, o humanismo, o transumanismo e o pós-humanismo devem ser entendidos como iterações dentro da lógica estrutural, isto é, relacional, do racismo algorítmico.

Parte IV

Algoritmos, dados e desigualdades

23
Racionalidade algorítmica e laboratório de plataforma

Fernanda Bruno

Professora da Universidade Federal do Rio de Janeiro (UFRJ), Fernanda Bruno é uma das referências nos estudos de vigilância a partir de uma perspectiva tecnopolítica na América Latina. É membro-fundadora da Rede Latino-Americana de Estudos em Vigilância, Tecnologia e Sociedade (Lavits) e coordenadora do MediaLab, da UFRJ. É uma das organizadoras do livro *Tecnopolíticas da vigilância: perspectivas da margem* (Boitempo, 2018) e autora da obra *Máquinas de ver, modos de ser* (Sulina, 2013).

Nesta entrevista, a pesquisadora fala sobre racionalidade algorítmica, racionalidade neoliberal, *data commons*, cidades inteligentes, capitalismo de vigilância, projetos de "resistência", vigilância automatizada e trabalho humano.

O que você entende por racionalidade algorítmica?

É o que proponho como um modelo de racionalidade no qual os algoritmos ocupam um lugar central nos processos de conhecimento de certa realidade, bem como nos processos de tomada de decisão e de gestão da mesma realidade. Isso implica simultaneamente produzir conhecimento e intervir sobre um determinado contexto, problema, fenômeno ou realidade. Em nossa sociedade, especialmente em nossas experiências mediadas pela tecnologia, os processos algorítmicos vêm se tornando atores decisivos tanto na captura e análise de dados sobre diversos setores de nossa vida privada e comum, quanto na tomada de decisão automatizada em diferentes contextos (gestão urbana, políticas públicas, comunicação, trabalho, mercado financeiro, estratégias de marketing e publicidade, segurança etc.). Torna-se assim fundamental entendermos esse tipo de racionalidade, que hoje governa uma série de aspectos de nossa vida em sociedade, assim como de nossa vida pessoal. Em meu atual projeto financiado pelo CNPq, tento fazer uma breve genealogia dessa racionalidade, procurando entender em que momento e de que maneira, historicamente, passamos a achar que as máquinas seriam mais

156 Os *laboratórios do trabalho digital*

eficientes que os humanos não apenas na execução de certas tarefas, mas também na capacidade de processar e produzir informação, assim como de decidir de modo mais confiável.

Nossos ideais de objetividade têm uma íntima relação com a mecanização e a automação, especialmente a partir do século XIX. O triunfo do algoritmo como modelo de gestão e decisão racional está relacionado a um deslocamento epistemológico (que se consolida na segunda metade do século XX, mais especificamente no pós-Segunda Guerra e na Guerra Fria), que marca a passagem do modelo iluminista de razão fundamentado na reflexividade crítica para um modelo de racionalidade baseado em regras algorítmicas. Claro que essa passagem não se dá de forma completa e esses modelos, na realidade, se sobrepõem e convivem. Contemporaneamente, tenho procurado entender como essa racionalidade vem se afirmando e ganhando terreno nos mais distintos setores, das grandes corporações de tecnologia e de internet às políticas de segurança e vigilância, ao sistema jurídico e à medicina. São notáveis alguns elementos, recorrentes em parte dos discursos (tanto científicos quanto corporativos), defendendo a adoção massiva de procedimentos algorítmicos seja em contextos tradicionalmente regidos por humanos (como a Justiça Penal), seja em contextos cuja escala e complexidade ultrapassam os limites de uma gestão ou inteligibilidade exclusivamente humanas, como as plataformas digitais e todos os serviços que operam com *big data*. São eles: a promessa de maior velocidade, de maior precisão e/ou eficácia e de maior objetividade e neutralidade tanto nos mecanismos de entendimento/conhecimento, quanto nos processos de tomada de decisão. Enquanto o ganho em velocidade é incontestável, o ganho em precisão/eficácia não é tão evidente, e a suposição de maior objetividade/neutralidade é bastante equivocada, como vêm mostrando inúmeras pesquisas e casos sobre a presença de vieses de gênero, raça e classe nos processos algorítmicos de tomada de decisão.

Um elemento pouco mencionado pelas instituições e corporações, mas sobre o qual tenho insistido há algum tempo – assim como outras autoras e autores –, é a dimensão performativa da racionalidade algorítmica. O tipo de conhecimento gerado por processos algorítmicos está em muitos casos em ruptura com os modelos representacionais de conhecimento, cuja força epistêmica seria a capacidade de descrever ou compreender uma realidade ou um fenômeno dado, mantendo-se o mais fiel possível a um referente qualquer. A força da racionalidade performativa dos algoritmos não está em descrever ou representar, mas sim em gerar efeitos e produzir realidades. Um exemplo banal são os sistemas de recomendação, hoje quase onipresentes em serviços, plataformas e aplicativos digitais – e que tendem a aparecer em áreas de aconselhamento e assistência no campo da saúde, da justiça e da gestão pública de recursos. Um sistema de recomendação é eficaz na medida em que consegue influenciar ou desencadear determinada ação ou comportamento, e não tanto saber realmente o que gostaríamos de ouvir, assistir, consumir ou fazer num dado momento. Por conta disso, a distância entre o laboratório – ou qualquer processo de testagem controlada de tecnologias, produtos, serviços – e o mundo se torna quase inexistente nesse tipo de racionalidade. Por que devo elaborar uma teoria sobre o mundo (ou sobre qualquer fenômeno) e testá-la em condições controladas, se posso testar diretamente no mundo? A racionalidade algorítmica implica, portanto, a transformação do mundo num imenso laboratório. Em um artigo sobre o tema[1], propomos o termo "laboratório de plataforma" para explorar essa questão. Nos últimos anos, temos sentido os efeitos disso e eles são preocupantes.

Em que medida a racionalidade algorítmica se relaciona à racionalidade neoliberal?

Eu diria que a relação é bastante estreita, por diferentes razões. Vou mencionar uma, para não me estender demais e para falar de uma dimensão que conheço um pouco melhor. A ênfase do neoliberalismo sobre as escolhas individuais, a autogestão e a competição tornam a racionalidade algorítmica uma forte aliada na assistência à decisão em contextos de crescente incerteza, tais como os atuais mercados de trabalho, sistemas de saúde, cenários econômicos, processos urbanos, territórios marcados por violência e insegurança cotidianas. A frágil perspectiva de projetos e horizontes coletivos nesses contextos incita uma busca por soluções e empreendimentos individuais para quem os algoritmos se vendem como aliados nas tomadas de decisão tecnicamente assistidas. Para dar um exemplo concreto, trabalhei um período como pesquisadora visitante no Departamento de Humanidades Digitais do King's College, em Londres, e dediquei especial atenção à crescente utilização de inteligência artificial e mecanismos algorítmicos na saúde. O discurso, em boa parte referendado pelo National Health Service (NHS) – sistema nacional de saúde do Reino Unido, referência histórica de política pública em saúde –, é o de que o auxílio algorítmico à saúde (por meio de aplicativos, por exemplo) é um grande aliado em um modelo de assistência centrado no usuário e voltado para o empoderamento deste nos cuidados com sua saúde, tanto física quanto mental. Além, claro, de diminuir expressivamente os custos da assistência médica, um aplicativo pode ajudar alguém a lembrar de seus medicamentos, praticar exercícios, adotar hábitos saudáveis, monitorar sintomas e alertar para o momento certo de procurar um médico ou um centro de saúde etc. A afinidade desse modelo com a racionalidade neoliberal que entende a saúde como um capital a ser gerido sobretudo pelo indivíduo é patente e, na minha perspectiva, assustadora.

---

[1] Fernanda Bruno, Anna Bentes e Paulo Faltay, "Economia psíquica dos algoritmos e laboratório de plataforma: mercado, ciência e modulação do comportamento", *Revista Famecos*, v. 26, n. 3, 2019; disponível em: <https://revistaseletronicas.pucrs.br/ojs/index.php/revistafamecos/article/view/33095>; acesso em: 25 mar. 2021.

Como pensar urbanismo de plataforma e *data commons* em cidades no contexto brasileiro?

Confesso que sou bastante cética quanto ao urbanismo de plataforma e à criação de políticas de dados efetivamente comuns nas cidades brasileiras. O Rio de Janeiro foi, nas últimas décadas, um laboratório curioso nesse sentido, especialmente na gestão "olímpica" do Eduardo Paes. Como é sabido, o projeto de transformar o Rio numa *"smart city"* alimentada por dados cidadãos durou o tempo da euforia com os grandes eventos, especialmente Copa do Mundo e Olimpíadas de 2014 e 2016, respectivamente. Uma série de iniciativas, que tinham o Centro de Operações do Rio (COR) e o Porto Maravilha como carros-chefes, foram descontinuadas pouco tempo após os Jogos Olímpicos e sobretudo após a vitória de Marcelo Crivella nas eleições de 2016. Tanto o COR quanto o Porto Maravilha investiram fortemente em "soluções" e ferramentas que utilizavam dados fornecidos (com maior ou menor conhecimento) pelos cidadãos, mas a grande maioria dos projetos acabou mostrando-se pouco conectada com as demandas da vida concreta na cidade, refletindo muito mais os interesses imediatos das corporações que participaram desse processo.

Dois orientandos meus na ocasião, Victor Vicente[2] e Anna Berardi[3], dedicaram suas dissertações de mestrado a esses projetos de transformação do Rio numa cidade inteligente, e foi impressionante perceber que, ao fim dos dois trabalhos, ao cabo de apenas dois anos, tais projetos já pertenciam ao passado, e deles só restaram ruínas digitais e rastros com pouca relevância para a atual dinâmica da cidade. Foi possível perceber como a relação com os dados da cidade e dos cidadãos pode ser extremamente predatória. Especialmente no caso do Porto Maravilha, foi instalada uma série de sensores e dispositivos que capturaram massivamente dados que depois simplesmente desapareceram. O COR teve uma trajetória diferente e mais bem-sucedida, com impactos efetivos sobre a cidade durante a gestão de Eduardo Paes, apesar de sempre ter estado muito aquém da promessa presente no discurso político e corporativo de então.

Hoje, o Rio de Janeiro está bem distante de qualquer projeto de *data commons* e de urbanismo de plataforma, mas não no sentido de construir algo interessante. Muito pelo contrário, boa parte da tecnologia que o estado e a cidade do Rio hoje implementam está atrelada a uma necropolítica feroz. Apresentei-me em um evento em parceria com Adriano Belisário (MediaLab.UFRJ e Escola de Dados) e Paulo Tavares (UnB e agência Autônoma), no qual usamos a metodologia da arquitetura forense para a produção de evidências sobre a violência do Estado contra populações

---

[2] Victor Freitas Vicente, *A política da máquina e de si: um caso de participação cidadã no Governo do Rio de Janeiro* (mestrado em comunicação e cultura, Rio de Janeiro, Universidade Federal do Rio de Janeiro, 2018).

[3] Anna Berardi, *"Inteligência" à venda: a trajetória do projeto Porto Maravilha* (mestrado em comunicação social, Rio de Janeiro, Universidade Federal do Rio de Janeiro, 2018).

que vivem em favelas e comunidades. Nesse caso, temos o avesso de uma política de *data commons*. Temos, na verdade, uma espécie de "apagão" de dados e nenhuma transparência sobre as operações nesses territórios. Assim, boa parte de nossa pesquisa (e de outras entidades e grupos que também vêm se dedicando a documentar e denunciar a violência de Estado), consiste em produzir e dar visibilidade a dados que em geral deveriam ser fornecidos pelos próprios órgãos públicos. Passamos de uma cidade inteligente "para inglês ver" a uma necropolítica que retoma seu padrão histórico de mirar contra a população pobre e negra da cidade.

Como você analisa a noção de "capitalismo de vigilância", como compreendido por Shoshana Zuboff, e de que maneiras distintas esse conceito aterrissa no Sul global, considerando que a vigilância também é distribuída geopoliticamente?

Zuboff realizou um trabalho admirável e de grande fôlego, conseguindo condensar e detalhar de forma muito astuta o que uma série de pesquisadores dos estudos de vigilância e da cultura digital já vinha tratando há algum tempo. A noção de "capitalismo de vigilância" é especialmente feliz ao mostrar, em um só termo, como as engrenagens do capitalismo hoje são inseparáveis dos mecanismos de extração de valor dos dados que produzimos e fornecemos cotidianamente quando usamos plataformas e aplicativos digitais. Apesar de achar que ela tende a uma visão excessivamente maniqueísta do poder, sinto-me muito próxima de suas análises sobre o caráter estratégico que as ferramentas de previsão e modulação de comportamento assumem no que ela chama de capitalismo de vigilância (e que prefiro chamar de "capitalismo de dados pessoais"). Quanto à recepção e à presença dessa noção no Sul global, creio que há muito a se pesquisar, mas percebo em geral uma acolhida entusiasmada por parte de pesquisadores e ativistas. Então, de imediato, diria que há um reconhecimento de que os processos descritos pela autora estão muito presentes entre nós e nos ajudam a avançar na reflexão e no debate sobre o assunto.

Em contrapartida, também percebemos que o capitalismo de vigilância tem peculiaridades e é ainda mais predatório ao sul, seja pela frágil história de debate público sobre o tema, seja porque nossa adesão às plataformas que alimentam hoje o capitalismo de vigilância global se dá num contexto de grande precariedade econômica e jurídica, que tornam esse uso quase obrigatório para boa parte da população. A rede Lavits[4], da qual faço parte, tem produzido pesquisas interessantes sobre isso, e destaco o trabalho de Rodrigo Firmino e Bruno Cardoso[5] sobre a apropriação terrivelmente local da Uber, a qual retoma uma série de assimetrias e explorações constituintes da história do trabalho doméstico no Brasil. Sabemos também que

---

[4] Website disponível em: <https://lavits.org/?lang=pt>; acesso em: 12 mar. 2021.

[5] Rodrigo Firmino e Bruno Cardoso, "A uberização da Uber", *Le Monde Diplomatique*, n. 130, 2 maio 2018; disponível em: <https://diplomatique.org.br/a-uberizacao-da-uber/>; acesso em: 12 mar. 2021.

160   Os *laboratórios do trabalho digital*

as apropriações locais podem se dar em direções mais libertadoras e inventivas, rompendo ou ao menos minimizando algumas de nossas assimetrias históricas. Acho fundamental inventariarmos e compartilharmos essas apropriações positivas, criando um repertório comum que, parece-me, será cada vez mais importante.

Como você tem analisado projetos de "resistência" à vigilância mediada por algoritmos, tais como o Algorithmic Justice League e o World White Web?

Esses projetos são fundamentais para criar ruídos, levantar problemas e promover algumas pausas – mesmo que breves – no ritmo frenético com que avança a vigilância mediada por algoritmos. Os dois projetos mencionados partilham da ênfase no viés racista e sexista dos algoritmos. Em âmbito global, isso tem sido recorrente, e sua importância se deve a pelo menos duas razões: a primeira é colocar um dedo na ferida do discurso que proclama uma maior imparcialidade ou neutralidade nos processos e decisões mediados ou executados por algoritmos. Esses projetos, juntamente com uma série de outras pesquisas, têm mostrado que, ao contrário, ambientes, plataformas, dispositivos e decisões automatizadas não são imunes aos vieses e assimetrias que estão presentes historicamente em nossas sociedades, nossas práticas e nosso juízo sobre o mundo e os outros. Há ainda um agravante: o racismo, o machismo e preconceitos de classe são, de modo geral, encapsulados, silenciados e invisibilizados nos sistemas algorítmicos, sob a equivocada perspectiva de que ali não poderiam existir, já que são as máquinas que estão "no comando".

Essa é a segunda razão da importância desses projetos e pesquisas: eles abrem um pouco da "caixa-preta" dos algoritmos e nos convocam a pensar e agir tecnopoliticamente, provocando as plataformas digitais e seus usuários a, pelo menos, levarem isso em conta. Ressalto o excelente trabalho de algumas pesquisadoras que vêm se dedicando a essa questão: Safiya Noble, Virginia Eubanks, Cathy O'Neil, Ruha Benjamin, Simone Browne. Não por acaso, os trabalhos mais interessantes sobre essa temática vêm sendo realizados por mulheres, sobretudo mulheres pretas, que finalmente levantaram o imenso e silenciado problema das questões raciais e de gênero na cultura digital. No âmbito de coletivos, além desses que você menciona, lembro o trabalho do Tactical Tech[6] e da ProPublica[7], que tem uma série excelente sobre o viés algorítmico em sentenças criminais. No Brasil, destaco a Coding Rights[8] e o MariaLab[9], bem como a Coalizão Direitos na Rede[10], que reúne diversos coletivos e entidades atuantes na defesa de direitos na cultura digital em geral.

---

[6]   Website disponível em: <https://tacticaltech.org/>; acesso em: 12 mar. 2021.

[7]   Website disponível em: <https://www.propublica.org/article/machine-bias-risk-assessments-in-criminal-sentencing>; acesso em: 12 mar. 2021.

[8]   Website disponível em: <https://www.codingrights.org/>; acesso em: 12 mar. 2021.

[9]   Website disponível em: <https://www.marialab.org/>; acesso em: 12 mar. 2021.

[10]   Website disponível em: <https://direitosnarede.org.br/>; acesso em: 12 mar. 2021.

Para concluir esse ponto, gostaria de reiterar que projetos como o Algorithmic Justice League[11] e World White Web[12] são muito necessários e importantes, mas creio que temos de ir além da denúncia de viés. Temos realmente de pensar em meios de compreender e questionar essa racionalidade algorítmica sob bases que não recaiam em dicotomias insuficientes diante da complexidade do problema, que costumam ver os processos algorítmicos seja como mero reflexo das intenções e preconceitos dos humanos ou das instituições que os programam, seja como o espelho oculto de estruturas sociais. As redes sociotécnicas das quais os processos algorítmicos fazem parte precisam ser analisadas em sua heterogeneidade e complexidade, bem como em sua dinâmica, levando em conta a diversidade dos atores vigentes em cada caso e buscando fortalecer essa diversidade num sentido político, atento aos efeitos de viés, de discriminação, de produção de desigualdades etc., sabendo que por vezes esses efeitos não podem ser antecipados nem evitados por um dado conjunto de normas. Por isso é muito importante que adotemos uma perspectiva fortemente tecnopolítica em relação a tais processos, hoje tão determinantes em nossa vida pessoal e coletiva, garantindo que eles possam ser mais abertos e permeáveis à participação e ao questionamento da sociedade e da pluralidade de atores que a constituem. O presidente Jair Bolsonaro há pouco tomou uma decisão que considero completamente equivocada, vetando o direito (previsto na Lei Geral de Proteção de Dados Pessoais) de um usuário solicitar a revisão humana de uma decisão automatizada. Entende-se, com esse veto, que a racionalidade algorítmica (que, claro, não é atributo do algoritmo em si, mas de uma rede de corporações, protocolos, códigos, interesses econômicos etc.) deve ser impermeável à revisão e ao questionamento de grande parte da sociedade, o que é desastroso.

Grandes empresas de tecnologia, como Facebook e Amazon, admitiram recentemente terem contratado trabalhadores terceirizados para ouvir e transcrever áudios dos usuários[13]. Quanto a "vigilância automatizada" (termo de Mark Andrejevic)[14] ainda tem de trabalho humano?

De um lado, há muito mais humanos do que se imagina no trabalho automatizado, atualizando velhas e produzindo novas desigualdades. A mesma situação se dá com

---

[11] Website disponível em: <https://www.ajl.org/>; acesso em: 12 mar. 2021.

[12] Website disponível em: <http://www.worldwhiteweb.net/>; acesso em: 12 mar. 2021.

[13] Ver Alex Hern, "Facebook Admits Contractors Listened to Users' Recordings without Their Knowledge", *The Guardian*, 14 ago. 2019; disponível em: <https://www.theguardian.com/technology/2019/aug/13/facebook-messenger-user-recordings-contractors-listening>; acesso em: 12. mar. 2021; e Matt Day, Giles Turner e Natalia Drozdiak, "Thousands of Amazon Workers Listen to Alexa Users' Conversations", *Time*, 11 abr. 2019; disponível em: <https://time.com/5568815/amazon-workers-listen-to-alexa/>; acesso em: 12 mar. 2021.

[14] Mark Andrejevic, "Automating Surveillance", *Surveillance & Society*, v. 17, n. 1-2, 2019, p. 7-13; disponível em: <https://ojs.library.queensu.ca/index.php/surveillance-and-society/article/view/12930/8469>; acesso em: 12 mar. 2021.

162 Os *laboratórios do trabalho digital*

a vigilância automatizada, e há muito a ser pesquisado e discutido sobre isso, pois estamos claramente vivendo uma reconfiguração das condições e das relações de trabalho que vai se radicalizar com a expansão da inteligência artificial e da internet das coisas. Esse trabalho humano, nos casos que você menciona (e que não incluem apenas Facebook e Amazon, mas também Apple, Microsoft e Google), é em grande parte feito para treinar as máquinas e otimizar os algoritmos na função de reconhecimento automatizado de voz. Esse tipo de trabalho é enorme, e o inquietante é que ele é feito para desaparecer. Ou seja, trabalhadores humanos treinam máquinas que em breve os tornarão dispensáveis. Não por acaso, ele é feito por pessoas que vivem em grande precariedade. Na mesma linha, há o trabalho humano voltado para complementar o trabalho automatizado, seja porque as máquinas ainda não dão conta de todo o serviço, seja para contornar alguma barreira legal ou financeira. É o caso das já conhecidas *click farms* [fazendas de cliques] e dos moderadores de conteúdo para as grandes corporações, como Facebook, Twitter e Google. Esses trabalhos são insalubres e causam danos psíquicos e afetivos graves.

De outro lado, temos um cenário não menos complicado, que é a assistência maquínica ou algorítmica ao trabalho humano, institucional e corporativo, e que pode não apenas representar uma redução dos postos de trabalho em domínios como a medicina, o direito e a prestação de serviços no campo de seguros, créditos etc., mas uma imensa desigualdade no acesso a serviços. Olhando para o modo como as coisas caminham hoje, há um sério risco de que o acesso a serviços prestados por humanos seja reservado às elites ou a casos extremos, enquanto a população em geral, especialmente a mais pobre, será cada vez mais assistida por máquinas no campo da saúde, do direito, dos sistemas de crédito, de seguros etc. Isso já acontece nos bancos e em diversos serviços e tende a se estender para outras áreas consideradas vitais, como a medicina (retomando o exemplo que dei antes). No livro *Automating Inequality*[15], Virginia Eubanks mostra como a automação de decisões no serviço público dos Estados Unidos tem produzido muito mais punição e policiamento dos pobres do que a efetiva assistência a que se propõe. A partir de três detalhados estudos de caso de serviços públicos de assistência social, moradia e proteção à criança, ela mostra como o uso de *big data* e de algoritmos para tomada de decisão vem, na realidade, ampliando a desigualdade social. Sabemos ainda que os processos automatizados são extremamente fechados a negociações e contestações, tornando extremamente penoso para o usuário do serviço reverter a menor falha ou resolver o menor dos problemas. Há, portanto, muitos embates a travar para que a proclamada eficiência da automação nas políticas públicas seja efetiva e não torne o diálogo, a negociação, a contestação no acesso a serviços e direitos um privilégio das elites.

---

[15] Virginia Eubanks, *Automating Inequality: How High-Tech Tools Profile, Police, and Punish the Poor* (Nova York, St. Martin's Press, 2018).

Acabei fugindo um pouco do tema central da questão, mas é importante reforçar algo que apontei ao longo de nossa conversa e que retomo, adicionando uma perspectiva feminista para finalizar. É urgente retomarmos uma perspectiva tecnopolítica para esse mundo cada vez mais mediado por agentes maquínicos. Em oposição a uma racionalidade algorítmica, que vem se mostrando predatória e irresponsável, vale propor uma tecnopolítica feminista – inspiro-me fortemente em Donna Haraway –, que insista na importância de construirmos conexões, composições, parentescos humano-maquínicos capazes de criar mundos comuns pelos quais possamos responder. "Responder" aqui remete em parte à responsabilidade, mas não no sentido liberal de ser o autor das próprias escolhas, no âmbito individual, mas no sentido de ser capaz de responder junto e com o outro – humanos e não humanos – pelo mundo que criamos. Responder também no sentido ético-político de cuidar e de estar aberto a revisões de nossas próprias posições, pois tanto o conhecimento quanto a política implicam menos previsão e controle e mais relação e construção, o que requer outro tipo de cuidado ontológico, epistemológico e ético--político. Um cuidado com as relações – como as que mantemos com algoritmos, com a inteligência artificial e outras tantas tecnologias –, que exige um trabalho contínuo e constante de reflexão e questionamento. Donna Haraway[16] e Karen Barad[17] usam, em seus trabalhos, a noção de *"response-ability"*. Podemos também brincar com o português e pensar essa habilidade em responder de modo coletivo e relacional como uma forma de "co-responder", no sentido de responder junto pelas conexões humano-maquínicas que estamos construindo.

---

[16] Donna Haraway, "Awash in Urine: DES and Premarin in Multispecies Response-ability", *Women's Studies Quarterly*, v. 40, n. 1-2, 2012, p. 301-16; disponível em: <https://www.jstor.org/stable/23333460>; acesso em: 12 mar. 2021.

[17] Rick Dolphijn and Iris van der Tuin, "'Matter Feels, Converses, Suffers, Desires, Yearns and Remembers': Interview with Karen Barad", em *New Materialism: Interviews & Cartographies* (Ann Arbor, Open Humanities, 2012).

24

Plataformas biopolíticas, dados como capital e virtudes perversas do trabalho digital

Jathan Sadowski

Jathan Sadowski é pesquisador do Laboratório de Pesquisa de Tecnologias Emergentes na Universidade de Monash, na Austrália. Seu trabalho analisa criticamente a tecnopolítica dos sistemas e espaços que são automatizados, guiados por dados e em rede. Seu artigo foi um dos mais acessados da revista *Big Data & Society* em 2019[1]. Uma de suas publicações mais recentes é o livro *Too Smart: How Digital Capitalism is Extracting Data, Controlling Our Lives, and Taking Over the World* (MIT Press, 2020).

Nesta entrevista, ele fala sobre plataformas biopolíticas, "virtudes perversas" do trabalho digital, dados como forma de capital e maneiras de construir alternativas.

O que são plataformas biopolíticas?

Em nossa pesquisa sobre as condições de trabalho e de operação de capital em plataformas, eu e Karen Gregory procuramos analisar – examinamos o Deliveroo em particular, mas também observamos isso de maneira mais geral – como elas promovem uma forma de poder biopolítico sobre aqueles que nelas atuam. Com isso, entendemos que as plataformas criam e administram uma maneira de governar a vida dos trabalhadores com o objetivo de cultivar e acumular formas de capital humano/de dados.

Antes de entrar nessas diferentes formas de capital, em primeiro lugar, precisamos nos perguntar: o que é biopolítica? Em poucas palavras, Michel Foucault a conceituou como a aplicação do poder para governar a vida, tanto no nível dos corpos quanto das populações. O biopoder, portanto, é a capacidade de transformar pessoas individuais em uma população abstrata e coletiva passível de ser

---

[1] Jathan Sadowski, "When Data is Capital: Datafication, Accumulation, and Extraction", *Big Data & Society*, ano 6, v. 1, 2019; disponível em: <https://journals.sagepub.com/doi/10.1177/2053951718820549>; acesso em: 12 mar. 2021.

166 Os *laboratórios do trabalho digital*

monitorada e gerenciada a partir de métodos de cálculos. Argumentamos que a biopolítica manteve – senão ampliou – seu poder nesta era digital, baseada em dados e em rede. Ela é agora materializada e simbolizada pelos bancos de dados e algoritmos usados para coletar informações sobre pessoas, criar perfis, classificá-los em categorias e tomar decisões sobre suas vidas. Assim, as plataformas representam um mecanismo particularmente importante e influente para o ordenamento do biopoder. Por meio de uma abordagem biopolítica, podemos começar a entender criticamente como elas vão além de apenas explorar seus trabalhadores com salários baixos, tratando-os como "autônomos" precários. Também podemos ver como limitam as pessoas a certos tipos de características, contribuindo ainda mais para as operações tecnoeconômicas e a missão dessas empresas. Em outras palavras, as plataformas não são apenas uma forma de organizar o trabalho, mas também uma maneira de governar a vida.

Você fala em três virtudes perversas do trabalho digital em plataformas biopolíticas: flexibilidade, vitalidade e legibilidade. Poderia explicá-las melhor?

Ao mapear a biopolítica das plataformas, descrevemos três "virtudes perversas" que elas cultivam nas pessoas que trabalham nelas. Esses conceitos vieram da análise de todas as entrevistas que Karen fez com os entregadores da Deliveroo em Edimburgo, na Escócia. Nós as chamamos de "virtudes", em vez de conhecimentos ou habilidades, porque têm mais a ver com os traços, comportamentos e relacionamentos pessoais. Além disso, o termo traz certa carga ética, de modo a enfatizar que o desenvolvimento dessas virtudes não se limita a alguém ser apenas mais produtivo, mas também a se tornar uma pessoa "melhor" de acordo com os valores da plataforma. Nós os chamamos de "perversos" porque esses traços, comportamentos e relacionamentos são "virtuosos" da perspectiva das plataformas. Elas adotam uma virtude, que a princípio parece desejável, como aptidão física ou autonomia pessoal, e a distorcem de modo a beneficiar a empresa em vez de promover o bem-estar dos trabalhadores.

A primeira virtude que analisamos é a "flexibilidade". Plataformas como a Deliveroo usam-na regularmente para seduzir os trabalhadores sob a promessa da capacidade de "ser seu próprio chefe" e escolher quando trabalhar. Isso faz o trabalho de plataforma parecer uma maneira rápida e fácil de ganhar dinheiro em paralelo a outras atividades, como cursar uma universidade ou cuidar de uma criança. No entanto, o desejo por flexibilidade pode rapidamente se transformar em uma armadilha mental e física. Os entregadores descobriram que tinham de trabalhar o tempo todo para ganhar dinheiro suficiente. Embora a flexibilidade possa inspirar um investimento na própria agência, uma vez que as pessoas começam a confiar no trabalho da plataforma como fonte de renda, ela rapidamente deixa de ser sobre a liberdade de escolha e passa a ser sobre a capacidade de trabalhar de maneira contínua e de acordo com os termos das plataformas. A segunda virtude é

Plataformas biopolíticas, dados como capital e virtudes perversas do trabalho digital 167

a "vitalidade". Além da flexibilidade, plataformas como a Deliveroo geralmente enquadram o condicionamento físico como uma vantagem adicional em relação ao trabalho. Elas vão "pagar para você se exercitar", como dizem as empresas de marketing. E esse potencial é valorizado por muitos ciclistas, às vezes quase tanto quanto a autonomia do trabalho flexível. No entanto, esse trabalho também exige que eles invistam na manutenção contínua de suas bicicletas e seus corpos, e os ciclistas geralmente descobrem que as demandas sobre seu corpo sobrecarregam mais do que o esperado. O trabalho nas plataformas exige a garantia de que a mente e o corpo estejam prontos para o labor quando o algoritmo exigir atenção e energia. A terceira é a "legibilidade", o que significa que o trabalhador deve ser legível por máquinas. Eles se disponibilizam a serem constantemente monitorados, julgados e classificados pela gestão algorítmica, gerando um fluxo constante de dados sobre suas atividades e sobre a cidade. E eles precisam manter suas estatísticas de desempenho altas, atendendo às demandas da plataforma, ou correm o risco de serem excluídos. Os dados que geram – enquanto mapeiam as complexidades logísticas de navegar nas cidades e transportar objetos e comida – são sem dúvida bem mais valiosos do que aquilo que eles entregam.

E o que significa compreender os dados como forma de capital?

Os dados se tornaram uma parte essencial do capitalismo contemporâneo. De fato, a dataficação de tudo e as formas como transformam os negócios e a sociedade podem ser vistas como uma característica definidora da nossa era. Observar a economia política dos dados me leva a argumentar que estes agora constituem uma forma de capital, assim como o dinheiro e a maquinaria. Assim como esperamos que as empresas sejam guiadas por lucro, agora devemos esperar também que sejam guiadas por dados, o que envolve um profundo imperativo de acumular o máximo possível deles. O exemplo da Deliveroo capturando montanhas de dados de seus usuários é apenas um entre inúmeros outros. Todos os setores da economia, todas as instituições da sociedade foram, no mínimo, afetadas pelo capital de dados, ou chegaram até a transformar suas operações a fim de serem orientadas por eles. Os dados são centrais para a produção de novos sistemas e serviços, e é essencial para as empresas obter mais lucro e exercer mais poder sobre pessoas, lugares e processos. Assim, atender às demandas desse imperativo de dados tem sido a principal motivação para os modos como o capital cria e usa as tecnologias.

Como construir alternativas a essas tecnologias *too smart* – como você mostra em seu livro?

O primeiro passo para mudar essas tecnologias e mitigar suas consequências não é realmente tão radical – ou, pelo menos, não deveria ser visto dessa forma. Devemos simplesmente aplicar às empresas de tecnologia as leis, as políticas e os regulamentos que já existem. Está bem estabelecido agora que muitas plataformas digitais, como Uber e Airbnb, existem em constante estado de ilegalidade. Seus modelos de negócios baseiam-se em ignorar, minar e alterar regulamentações: elas só se preocupam com rápida expansão e escalonamento, argumentando que, se tivessem de cumprir as leis, isso diminuiria seu crescimento ou talvez sua própria viabilidade. Dizem que essas leis agem como um freio de mão na economia e na inovação, retardando o crescimento e o progresso. Mas os políticos e o público não devem cair nessa retórica egoísta, puxando o freio de mão, isso sim, nas atividades dessas empresas de tecnologia. Elas estão tão preocupadas em se mover rápido e atropelar o que há pela frente que agora é nossa responsabilidade interrompê-las antes que nos joguem de um penhasco.

Além da aplicação das leis existentes, defendo também táticas mais radicais para mudar a política das tecnologias "inteligentes" e construir um mundo melhor. Em meu livro, falo com mais profundidade sobre três delas: desconstruir capital, democratizar a inovação e exigir dados. Resumidamente, a primeira se inspira no antigo movimento ludista. Há um impulso de construir constantemente coisas novas, mais camadas e sistemas, colados e empilhados sobre os estratos atuais. Certamente precisamos de tecnologias alternativas, mas também devemos nos desfazer em grande parte das tecnologias que já existem. Muitas delas visam promulgar regimes de vigilância e controle, e nunca deveriam ter sido criadas; portanto, temos o dever de removê-las do mundo. A segunda baseia-se em dar a mais pessoas o poder para influenciar de que modo, por que e com quais finalidades novas tecnologias são criadas. Isso significa deixar de tratar a inovação como uma força mística acessada apenas por uma classe de elite e compreendê-la como um esforço humano a beneficiar a todos. Um processo verdadeiramente inclusivo de inovação produzirá melhores resultados sociais e ambientais. E a terceira diz respeito à necessidade de mudar o regime de propriedade dos dados. Como expliquei anteriormente, os dados são tratados como uma forma de capital, como propriedade privada, extraída, possuída e usada por um pequeno número de grandes empresas para a obtenção de lucro e poder. Uma maneira de desafiar o capitalismo digital é fazê-lo sangrar por meio da desmercantilização dos dados, transformando-os em um recurso comum, administrado para o bem público. Em vez de coleta de dados, precisamos de coletivização de dados. Essas não são as únicas táticas a seguir, mas juntas fornecem uma maneira de resistir ao sistema existente, criar alternativas de projeção e uso de tecnologias e, finalmente, apreender a inteligência para construir um mundo melhor.

25

Os dados e a expropriação
dos nossos recursos

Nick Couldry

Nick Couldry, professor da London School of Economics, argumenta que a dataficação da sociedade afeta não só o mundo do trabalho, mas a exploração de recursos de toda a vida humana. Os dados não são o novo petróleo, pois eles precisam ser produzidos e apropriados. Em sua visão, há atualmente uma forma distintiva de colonização, que combina práticas extrativas predatórias do colonialismo histórico com métodos de coleta e extração de dados, nomeada pelo autor como colonialismo de dados – tema do livro *The Costs of Connection: How Data Is Colonizing Human Life and Appropriating It for Capitalism* (Stanford University Press, 2019), escrito em coautoria com Ulises Mejias.

Como o colonialismo de dados tem afetado o Sul global, tendo em vista a colonização histórica?

Não estamos dizendo que o colonialismo histórico acabou. Ao contrário: ele continua em novas formas coloniais de poder. É algo contínuo. Isso se evidencia a partir do que o Facebook faz em países da África ou na Índia, como um exemplo de poder neocolonial. São as continuidades do velho poder. No livro *The Costs of Connection*, argumentamos que a época das colônias começa a partir da ideia de levar os recursos extraídos nelas para a Europa e controlá-los de lá. Agora, é possível que este seja um momento especial na história, em que a América do Norte e a China estão interessadas em apropriar-se de um tipo diferente de recurso, que é a vida humana. Essa nova forma de colonialismo agora se coloca sobre o colonialismo histórico, embora grande parte do poder da América do Norte certamente ainda se beneficie do velho colonialismo. Essas relações estão emaranhadas, mas é importante ver o colonialismo de dados como uma nova espécie.

Então, a resposta sobre como esse novo tipo de colonialismo afeta o Sul global ainda não está completa. Se olharmos para o Norte global, veremos injustiças com negros e negras da classe trabalhadora nos Estados Unidos, por exemplo. Eles são rastreados por mecanismos de vigilância tanto das empresas como do Estado, e essas informações recebidas são categorizadas por algoritmos. O colonialismo é distribuído muito injustamente. Países que possuem infraestrutura digital e empresas como Facebook e Google podem negociar e receber informações de grande impacto. Sabemos que o Facebook tenta desesperadamente aumentar a quantidade de usuários fora da América do Norte e da Europa, porque nesses lugares as pessoas têm se afastado da empresa. Portanto, temos de esperar e ver como esse processo se desenvolve, porque as pessoas em países pobres também estão on-line e seus dados geralmente estão desprotegidos. Em países como Quênia, Índia ou China, as relações entre Estado e empresas de dados são muito próximas, então, mais uma vez, os dados dos cidadãos estão desprotegidos. Justamente por isso, há desigualdades do período colonial, mas também há novas, globais, reforçadas por meio do colonialismo de dados.

Você tem dito que a dataficação da sociedade não pode ser reduzida à questão do trabalho, mas como o colonialismo de dados afeta o mundo do trabalho?

Primeiro, é importante dizer por quais motivos o colonialismo de dados e o novo capitalismo, que Shoshana Zuboff chama de "capitalismo de vigilância", não são apenas relacionados à questão do trabalho. Muitos críticos afirmam que o que acontece com nossas relações on-line é uma forma de exploração de trabalho, como se dá na Amazon Mechanical Turk, e o tempo que passamos on-line também pode ser uma forma de trabalho, um trabalho explorado. Isso é verdade. Contudo, em nosso livro, mostramos uma exploração maior, que transforma os seres humanos em fluxos de dados e os anexa ao processo econômico de valor. Trata-se de uma forma muito maior de exploração, pois envolve todos os aspectos da vida. Mesmo quando sabemos que não estamos trabalhando, quando relaxamos com amigos, na piscina ou dirigindo, quando enviamos uma foto e nossos amigos a recebem, isso é uma fonte para o capital com um grande valor. É possível dizer que isso também é trabalho, mas não podemos perder de vista que o objetivo do capital é, como já dito, conquistar todos os aspectos da vida. É uma necessidade de captura pela infraestrutura de dados porque estamos on-line. Ou seja, não se trata somente de trabalho, apesar de ele ser importante.

Há pessoas que realizam microatividades de trabalho porque estão desesperadas por alguma renda, ainda que baixa, como os trabalhadores da Mechanical Turk. Mary Gray[1] escreveu um livro sobre "trabalho fantasma" em que trata dessa forma de exploração, uma exploração direta do trabalho envolvendo tarefas mal pagas. Há um segundo tipo, com base no poder das plataformas em escala global por meio de softwares e gerenciamento de dados e metadados, em que o controle se dá numa

---

[1] Mary L. Gray e Siddharth Suri, *Ghost Work: How to Stop Silicon Valley from Building a New Global Underclass* (Boston, Houghton Mifflin Harcourt, 2019).

escala muito grande. O trabalho pode ser facilmente realizado de outras maneiras, como é o caso dos motoristas de táxi: a Uber não tem necessidade de ter motoristas de táxi em Londres ou São Paulo. Isso era necessário há um século. Agora, há outra maneira de gerenciar as demandas econômicas por meio das plataformas globais. Isso cria um novo tipo de exploração, sem novas oportunidades econômicas, é claro. Onde há companhias como a Uber, há uma forma de capitalismo sem qualquer suporte institucional, que não permite qualquer atuação sobre sua estrutura. Não conhecemos as pessoas que tomam as decisões sobre nós. Isso não quer dizer que as companhias de táxi tradicionais sejam empresas bacanas – geralmente não são. Mas pelo menos há instituições com quem negociar. A Uber é um tipo diferente de organização, é fruto de um capitalismo baseado em extração econômica sem relações humanas. Isso é muito perigoso para o desenvolvimento.

A área que descrevemos como "colonialismo de dados" está ligada à ideia de que o capitalismo atual precisa extrair todos os aspectos da vida humana, processando e gerando valor a partir de variadas formas de trabalho. Tomemos como exemplo a Amazon, que rastreia qualquer trabalho que seja feito em qualquer lugar, segundo a segundo, de modo que o trabalhador pode ser punido a partir dessa vigilância constante. Isso é o que realmente acontece em diversas áreas do trabalho: trabalho mal pago acrescido de vigilância ininterrupta. Mas não só: trata-se de uma infraestrutura de controle e vigilância ininterrupta da vida. A ideia de como funciona o capitalismo por meio dessa colonização de dados é muito perturbadora para todas as condições de trabalho, mas não nos esqueçamos de que o trabalho não é tudo, apenas parte importante de algo ainda maior.

Como podemos descolonizar a internet em um contexto de capitalismo de plataforma?

Essa, de fato, é uma questão ainda mais difícil. Não apresentamos respostas definitivas em nosso livro. É verdade que vivemos em uma era histórica fundamental, com mudanças na organização do capitalismo e da sociedade, mas o futuro não é tão fácil de prever. Na obra, dizemos que a coisa mais prática a se fazer é usar nossa imaginação. Lembre-se de como as coisas eram diferentes há dez anos, por exemplo. *Precisamos* nos lembrar disso, pois esses fenômenos são muito recentes, e ainda assim não conseguimos imaginar como podem ser diferentes. Todas as possibilidades estão em nossa imaginação. Há uma forma massiva de poder, então soluções parciais não são suficientes: não é suficiente sair do Facebook amanhã nem construir uma nova plataforma que dependa dos recursos do Facebook ou do Google, por exemplo. O que precisamos, como cidadãos, é agir a partir de outras maneiras capazes de mudar e causar um grande impacto na construção das informações. Assim, talvez tenhamos de repensar todo o propósito e as ferramentas que usamos em sociedade, pensar em outros objetivos, um outro mundo. Como renegociamos os termos a partir dos quais estamos conectados? Trabalhamos muito para estar conectados e há um custo muito alto nisso, o qual não queremos pagar: queríamos estar conectados em diferentes sentidos. Talvez mudar isso seja inconveniente, ao menos no início, mas, a longo prazo, podemos pensar em conquistar liberdade e em achar novas possibilidades, com milhões de pessoas trabalhando e pensando juntas sobre alternativas. Afirmamos no livro que precisamos de uma luta coletiva; devemos ajudar uns aos outros a lidar com os custos da conexão e sobre o que devemos fazer. Uma ação coletiva, massiva, que renegocie os termos da conexão. Ela é algo que amamos: ter ferramentas como o Skype, que não eram possíveis há vinte anos. Mas é preciso renegociar esses termos; é fundamental separar os custos do potencial benefício a longo prazo e usar a imaginação para construir juntos, conversar juntos, ajudar-nos um ao outro, como uma maneira de enfrentar essa grande luta.

26

A invisibilidade do trabalho de dados

Jérôme Denis

O estudo dos dados não deve se limitar apenas a seu envolvimento com inovação e democracia nem apenas a seu reforço de desigualdades: é preciso pensá-los a partir de seus métodos reais de produção e circulação. Esse é o ponto de partida do livro *Le Travail invisible des données: eléments pour une sociologie des infrastructures scripturales* (Presses des Mines, 2018), obra de Jérôme Denis, professor de sociologia da Mines ParisTech. Para ele, é preciso ressaltar os processos produtivos muitas vezes invisibilizados por trás dos dados.

O que é o trabalho de dados e por que esse trabalho é invisível?

O termo "trabalho de dados" enfatiza todas as operações que são executadas antes que eles sejam usados: tudo o que permite, em determinado momento e local, que os dados existam e sejam processados. Essas operações podem ser muito variadas: limpeza, formatação, apreensão, configuração, entre outras. É no fim do processo que os dados são "obtidos", como diz Bruno Latour sobre as práticas científicas[1]. Na maior parte dos casos, esse trabalho é invisível para quem os usa, e há muitas razões para isso. A principal encontra-se, provavelmente, no seu modo de existência. Muitos sociólogos e historiadores têm mostrado que os dados estabeleceram sua força à custa de apagar as condições de sua produção: supõe-se que sejam o ponto de partida para a atividade de conhecimento, o primeiro material de informação. Isso é evidenciado por metáforas com a emergência de métodos de *big data* e programas de dados abertos, em que os dados são apresentados como recursos ou elementos naturais: "o petróleo do século XXI", ou aquilo que aparece como se fosse um "dilúvio". Eles estão sempre "lá". Essa invisibilidade não é obrigatória, mas está presente e contribui de maneira central para as dificuldades enfrentadas pelos trabalhadores de dados, bem como os usuários.

---

[1] Bruno Latour, *Ciência em ação: como seguir cientistas e engenheiros sociedade afora* (trad. Ivone Benedetti, São Paulo, Editora Unesp, 2012).

174 Os *laboratórios do trabalho digital*

Quais são as principais diferenças no trabalho de dados em um banco e em uma *startup*?

Eu uso esses estudos de caso para destacar dois aspectos centrais do trabalho de dados. No caso do banco, considera-se que os dados estejam presentes nos arquivos que os clientes preenchem nas agências, e que as pessoas responsáveis por verificar e inseri-los nos sistemas de informação estejam fazendo um trabalho simples, passível de ser automatizado em curto prazo. A suposição aqui é que os dados circulam de maneira fluida de um ponto a outro em uma organização. Nossa pesquisa etnográfica mostra que essa visão não só está em desacordo com a atividade dos caixas de banco como também impede operações de ajuste das situações, mas é ela que dita os termos do gerenciamento do trabalho no banco. Já a *startup* procura obter o que imagina serem os dados das pessoas numa cidade. Isso ilustra outro pressuposto sobre eles: sua disponibilidade e sua própria existência. O trabalho de dados aparece aqui como uma obrigação. As informações existentes nas prefeituras sobre a infraestrutura de ciclovias, por exemplo, não podem ser consideradas como dados pelos responsáveis pela *startup*. Para fazer existirem esses dados, temos de concordar em gerá-los, o que já está sendo feito em parte graças ao OpenStreetMap[2], um projeto de mapeamento colaborativo.

Você afirma que o fluxo de dados é um instrumento da organização. O que isso quer dizer?

Um dos objetivos do livro *Le Travail invisible des données* era reconsiderar a afirmação recorrente de que vivemos na "era dos dados", como se isso fosse algo totalmente novo ou até mesmo uma revolução. Muitos livros de história mostram que as organizações modernas se estruturaram enrijecendo seus circuitos de comunicação e investindo na circulação de escrituras padronizadas, dispostas em associações cada vez mais complexas. Os dados são parte de uma história antiga e foram formados há muito tempo. Tenho chamado isso de "infraestruturas escriturais". A mecanização dessa circulação contribuiu para a invisibilização do trabalho que torna tudo isso possível.

O que seria o neopositivismo de dados e quais são as suas características?

Ele consiste em dar aos dados valores intrínsecos de neutralidade e mesmo de evidência. Essa é uma expressão um tanto caricatural, mas que aponta para uma tendência recente de se obliterar que os dados são sempre produzidos sob condições específicas, em torno de problemas particulares, e que seu compartilhamento e reúso sempre exigem transformações e ajustes. No fim do meu livro, tento mostrar que, em contraponto a esse positivismo, podemos adotar uma definição transacional

---

[2] Website disponível em: <https://www.openstreetmap.org/#map=4/-15.13/-53.19>; acesso em: 14 mar. 2021.

que caracteriza os dados não como "coisas" identificáveis de antemão, mas como resultado de um processo de produção e troca.

E no que consiste essa definição transacional de dados?

Adotar uma definição transacional é substituir a questão abstrata sobre o que é um dado, para a qual não há nenhuma resposta consensual, pela pergunta concreta sobre *quando* é um dado. Isso quer dizer que, em alguns casos, os dados são "obtidos", no sentido de Latour, mas também são "dados", servem como ponto de partida, em outros casos. Isso ajuda a entender, por exemplo, que uma foto é um documento para alguns, enquanto pode ser um dado para outros. Essa é uma postura agnóstica, que se recusa a defender uma posição normativa em relação à natureza desses elementos, mas permite, em contrapartida, estar atento a sua definição em uma ou outra situação particular. E a ideia do livro é dizer que, em geral, o que conta como um dado é definido no mesmo movimento em relação ao que conta como trabalho.

Quais são os riscos da invisibilização do trabalho de dados?

O apagamento do trabalho de dados tem dois riscos principais. Em primeiro lugar, reforça as dificuldades daqueles que trabalham com isso, como o caso do banco. Assumir que as operações necessárias para a existência e a circulação de dados são triviais e não envolvem labor real leva a situações muito delicadas, em que os trabalhadores lutam constantemente para realizar sua atividade, apesar dos constrangimentos. Isso, então, pesa na qualidade dos dados e na pertinência de sua utilização. Em segundo lugar, considerar que os dados "caíram do céu", ou seja, não se dar ao luxo de entender as condições de sua fabricação e os ajustes necessários à sua circulação é fazer deles caixas-pretas fora de nosso controle.

27
Circulação e imaginário dos dados

David Beer

David Beer, professor de sociologia da Universidade de York, na Inglaterra, realizou uma pesquisa sobre 34 empresas de análise de dados, cujas conclusões apresenta no livro *The Data Gaze: Capitalism, Power and Perception* (Sage, 2018). Na obra, Beer aborda como o imaginário de dados molda nossa percepção sobre questões como neutralidade, relevância e transparência dos algoritmos e dos dados. Em outras publicações, como *Metric Power* (Palgrave Macmillan, 2016) e *Popular Culture and New Media: The Politics of Circulation* (Palgrave Macmillan, 2013), o autor já trabalhara questões como métricas, circulação de dados e políticas de circulação.

O que é o olhar de dados (*data gaze*)?

É um conceito destinado a pensar nos modos como vemos e somos vistos pelos dados. A intenção é refletir sobre os novos tipos de conhecimento que surgem, como se organizam e como formam as infraestruturas para que seja produzido conhecimento sobre nós – tanto as pessoas envolvidas nessas práticas como as ideias e os ideais ligados aos dados extraídos de nossa vida cotidiana de diferentes maneiras. Assim, *data gaze* é uma tentativa de conceber os novos tipos de conhecimento que emergem nesses dados extraídos e analisados.

O que você chama de imaginário de dados?

Considero-o como uma espécie de ponta do *iceberg* do olhar de dados. Ele testa situações e abre espaços para que a análise de dados possa se espalhar ainda mais em nossa vida. O imaginário de dados tem relação com o modo como pensamos sobre eles, bem como os ideais subjacentes que estão ligados a eles. Assim, visa ponderar como promessas poderosas são conectadas a eles, atraindo multidões para a análise de dados, permitindo que esta seja expandida pelas organizações e instituições das quais fazemos parte. Portanto, esse tipo de olhar para a análise de dados está disseminado pelo mundo social, pelas infraestruturas sociais e pelas organizações em que vivemos.

178 Os *laboratórios do trabalho digital*

Você pesquisou 34 empresas de análise de dados (*data analytics*). Quais foram os seus principais achados?

Eu usei a pesquisa como base para entender o imaginário de dados. Encontrei uma série de características desse imaginário compreendendo os dados como rápidos, acessíveis e panorâmicos, capazes de revelar as profundezas ocultas da vida cotidiana, além de estruturas e organizações, de tudo o que foi considerado *smart*. Eram elementos que antes eu considerava serem promessas e ideais projetados atualmente a fim de impelir e espalhar práticas alternativas. Mas o que descobri, enquanto analisava as infraestruturas e práticas de análise de dados, foi que esses ideais se tornaram parte do modo como as próprias infraestruturas foram criadas, codificadas e produzidas, e também do modo como as práticas foram moldadas de acordo com a visão daqueles que estavam envolvidos na análise de dados.

Assim, essa foi a base para pensar o modo como os imaginários produzidos em torno dos dados se espalham nas infraestruturas e práticas de análise de dados, e como eles formam e conformam o ordenamento das coisas. Descobri uma série de informações sobre o olhar de dados e como ele pontua o lugar dos fenômenos. Ele é um tipo de distribuição, não um espaço analítico como uma clínica. Usei o livro *O nascimento da clínica*, de Michel Foucault[1], como comparação: quando entramos em um espaço clínico, o olhar clínico se espalha pelas estruturas e fica cada vez mais difícil escapar dele. Isso continua tão vivo hoje que esse olhar ainda se volta para si próprio. Ou seja, nosso desempenho e nosso progresso são constantemente monitorados, assim como nossas próprias capacidades. Somos monitorados por nossos próprios sistemas, como se houvesse um *hype* em cima da vigilância.

Em livros anteriores, você tratou de políticas de circulação, circulação de dados e métricas e circulação da cultura popular. Qual é a contribuição do conceito de circulação para a pesquisa em ciências sociais e humanas?

Quando escrevi *Popular Culture and New Media*, por volta de 2012, uma das coisas que notei foi que se falava muito sobre expressões como "mineração de dados" e "extração de dados", mas pareceu-me que o mais interessante era mesmo o modo como os dados voltavam para o mundo social, transformando-o. Então, nesse livro em particular, analiso como os dados circulam ou voltam à cultura e mudam noções sobre o que é a própria cultura, do que ela é feita, como pode ser compreendida etc. E há uma política de circulação acontecendo. Podemos entender como algo surge ou se torna visível, ou como as tendências acontecem; podemos entender como a cultura se encontra com diferentes tipos de música, *games* ou filmes, centrando o estudo nessas circulações de dados e nos sistemas que as sustentam. Portanto, analiso nesse livro a maneira como as coisas são classificadas em arquivos, ou como

---

[1] Michel Foucault, *O nascimento da clínica* (trad. Roberto Machado, Rio de Janeiro, Forense Universitária, 2011).

os algoritmos criam sistemas que facilitam a circulação de determinados dados em nossa vida. Percebi, assim, que havia uma série de questões políticas relacionadas a esses modos de circulação; então foquei questões de métricas e mensuração no livro *Metric Power*, pensando nos tipos de dinâmicas políticas que circulam nas métricas de dados e como isso dita as formas e molda nossa vida de maneiras diferentes.

Particularmente, penso sobre como o poder é exercido por meio de métricas de dados; ou seja, como essas circulações estão diretamente ligadas a questões políticas e de relações de poder. Quem controla a circulação de dados? Como ela acontece? Como são os sistemas que sustentam essa circulação? É ela que realmente desafia nossa vida de muitas formas. E isso me levou finalmente ao livro *The Data Gaze*. Meu objetivo era, ao constatar essas circulações de dados, distinguir quem são as pessoas e quais são os sistemas que nelas intervêm, ou, ainda, como elas são mediadas por sistemas e pessoas. Foi esse o caminho que percorri. E é por isso que a circulação é importante, porque é quando os dados voltam para o social, reformulando-o. Há processos circulatórios que são difíceis de entender, mas eles são fundamentais para compreendermos o que se passa na cultura contemporânea.

28
A automatização das desigualdades no setor público

Virginia Eubanks

Como os algoritmos, algo construído por seres humanos, podem intensificar desigualdades? Em 2018, dois livros foram destaque nesse assunto. Um deles é *Algorithms of Oppression* (New York University Press, 2018), de Safiya Noble, sobre como os mecanismos de busca reforçam o racismo; e o outro é *Automating Inequality* (St. Martin's Press, 2018), de Virginia Eubanks, sobre o papel da automatização e do uso de algoritmos nos serviços públicos para a vigilância e o perfilamento dos pobres.

Segundo Eubanks, a automatização dos serviços públicos começou ainda na década de 1960, nos Estados Unidos, e intensificou-se nos últimos anos, criando uma aura de eficiência, objetividade e infalibilidade sobre si. Mas, na verdade, ela seria responsável por criar uma versão digital das *poorhouses* no país, punindo as pessoas pobres. Nesta entrevista, a autora aborda questões como os valores e as crenças embutidos nos algoritmos, como eles têm reforçado as desigualdades e como podemos confrontar essa lógica.

O que você chama de *digital poorhouse*?

Começo meu livro falando sobre desigualdades em um momento histórico bem específico porque, com frequência, quando tratamos dessas novas ferramentas tecnológicas, falamos como se elas fossem "disruptivas". Como se fossem algo "novo em folha" e nunca tivéssemos visto nada igual antes. Mas, quando olhamos especificamente para a maneira como elas foram utilizadas em programas de serviço público, saúde pública e assistência alimentícia dos Estados Unidos, vemos que são muito mais casos de *evolução* do que de *revolução*. Então, refiro-me a essas ferramentas como se tivessem criado *poorhouses* digitais, pois isso as localiza na história dessa instituição estadunidense, que começa basicamente com a criação, nos anos 1800, do que eram conhecidas como *poorhouses* do condado.

Naquela época, havia uma enorme crise econômica nos Estados Unidos, e os líderes financeiros decidiram que o melhor jeito de lidar com isso, com a pobreza

182   Os *laboratórios do trabalho digital*

e a desigualdade, seria construindo instituições físicas, de tijolo e concreto, onde pessoas pobres e trabalhadoras estariam sujeitas, essencialmente, a serem encarceradas se não tivessem recursos suficientes para se sustentarem. Esse é um momento bem importante na história dos Estados Unidos, pois foi nele que decidimos, como uma comunidade política, que a primeira e mais importante atitude que nosso sistema de serviços públicos deveria tomar é decidir, moralmente, que pessoas seriam dignas ou não de assistência. É isso que as *poorhouses* rurais deveriam fazer: era esperado delas que tornassem tão terríveis as condições para receber ajuda que ninguém, senão as pessoas mais absolutamente desesperadas, pediriam e seriam aceitas para integrá-las. Argumento que as novas ferramentas digitais que vemos na assistência pública, como *bots* desempenhando trabalhos de estatística e tomadas de decisão baseadas em inteligência artificial e aprendizado de máquina, funcionam de maneira praticamente igual às *poorhouses*, ou seja, traçando potenciais comportamentos futuros das pessoas, policiando suas moralidades e despesas e punindo aqueles que pedem por ajuda. É por esse motivo que chamo tais ferramentas de *digital poorhouses*.

Como a automatização dos serviços públicos contribui para a intensificação das desigualdades?

Uma das coisas interessantes nas inteligências artificiais com processos de aprendizado mais sofisticados é que elas só podem aprender por meio de dados que elas *já têm*. E essa é uma das coisas que constantemente esquecemos quando falamos sobre esses sistemas preditivos. Parece bem óbvio, mas acho que não falamos o suficiente sobre isso. Os sistemas só podem realmente tomar decisões baseadas em padrões do passado, e assim acabam por se basear em nosso histórico de desigualdades de raça, gênero e classe.

    Deixe-me dar um exemplo concreto. Eu conto três histórias no livro, e uma delas é sobre um modelo de estatísticas chamado The Allegheny Family Screening Tool, no condado de Allegheny, em Pittsburgh, Pensilvânia, construído com base em um servidor de dados criado em 1999, que coleta dados de 29 programas estatais e de condados, tais como probatórios para jovens e adultos, serviços sobre álcool e drogas, formulários de autoridades imobiliárias e escritórios de compensação implementada, entre outros. O modelo construído em cima desse servidor de dados deve supostamente prever quais crianças talvez venham a ser vítimas de abuso ou descaso. Isso é um objetivo louvável, certo? Afinal, crianças podem de fato estar vulneráveis a essas situações, e acredito que o Estado tenha obrigação e direito de intervir em casos em que crianças possam ser prejudicadas. Mas o problema dessa ferramenta é que o gabinete do condado só tem acesso a dados que o próprio condado coleta – o que, no caso dos Estados Unidos, significa apenas índices sobre famílias pobres e da classe trabalhadora –, então ele somente pode enxergar e prever o tipo de dano que talvez aconteça com nesse núcleo social.

Isso é um problema tanto por questão de falsos positivos quanto de falsos negativos. Os primeiros estão relacionados a danos que provavelmente não existem, e pais no condado de Allegheny que já se envolveram com os serviços de proteção infantil, por exemplo, se preocupam bastante com os falsos positivos. O motivo é que muitos dados sobre suas famílias são coletados, de maneira que essas ferramentas acabam hiperidentificando danos potenciais em suas comunidades, o que gera um ciclo vicioso de *feedbacks* injustos: por já estarem sob vigilância, há mais dados sobre eles; porque há mais dados sobre eles, eles são identificados com mais potencial de risco; e porque o sistema os enxerga como mais perigosos, coleta mais dados sobre eles.

Os falsos negativos, por sua vez, estão relacionados a não se enxergar danos que de fato possam existir. O sistema não coleta informações sobre famílias de elite, não é capaz de identificar aquilo que pode acontecer nessas famílias. Os trabalhadores com os quais conversei dentro do sistema de serviços para crianças, jovens e famílias do condado de Allegheny disseram que estavam realmente preocupados com a problemática de falsos negativos. Como eles apenas coletavam informações sobre famílias pobres e da classe trabalhadora de Pittsburgh, não conseguiam ver o tipo de dano que acontece, por exemplo, em famílias que estão fora dos bairros centrais da cidade – e existem evidências bem concretas de que o isolamento geográfico aumenta a possibilidade de abuso ou negligência.

Portanto, esses sistemas preditivos baseados em estatísticas só podem realmente entender os padrões do passado; eles são absolutamente moldados pelas decisões que tomamos no passado sobre como e de quem devemos coletar dados, quem é arriscado e quem é perigoso – e, nos Estados Unidos, isso tem tudo a ver com raça e classe. É assim que a desigualdade é incorporada a esses sistemas e, como eles são tão rápidos e eficazes, acabam ampliando e intensificando as desigualdades.

Como tratar as noções de classe e classe trabalhadora em contexto de desigualdades automatizadas?

Esta é uma daquelas conversas que podem ser difíceis transculturalmente, porque os Estados Unidos, em minha opinião, são únicos na absoluta recusa e incapacidade de reconhecer as desigualdades de classe e econômicas, o que torna muito difícil falar sobre isso. Portanto, na verdade, não temos nos Estados Unidos uma linguagem adequada para falar sobre classe, o que cria problemas únicos para a realização de pesquisas sobre injustiças econômicas. Há muitos trabalhos realmente bons sobre discriminação algorítmica que se concentram na raça, por exemplo, o que é incrivelmente importante e crucial: Ruha Benjamin e Safiya Noble fizeram algumas pesquisas sobre isso, principalmente no campo da justiça criminal, e estou ansiosa para conferi-las. Porém, existem especificidades em ser uma pessoa pobre da classe trabalhadora nos Estados Unidos, e isso é verdade para brancos pobres, afro-americanos pobres, latino-americanos pobres.

184   Os *laboratórios do trabalho digital*

O que é específico no contexto estadunidense é a interação com os programas de assistência social, que são nossa esperança e, às vezes, o mito nacional que contamos a nós mesmos: que esses são programas amplamente generosos, até demais. Uma das maneiras que falamos nos Estados Unidos sobre eles é como se fossem um desperdício, direcionados a pessoas envolvidas em fraudes, pedindo coisas das quais não precisam. Isso está fundamentado, novamente, nesse momento da história que remonta aos anos 1800 e 1900, nas *poorhouses* dos condados. Portanto, parte do argumento que trago no livro é a ideia de que quem ousa pedir apoio público renuncia a vários outros direitos: direito à privacidade, à união familiar, a manter os filhos e até a necessidades básicas, como moradia, alimentação e assistência médica. Essa noção de que é preciso trocar o direito político pelo direito econômico é realmente perigosa, e a vemos expressa nos sistemas de tecnologia, na maneira que tratamos essas ferramentas como um meio de triagem digital.

Conversei com muitos designers diferentes, com muitas pessoas responsáveis por construir esses sistemas quando fazia pesquisas para o livro. Eles tinham opiniões diferentes sobre como essas ferramentas deveriam funcionar e para que servem, mas o que tinham em comum é que todos se referiam a elas como uma "triagem digital" para decidir quem, entre os milhões de pessoas pobres e da classe trabalhadora estadunidense, merece acesso a recursos realmente limitados. A ideia era que essas ferramentas os ajudariam a tomar decisões bem difíceis ao classificar as pessoas com base em seu merecimento a apoio ou ajuda. E um dos argumentos que apresento na obra é que estamos empregando de maneira errônea o termo "triagem". Só é realmente apropriado falar em triagem se estivermos no meio de uma crise, com tempo limitado, e à espera de mais recursos. Do contrário, se estivermos no meio de uma crise persistente ou infinita, não se trata de triagem, mas de racionamento digital. E é realmente importante deixar claro que essa escolha, essa maneira de classificar as pessoas em termos de quem deve ter acesso a direitos humanos básicos, é uma escolha política, e não técnica. Não é uma decisão baseada em um universo de recursos limitados, mas uma decisão política, significando que não acreditamos que todo ser humano mereça ter acesso a direitos básicos, como comida, abrigo e segurança.

Como desmantelar a *digital poorhouse?*

Esse trabalho, árduo e de longo prazo, precisa acontecer em vários níveis ao mesmo tempo. Ao menos no contexto dos Estados Unidos, sinto que o trabalho tem de acontecer em no mínimo três lugares simultâneos. Um deles é na mudança *cultural*, acerca de como *falamos* sobre pobreza. Nos Estados Unidos, temos uma ideia totalmente incorreta de que a pobreza é uma aberração em nosso sistema, e que ocorre apenas a uma pequena proporção, a uma minoria irrisória de pessoas provavelmente problemáticas. A realidade é que, ao longo de nossa vida, 51% dos estadunidenses estarão abaixo da linha da pobreza em algum momento entre as idades de 20 e 64 anos. Dois terços dependerão de programas sociais, o que está diretamente ligado às políticas de bem-estar social. Ou seja, embora existam muitos fatores que influenciem a vulnerabilidade à pobreza e o que acontece quando alguém fica abaixo dessa linha, esse é um problema incontornável no país. A maioria de nós será pobre em algum momento de nossa vida, e não é dessa maneira que falamos sobre a pobreza nos Estados Unidos.

Então, acredito que, se pudermos encontrar a coragem de falar a verdade uns para os outros sobre nossas experiências em uma espécie de fronteira da pobreza ou escassez econômica, poderemos mudar a narrativa sobre haver algo errado com quem acaba sendo pobre. É como dizer que há algo errado com quem acaba engravidando. Não é uma doença ou um problema, mas uma condição. Acontece com a maioria das pessoas. Se fizermos esse trabalho cultural, acredito que seremos capazes de realizar uma segunda parte realmente importante, que é o trabalho *político*. Precisamos mudar nossos sistemas de suporte público, sistemas que são baseados em termômetros morais, que operam como se fossem equipamentos de diagnóstico para descobrir o que há de errado com alguém que é pobre. Em vez disso, precisamos construir apoios universais, pisos universais para todos, com base, acredito, em ideias de direitos humanos econômicos.

Nesse meio-tempo, a tecnologia que já existe não vai simplesmente parar e esperar que descubramos o próximo passo. Então, precisamos encontrar maneiras de construir *tecnologias* menos prejudiciais. Levanto uma hipótese sobre isso no livro, resumida em duas perguntas básicas que os designers deveriam se fazer. A primeira é: essa ferramenta aumenta a autonomia e a dignidade das pessoas pobres e da classe trabalhadora? A segunda é: se essa ferramenta visasse, focalizasse qualquer outro grupo de pessoas, além da classe trabalhadora, sua existência seria tolerada? Pelo menos nos casos que analisei em minha pesquisa, nenhuma das ferramentas estudadas se adéqua a esse padrão. Acredito que podemos fazer melhor, que merecemos mais, então temos de construir esses sistemas visando não ao mundo que poderíamos ter um dia, que desejaríamos habitar, mas ao mundo no qual realmente vivemos. Isso significa reconhecer que nossas instituições estão entrelaçadas, com profundas amarras, à criação de desigualdades. Então, é preciso criar ferramentas que vão além de eficiência ou economia de custos: devemos imbuí-las de valores gerais, como autodeterminação, dignidade, autonomia, honestidade e justiça. Precisamos fazer isso desde o início e em cada ferramenta: em vez de construí-las para serem neutras e objetivas, precisamos construí-las explicitamente para fazer justiça.

29

Descolonizando os dados

Ulises Mejias

Ulises Mejias é professor de comunicação da Universidade do Estado de Nova York, autor do livro *Off the Network: Disrupting the Digital World* (University of Minnesota Press, 2013) e coautor de *The Costs of Connection* (Stanford University Press, 2019), escrito com Nick Couldry. Nesta entrevista, Mejias aborda maneiras de resistir e "descolonizar" os dados, além de suas experiências (des)coloniais como professor mexicano nos Estados Unidos.

De que maneiras é possível falar em "descolonizar" os dados?

Antes de falar sobre descolonização, devemos falar sobre *colonização*. Uma pergunta frequente feita a mim e a Nick Couldry é esta: não seria um exagero chamar o que acontece hoje em relação à coleta de dados de uma nova forma de colonialismo, dada a violência e a especificidade histórica do colonialismo? Em nosso trabalho, tentamos argumentar, de maneira cuidadosa, que não. Não nos concentramos tanto na forma ou no conteúdo do colonialismo europeu, mas na sua função histórica, que era de desapropriação. Em vez de recursos naturais ou trabalho humano, o que essa nova forma de colonialismo expropria é a vida, por meio de dados digitais. Portanto, definimos o "colonialismo de dados" como uma ordem emergente com relação à apropriação da vida humana, de modo que os dados possam ser continuamente extraídos com a finalidade de obtenção de lucros. Essa forma de extrativismo vem com suas próprias formas de racionalização e violência, embora os modos, intensidades e escalas sejam diferentes daqueles que vimos durante o colonialismo europeu. Então, como descolonizar os dados? Bem, da mesma maneira que descolonizamos a história, o conhecimento e a cultura.

Quais etapas são necessárias para começar esse processo?

Penso em pelo menos três etapas iniciais. Primeiro, questionar o universalismo por trás dessa nova forma de apropriação. Durante o colonialismo europeu, os colonizados foram apresentados a uma justificativa para a desapropriação que girava em torno de grandes narrativas como progresso, desenvolvimento e supremacia da cultura e história europeias – de fato, sobre a supremacia da raça branca. Essas narrativas eram universalizantes, na medida em que procuravam aniquilar quaisquer aspectos que as desafiassem (os valores europeus eram os "únicos" padrões a serem reconhecidos). Hoje, as narrativas que justificam a extração de dados são igualmente universalizantes e totalizadoras. Dizem-nos que a expropriação da vida por meio de dados representa progresso, que é feita para o benefício da humanidade, que traz conexão humana, novos conhecimentos, riquezas distribuídas etc. Além disso, somos informados de que, embora sejam "nossos" dados, não temos o conhecimento e os meios para utilizar esse recurso, por isso é melhor "sairmos da frente" e deixarmos as corporações fazerem isso por nós, como fizeram durante o colonialismo. O primeiro passo para descolonizar os dados é perceber que esse é o mesmo truque que os poderosos exercem sobre nós há quinhentos anos. Não há nada natural, normal ou universalmente válido em relação ao modo como a vida humana tem se tornado um mero fator na produção capitalista, e devemos rejeitar as novas narrativas empregadas para justificar essa forma de desapropriação.

A segunda maneira pela qual os dados podem ser descolonizados é recuperando os mesmos recursos que foram roubados de nós. Em outras palavras, precisamos resgatar o espaço e o tempo colonizados: o espaço que foi preenchido por dispositivos que monitoram todos os nossos movimentos e o tempo (geralmente na frente de uma tela) que dedicamos à produção de dados usados para gerar lucro para as empresas. Nossos espaços e horários não estão vazios, passivamente disponíveis para extração. Precisamos reinvesti-los em valor, como forma de protegê-los da apropriação pelas corporações. Sim, em um nível básico, isso pode significar simplesmente a exclusão de determinadas plataformas, mas acho que é algo mais profundo do que isso. Descolonizar nosso espaço e nosso tempo significa reposicionar conceitualmente nosso papel no capitalismo, fator que se estende além das relações de dados e alcança o meio ambiente, o local de trabalho e o que devemos exigir de nossos governos em termos de saúde e educação. Sinto-me inspirado ao ver que movimentos ambientalistas, trabalhistas, por paz e justiça social e o movimento crítico de ciência e tecnologia estão convergindo e sendo reconfigurados no processo. Sim, permanecem grandes desafios – especialmente diante de movimentos populistas como aqueles em torno de Trump, Bolsonaro e Modi –, mas pelo menos estamos desenvolvendo a consciência de que ações individuais e desarticuladas (como, por exemplo, sair do Facebook) são sem sentido se não acontecerem em conexão com outras lutas.

Por falar nisso, devemos permanecer vigilantes e céticos em relação a "soluções" que legitimam o *status quo*. Por exemplo, em 2018 o jornal *The New York Times* publicou uma proposta brilhante para "salvar" a internet, sugerindo que fôssemos pagos pelos dados que geramos[1]. Essa é uma solução viável? Imagine que um dia você descubra câmeras ocultas instaladas para rastrear todos os seus movimentos, invadindo sua privacidade, com o objetivo de gerar lucro para uma determinada empresa. Você ficaria satisfeito se, em vez de remover as câmeras e combater essa injustiça, a empresa prometesse pagar para continuar gravando sua vida? Se você enfrenta dificuldades econômicas, pode ser que aceite, mas a conta ainda não fecharia. Seria o prolongamento – de fato, a normalização – de um sistema massivo de desapropriação. Redirecionar uma pequena parte da riqueza criada e acumulada pela extração de dados para as pessoas que de fato a geram enquanto deixa intacta a parte principal do sistema não é um retorno à dignidade, mas o equivalente a colocar um selo de aprovação em um sistema que tem a desigualdade em seu núcleo.

A última sugestão para descolonizar os dados é aprender com outras lutas de descolonização do passado e do presente. Pode parecer que o capitalismo e o colonialismo de dados são regimes abrangentes, contra os quais somos incapazes de lutar, mas as pessoas sempre encontraram maneiras de resistir – seja por meio de ação física, seja, quando isso não é possível, por meio do trabalho intelectual. Os colonizados empregam sua cultura, sua história e até mesmo as tecnologias e idiomas do colonizador para resistir, para rejeitar. Não digo que isso seja simples, tampouco que, nesse novo sistema, estamos todos tão oprimidos quanto os povos nativos que foram colonizados. O legado da opressão colonial continua exigindo um custo mais alto para as populações vulneráveis, que ainda são desproporcionalmente discriminadas e abusadas pelo novo colonialismo de dados. Porém, quero dizer que os sujeitos privilegiados podem aprender algumas lições de pessoas que resistem ao colonialismo há séculos. Precisamos desenvolver novas formas de solidariedade que incorporem a luta contra a apropriação da vida humana por meio de dados como parte da luta por um mundo melhor.

Você é um mexicano que vive nos Estados Unidos desde 1990. Que experiências de (des)colonização você teve e tem na universidade?

Primeiro, devo reconhecer que, como um hispânico branco (aquela categoria de censo nos Estados Unidos que significa "parece branco por fora, mas não é branco por dentro"), posso "passar por branco" e, portanto, não estou sujeito às mesmas formas flagrantes de discriminação que pessoas não brancas experimentam. Isto é, até que eu abra a boca e o "interior" se torne evidente. E, como a educação envolve precisamente o processo de falar, de encontrar a própria voz, eu diria que minhas experiências de (des)colonização pessoal no ensino superior nos Estados Unidos sempre refletiram essa tensão. Por um lado, estudar e trabalhar no Norte global me

---

[1] Tim Berners-Lee, "How to Save the Web", *The New York Times*, 6 dez. 2018; disponível em: <https://www.nytimes.com/2018/12/06/opinion/tim-berners-lee-saving-the-internet.html>; acesso em: 29 mar. 2021.

permitiu obter uma formação "crítica", pois tive a sorte de aprender e colaborar com outras pessoas do Sul ou com pessoas brancas interessadas nessas questões. Foi uma formação rica e diversificada, talvez mais do que se eu tivesse ficado no México. Por outro lado, eu diria que meu trabalho – como estudante e pesquisador – nem sempre encontrou um lugar confortável na academia. As disciplinas acadêmicas em geral têm mais facilidade em reconhecer o trabalho que se encaixa em certos padrões, que vem de certos lugares e é realizado por pessoas com determinadas origens. Por necessidade econômica e curiosidade intelectual, não segui esses padrões tradicionais, o que significa que às vezes minha pesquisa não tem sido legível ao *mainstream* do discurso acadêmico. No geral, porém, eu diria que isso tem sido uma coisa positiva, pois forçou meu trabalho a ocupar as margens desde o início.

Parte V

Organização dos trabalhadores e plataformas alternativas

30

Abolir o Vale do Silício e organizar os trabalhadores

Wendy Liu

Cientista da computação e ex-programadora, Wendy Liu escreve desde 2017 sobre tecnologia e trabalho a partir de uma perspectiva de esquerda e é autora da obra *Abolish Silicon Valley: How to Liberate Technology from Capitalism* (Repeater, 2020). Nesta entrevista, fala sobre tecnologia e socialismo, organização dos trabalhadores de tecnologia e o que significa abolir o Vale do Silício.

Qual seria uma agenda socialista para as tecnologias?

Em primeiro lugar, é importante ir além de binarismos. A tecnologia não é boa nem má. Devemos criar o hábito de separá-la, em sua forma abstrata, do modo como ela tem sido usada devido ao sistema socioeconômico. O fato de um tipo particular de tecnologia facilitar a opressão ou a exploração em nossa atual ordem mundial não significa que haja algo intrinsecamente ruim sobre ela. Em vez disso, devemos especificar a relação de dominação existente envolvendo a tecnologia. Grande parte dos meios tecnológicos que existem no capitalismo tem outras aplicações, muitas das quais poderiam ser diretamente relevantes para fins socialistas. A questão é liberar esses meios de seus usos atuais. Os algoritmos da Uber, os sistemas de logística da Amazon, a infraestrutura incrivelmente complicada que nos permite interagir uns com os outros na internet... Toda essa tecnologia atualmente está trancada dentro das corporações, gerando lucro à custa do bem público.

Como Leigh Phillips e Michal Rozworski escrevem em seu livro[1], essa tecnologia pode ser a chave para pensar qualquer visão socialista que inclua controle em larga escala sobre os meios de produção. O desafio para a esquerda, então, é elaborar uma estratégia que tome para si essa tecnologia, o que provavelmente envolverá o apoio daqueles que já trabalham nessa indústria e que possuem

---

[1] Leigh Phillips e Michal Rozworski, *People's Republic of Walmart: How the World's Biggest Corporations Are Laying the Foundation for Socialism* (Londres, Verso, 2019).

conhecimento relevante sobre o assunto. Portanto, acho que um projeto paralelo reside na organização dos trabalhadores de tecnologia, a ponto de constituírem uma força poderosa dentro das corporações, exigindo maior controle sobre os meios tecnológicos. Isso poderia complementar o objetivo de conquistarmos um controle mais democrático sobre a tecnologia, como um primeiro passo para desfazer o modelo tipicamente autoritário de gerenciamento dessas empresas. Na verdade, existe um grupo no Brasil, os Infoproletários[2], que parece fazer exatamente isso, inspirado na Tech Workers Coalition[3], dos Estados Unidos. Em entrevista à publicação *Notes from Below*, eles afirmaram: "Precisamos pensar em uma greve dos trabalhadores de tecnologia"[4]. O movimento trabalhista em tecnologia ainda é muito incipiente, mas creio ser esse um passo na direção certa: reconhecer que a tecnologia foi mal utilizada no capitalismo, mas pode ser direcionada para fins melhores, se houver vontade política.

Conte-nos mais sobre a organização dos trabalhadores de tecnologia.

Nos últimos anos, houve desenvolvimentos interessantes nas grandes empresas de tecnologia, algo que eu nunca havia pensado que veria quando ainda trabalhava na área. Há uma percepção comum de que, como esses profissionais atuam em funções específicas e são muito requisitados, eles devem ser bem pagos e, portanto, não devem ter nenhuma das queixas da classe trabalhadora em geral. Isso foi uma verdade parcial por um tempo. A indústria de tecnologia sempre desvalorizou certos tipos de trabalhadores com base em seu perfil, mesmo quando fazem aquele trabalho considerado valioso. Mulheres, pessoas negras e trabalhadores mais velhos têm alertado sobre a hostilidade da indústria de tecnologia há muito tempo, e a onda mais recente de organização dos trabalhadores da área tem origem em um reconhecimento dessas críticas.

Outro fator importante é que as condições do setor estão mudando. Não estamos mais na "idade de ouro" da tecnologia. Ainda é possível ganhar muito dinheiro com o *background* e o *network* certos, mas a demanda por trabalho se expandiu a ponto de as empresas poderem se envolver em práticas de exploração mais óbvias. A maioria dos trabalhadores do Google não é composta por funcionários em período integral, mas por aqueles sob contratos de curto prazo ou terceirizados de agências que não lhes dão os mesmos benefícios ou prestígio. Isso significa que muitos trabalhadores mais jovens, que entraram no setor porque ficaram entusiasmados com o trabalho – ou simplesmente porque queriam um emprego bem remunerado – estão presos em situações muito diferentes do sonho

---

[2] Website disponível em: < https://infoproletarios.org/>; acesso em: 15 mar. 2021.

[3] Website disponível em: <https://techworkerscoalition.org/>; acesso em: 15 mar. 2021.

[4] Ver Felix Holtwell, "'We Must Think About a Tech Workers' Strike': An Interview with the Infoproletários", *Notes from Below*, 1º out. 2018; disponível em: < https://notesfrombelow.org/article/we-must-think-about-a-tech-workers-strike>; acesso em: 15 mar. 2021.

estereotipado do Vale do Silício. A empresa os trata como se pudessem ser trocados a qualquer momento, o que é desmoralizante e até insultante. Para esses trabalhadores, faz sentido que se unam para exigir melhores condições de trabalho, mas sua organização não precisa se limitar a isso. Muitos dos esforços de organização nos últimos anos foram em torno de preocupações éticas em relação aos usos dos produtos em desenvolvimento. Contra o pano de fundo do desmoronamento do *establishment* político, faz sentido considerar outras vias de mudança. A indústria de tecnologia está especialmente bem preparada como um lugar de luta, dada a sua imensa riqueza, bem como a sua importância infraestrutural para outros setores da economia.

Por que abolir o Vale do Silício?

Abolir o Vale do Silício não significa parar o desenvolvimento tecnológico, mas enfrentar o atual modo de produção que força a tecnologia a ser desenvolvida principalmente para fins capitalistas. Significa liberar o desenvolvimento tecnológico da busca incessante pelo lucro, porque isso leva a resultados ineficientes e supérfluos; em última instância, trata-se de uma distração em relação ao que deveriam ser as prioridades da sociedade, como a urgência em lidar com as inúmeras mudanças ambientais que começamos a enfrentar. Ficou muito claro para mim que permitir que a tecnologia seja impulsionada pelas necessidades do capital, financiada por grandes fundos de investimento e gerenciada na esperança de gerar um retorno é algo negativo. Não precisamos de milhares de aplicativos de entrega de comida, e é patentemente imoral que tantas pessoas trabalhem em empresas de tecnologia como a Uber ou a Amazon para que alguns investidores e executivos fiquem muito ricos. O atual modelo industrial de desenvolvimento tecnológico distorce as promessas utópicas do que a tecnologia poderia ser, criando um mundo altamente estratificado. Nós podemos e *devemos* fazer algo melhor.

31

Gamificação no mundo do trabalho e resistências dos trabalhadores

Jamie Woodcock

Jamie Woodcock é professor da Open University, editor da revista *Notes from Below*, autor dos livros *Marx no fliperama: videogames e luta de classes* (Autonomia Literária, 2020) e *Working the Phones: Control and Resistance in Call Centers* (Pluto, 2016) e coautor, com Mark Graham, de *The Gig Economy: A Critical Introduction* (Polity, 2019). É um dos entusiastas da atualização da enquete operária de Marx para compreender e atuar sobre o trabalho em plataformas do ponto de vista dos trabalhadores de hoje, partindo da teoria da composição de classes[1]. Nesta entrevista, Woodcock fala sobre o trabalho na área de *games*, gamificação e organização de trabalhadores da *gig economy*.

Como entender a gamificação no mundo do trabalho?

Eu entendo gamificação como a aplicação de aspectos dos *games* para coisas que não são *games*. E isso pode ser muito atraente. Como escrevi com meu colega Mark R. Johnson[2], a gamificação é frequentemente aplicada de maneira acrítica no trabalho. O resultado é que os trabalhadores a experimentam como intensificação e exploração do seu labor. Um exemplo é o cenário que descrevi sobre os *call centers* em *Working the Phones*. No entanto, ela não se resume a isso: esse tipo de gamificação pode ser concebido como algo vindo de "cima", envolvendo os imperativos da área de administração e do capital, mas os trabalhadores também encontram maneiras de assimilar aspectos da gamificação, seja para tornar o trabalho mais fácil, seja enquanto práticas de

---

[1] Sai Englert, Jamie Woodcock e Callum Cant, "Operaísmo digital: tecnologia, plataformas e circulação das lutas dos trabalhadores", *Fronteiras – Estudos Midiáticos*, v. 22, n. 1, 2020, p. 47-58; disponível em: <http://revistas.unisinos.br/index.php/fronteiras/article/view/fem.2020.221.05>; acesso em: 15 mar. 2021.

[2] Jamie Woodcock e Mark R. Johnson, "Gamification: What It Is, And How to Fight It", *The Sociological Review*, v. 66, n. 3, 21 ago. 2017, p. 542-58; disponível em: <https://journals.sagepub.com/doi/abs/10.1177/0038026117728620>; acesso em: 15 mar. 2021.

resistência. Nós concebemos isso como "gamificação vinda de baixo", uma forma de recusa ao trabalho – que deve ser celebrada.

Como você tem observado as resistências e organizações na *gig economy*?

Comemoraremos em agosto mais um aniversário das greves dos trabalhadores da Deliveroo em Londres, que se deram em 2016. Esse momento representou a primeira resistência visível e de confronto na *gig economy*, e desencadeou uma onda de greves de trabalhadores de plataformas de *delivery* em toda a Europa, bem como de novas associações a sindicatos recentes ou alternativos, como o Independent Workers' Union of Great Britain e Industrial Workers of the World (IWW), no Reino Unido. Em 2019, também vimos uma ampla e coordenada ação de greve dos motoristas da Uber. Muitos trabalhadores de plataforma deixaram empresas menores para trabalhar em plataformas internacionais (como a Uber, que tem cerca de 4 milhões de motoristas), o que significa partilhar de condições de trabalho com pessoas do mundo inteiro. Por exemplo, os trabalhadores de plataformas de *delivery* agora coordenam toda a Europa com a Transnational Couriers Federation, e os motoristas da Uber formam redes internacionais, mostrando características importantes de resistência e organização.

Isso significa duas coisas: primeiro, não há trabalhadores "inorganizáveis". Novos tipos de atuação exigem que eles desenvolvam novas táticas e estratégias. E segundo, esses trabalhadores estão longe de estarem isolados. Muitos já têm fortes conexões com comunidades migrantes e estabelecem pontos de encontro nas cidades. Essas redes "invisíveis" de organização são frequentemente coordenadas por meio de aplicativos como o WhatsApp e outras redes digitais. As questões principais são para onde essas lutas irão e como os trabalhadores se organizarão. Embora tenha havido greves generalizadas, as formas que essas lutas tomarão a longo prazo são menos claras.

E quanto aos desenvolvedores de software?

Os desenvolvedores de software, assim como outros trabalhadores da área de tecnologia, têm se organizado na Tech Workers Coalition nos Estados Unidos, assinado cartas contra projetos militares e, mais recentemente, organizado paralisações. Esse movimento recente envolveu os trabalhadores da área refletindo sobre o impacto de suas práticas na sociedade. Em vez de se organizarem em torno dos próprios termos e condições, trouxeram à tona questões mais amplas sobre o controle no mundo do trabalho. Isso é importante, pois até então nunca houve grandes movimentos de trabalhadores de tecnologia. Em certo sentido, seus salários relativamente altos (embora nem sempre) eram parte da barganha feita de início para impedir a sindicalização e limitar sua luta. É também outro exemplo poderoso de como trabalhadores antes desorganizados podem encontrar novas maneiras de resistir e se unir.

No último ano, apoiei a criação do primeiro sindicato de trabalhadores de videogames no Reino Unido. Como no caso dos trabalhadores de tecnologia, há preocupações semelhantes em relação às atividades, particularmente em torno da diversidade e da opressão na indústria. Isso também se combina a uma cultura de longas jornadas, que é uma questão clássica do sindicalismo. Esses trabalhadores formaram uma rede internacional para sindicalizar o setor, levando à criação da Game Workers Unite (GWU), o primeiro movimento a se sindicalizar como ramo da IWGB. Eles mostraram mais uma vez que é possível encontrar novas maneiras de se organizar, utilizando as melhores tradições do movimento trabalhista, enquanto também experimentam novas ideias. Como parte de uma investigação em andamento, documentei algumas dessas experiências no livro *Marx no flipe-rama*. Também organizamos *game jams* sobre o tema da organização, usando os videogames como um meio para explorar novas formas de organização no mundo do trabalho.

32

As ambiguidades do comum
no trabalho digital

Sébastien Broca

Sébastien Broca é professor da Universidade Paris VIII e autor do livro *Utopie du logiciel libre: du bricolage informatique à la réinvention sociale* (Le Passager Clandestin, 2013). Tem se dedicado aos temas do trabalho digital e dos *digital commons*, além de integrar a Rede Europeia de Estudos sobre Trabalho Digital[1].

Quais são as suas críticas às pesquisas sobre trabalho digital e o que propõe como alternativa?

Em primeiro lugar, gostaria de dizer que a pesquisa que se ancorou em torno do conceito de trabalho digital é, em minha opinião, interessante e positiva em muitos aspectos. Ela ajudou a destacar aspectos do capitalismo digital que foram insuficientemente tratados pela comunidade acadêmica e pelo debate público, como a importância econômica do trabalho não assalariado e do trabalho não pago, a indefinição entre trabalho e não trabalho, a competição e a precarização, questões que se combinam com a ascensão do modelo de plataforma. No debate francês, os estudos de Antonio Casilli trouxeram questões importantes e que vão além do problema da "uberização", no qual a discussão pública estava centrada há muito tempo. Hoje falamos cada vez mais sobre o microtrabalho nos programas de inteligência artificial, a atividade dos moderadores de conteúdo e o trabalho gratuito de produção de conteúdo por usuários das redes sociais. Isso deve ser creditado aos pesquisadores do trabalho digital.

Minhas reservas dizem respeito à tentação de igualar todas essas atividades dentro de uma categoria falsamente homogênea. Não devemos ver o trabalho digital como algo único. É simplista defini-lo exclusivamente como um "trabalho de clique" repetitivo e fragmentado, feito em um computador ou smartphone. Parece-me que isso esmaga a diversidade e a complexidade das atividades que estão

---

[1] Website disponível em: <http://endl.network/>; acesso em: 15 mar. 2021.

202 Os *laboratórios do trabalho digital*

sendo discutidas. Um motorista da Uber faz mais do que apenas um "trabalho de clique": ele também dirige o carro, coloca e tira a bagagem, conversa com os passageiros. Outro exemplo: quem joga o *game* Football Manager também realiza uma forma de trabalho digital, mas seu envolvimento não se reduz ao "trabalho de clique", consistindo também em alimentar um banco de dados dos jogadores. Antes disso, essas pessoas se voluntariaram a assistir a jogos e treinamentos dos clubes pelos quais são responsáveis, discutir em fóruns para justificar as pontuações dadas a um determinado jogador, entre outras tarefas. Em resumo, considero útil a noção de trabalho digital por circunscrever um campo original de pesquisa, mas problemática quando ela apaga as diferenças entre atividades tão diversas quanto dirigir um Uber, trabalhar na Amazon Mechanical Turk, postar um vídeo em uma rede social ou classificar jogadores para um *game*. Esse problema é tão científico quanto político. As lutas sociais contra o trabalho digital variam em função das atividades em jogo: alguns motoristas da Uber pedem, legitimamente, para serem requalificados como funcionários da plataforma, mas seria absurdo esperar que os dois bilhões de usuários que fornecem dados e conteúdos para o Facebook se tornassem funcionários de Mark Zuckerberg. Portanto, precisamos fazer distinções específicas dentro do campo dedicado à pesquisa do trabalho digital.

Como você vê as críticas liberais e as críticas marxistas em relação ao capitalismo digital?

Acredito que a principal diferença entre esses críticos são seus temas preferidos. Os liberais concentram-se em questões de liberdade de expressão, privacidade e acesso ao conhecimento. Sua principal âncora normativa é a defesa da autonomia individual perante o poder do Gafam (Google, Apple, Facebook, Amazon, Microsoft) e dos Estados. Isso pode ser visto em vários defensores das liberdades digitais e em alguns trabalhos recentes, como o livro sobre "capitalismo de vigilância", de Shoshana Zuboff. Podemos dizer que a evolução iliberal da internet tornou essas críticas cada vez mais veementes nos últimos anos.

Por sua vez, os críticos da tradição marxista, *lato sensu*, concentram-se em questões relacionadas à exploração do trabalho, à distribuição desigual do valor econômico e à erosão das formas de proteção social. Aqui, novamente, as dinâmicas recentes do capitalismo digital tendem a acentuar essas críticas e torná-las mais necessárias do que nunca. O desenvolvimento de pesquisas em torno do trabalho digital é uma boa ilustração. Meus interesses estão mais de acordo com os temas da crítica marxista, mas acho que existem certas complementaridades entre esses críticos que devem ser desenvolvidas. Assim, defender as liberdades on-line sem analisar o poder econômico do Gafam e as mudanças no trabalho pode, em minha opinião, tornar o discurso crítico algo inofensivo, sem ação política, inoperante. Como lutar contra as violações de liberdade de expressão das grandes plataformas sem analisar os desafios enfrentados pelos moderadores de conteúdo em uma economia baseada na publicidade? Como criticar essas formas de moderação de conteúdo sem levar em conta o fato de que elas são feitas por uma parcela terceirizada de trabalhadores precários? Como preservar a privacidade on-line sem questionar as estratégias de lucro que tornam a exploração massiva de dados pessoais uma necessidade econômica estrutural?

O que você entende por "epistemologia do código"?

Quando falei em epistemologia do código, tentava pensar sobre como as tecnologias digitais estão mudando a produção de conhecimento, especialmente no contexto de humanidades digitais. A ideia geral é dizer que as ferramentas computacionais não são simplesmente instrumentos "neutros", sem influenciar a orientação epistemológica da pesquisa em desenvolvimento. Essas técnicas trazem consigo certa visão de mundo e certa representação das exigências específicas para a produção do conhecimento científico. Em outras palavras, há aquilo que se permite ou não fazer "concretamente". E há também – não devemos nos esquecer disso – todo o imaginário carregado por essas técnicas. Elas tendem, portanto, a favorecer um regime de cientificidade baseado na agregação de informações, não no confronto de pontos de vista, a fim de construir o mundo como um conjunto de elementos bem distintos e determinados, para valorizar os grandes projetos colaborativos em detrimento do trabalho solitário do pesquisador. É isso que entendo por epistemologia do código.

Por que, em sua visão, projetos baseados na noção de comum apresentam ambiguidades?

Há certas ambiguidades em torno da noção de comum porque seu significado é muito amplo e também porque, em uma perspectiva de movimentos sociais, a defesa do comum agrega atores bastante heterogêneos. Darei dois exemplos. O primeiro diz respeito à relação entre o comum digital, ou *digital commons*, como softwares livres e a Wikipédia, e o capitalismo digital. Hoje, sabemos que esses recursos são usados de várias maneiras pelo Gafam, seja porque sua infraestrutura técnica funciona com software livre, seja porque o Google, por exemplo, aprimora o serviço que fornece aos usuários por meio da Wikipédia. O que os defensores do comum pensam dessa situação? Alguns acreditam que ela não é problemática, desde que as empresas cumpram as licenças associadas a esse comum, como o Creative Commons, e não o privatizem. Basicamente, desde que o software permaneça "livre" e a Wikipédia continue acessível a todos, não haveria problema. Outros lamentam que esse comum seja apropriado pelo capital e apontam para o fato de que grandes empresas geralmente se comportam como "clandestinas": lucram com os recursos comuns e financiam pouco ou quase nada sua produção.

Uma segunda ambiguidade diz respeito à relação com o Estado. É prática corrente apresentar o comum como uma espécie de terceira via, algo que atua à

204   Os *laboratórios do trabalho digital*

distância tanto do Estado quando do mercado. É claro, além disso, que há uma forte inspiração libertária no movimento do comum, que foi construído em reação tanto aos becos sem saída do "comunismo real" quanto à excessiva verticalidade do Estado de bem-estar social fordista. Isso não nos diz, contudo, como esse movimento poderia ou deveria estar articulado ao Estado no futuro. Alguns acreditam que não há nada mais a esperar do Estado e que, irremediavelmente, o neoliberalismo venceu. Outros, ao contrário, defendem uma "comunalização" dos serviços públicos e do Estado social, e tentam pensar em maneiras pelas quais as políticas públicas poderiam encorajar o desenvolvimento do comum.

33

Desigualdades estruturais
no trabalho digital

Tamara Kneese

Tamara Kneese é professora da Universidade de São Francisco e pesquisa as tecnoculturas da "extensão de vida", incluindo a posteridade e a memorialização digital. Uma de suas investigações abordou as campanhas de *crowdfunding* de funerais. A partir disso, ela tem feito contribuições para a pesquisa sobre vigilância no mundo do trabalho e desigualdades estruturais no Vale do Silício.

Kneese fez parte da Logout Conference, no Canadá, que discutiu a resistência dos trabalhadores à *gig economy*. Em um dossiê da revista *Notes from Below* com artigos sobre o evento, a autora contribuiu com um texto sobre precariedade para além da *gig economy*, no qual afirma: "Apesar de os jornalistas de tecnologia e os pesquisadores de comunicação geralmente retratarem os trabalhadores da *gig economy* à parte de seus colegas de colarinho branco, a precariedade é endêmica para diversas profissões"[1].

Como você define a vigilância no trabalho digital?

Tornou-se quase impossível falar sobre o trabalho de maneira mais ampla sem se referir às tecnologias digitais. As plataformas privadas e as empresas de tecnologia desempenham um importante papel nos novos modos de vigilância, uma vez que os empregadores usam essas ferramentas tanto como instrumentos de trabalho quanto como dispositivos de coleta de dados. Exemplos disso são os canais oficiais do Slack em muitos escritórios, o Google Docs ou a obrigatoriedade de perfis no Twitter para pessoas da mídia ou em cargos públicos. Além do e-mail, agora há muitas oportunidades para os empregadores monitorarem os funcionários no trabalho e em casa. A Amazon tem uma patente para pulseiras que medem a biometria dos trabalhadores; os programas de condicionamento físico nas empresas acompanham os

---

[1] Tamara Kneese, "Precarity Beyond the Gig", *Notes from Below*, n. 8, 8 jun. 2019; disponível em: <https://notesfrombelow.org/article/precarity-beyond-gig>; acesso em: 15 mar. 2021.

funcionários por meio de dispositivos portáteis, mesmo durante seu tempo de lazer. As tecnologias digitais permitem que os empregadores "chequem" constantemente os trabalhadores, sujeitando-os a novas formas de vigilância durante a coleta de dados.

O gerenciamento de afetos é um aspecto fundamental: enquanto isso sempre fez parte do setor de serviços, da atuação em *call centers* e do trabalho doméstico, a vigilância digital amplia o alcance do empregador e permite que ele observe padrões de comportamento mesmo quando os funcionários estão fora do expediente. O local de trabalho contemporâneo não se limita a uma configuração específica ou até mesmo a um período de tempo definido. As empresas podem rastrear seus trabalhadores por meio de telefones comerciais ou aplicativos específicos, marcando quais sites eles visitam, com que frequência checam suas mensagens de trabalho ou quão rapidamente as respondem. O dia de trabalho vai muito além do horário oficial. Trabalhar como *freelancer* significa maior flexibilidade e a possibilidade de trabalhar em casa, mas também significa menos estabilidade e maior vigilância. Em um artigo que escrevi com Michael Palm[2], discutimos as maneiras pelas quais o varejo vem sendo reconfigurado por plataformas como Discogs e Instagram, pois é esperado que os balconistas *vintage* usem seus telefones pessoais para interagir com os clientes mesmo quando não estão na loja, marcando uma extensão do chão de fábrica. Os empregadores sempre encontraram formas de vigiar e controlar seus funcionários, mas as novas tecnologias e a coleta de dados dão uma nova virada a um antigo diferencial de poder. As formas indiretas de monitoramento e gestão são vistas como neutras e os funcionários podem nem estar cientes de todas as formas de observação a que estão sujeitos nem para onde vão os dados gerados por eles. Por sua vez, essas informações fornecem novos tipos de métricas para otimizar o desempenho.

Como as desigualdades estruturais podem ser reproduzidas na economia do compartilhamento?

Esse modelo de mercado certamente perdeu muito de seu brilho à medida que os consumidores se tornaram mais críticos em relação a empresas como Uber e Airbnb, que originalmente prometiam uma oportunidade de fazer frente a indústrias supostamente quebradas. Em teoria, a economia do compartilhamento é aberta e todos podem ter acesso igual a ela. Porém, estudos têm mostrado com frequência que o racismo, o sexismo, o classismo e a homofobia persistem nesses espaços que na teoria seriam igualitários. Os anfitriões negros na Airbnb precisam baixar seus preços para atrair visitantes, e os usuários negros têm menos probabilidades de serem confirmados pelos anfitriões. Os sistemas de classificação de muitos sites da economia do compartilhamento também estão sujeitos a vieses pessoais dos

---

[2] Tamara Kneese e Michael Palm, "Brick-and-Platform: Listing Labor in the Digital Vintage Economy", *Social Media + Society*, v. 6, n. 3, 2 jul. 2020; disponível em: <https://journals.sagepub.com/doi/full/10.1177/2056305120933299>; acesso em: 15 mar. 2021.

usuários. Plataformas de *crowdfunding* como o Kickstarter são baseadas na ideia de que qualquer pessoa pode arrecadar dinheiro para suas necessidades ou desejos. Mas as campanhas de jovens brancos normativamente atraentes recebem mais atenção e investimento do que campanhas de pessoas consideradas "menos dignas", idosos, pessoas com deficiência ou de comunidades marginalizadas.

Minha pesquisa sobre funerais financiados por *crowdfunding* aborda alguns dos problemas da economia do compartilhamento, ao mesmo tempo que oferece uma crítica aos *digital commons*. Os funerais são caros e, para aqueles que não têm seguro ou economias, o *crowdfunding* oferece uma maneira de enterrar seus entes queridos com dignidade, embora muitas dessas campanhas, de aparência supostamente democrática, acabem fracassando. Se uma campanha de funeral financiada por *crowdfunding* estiver conectada a um movimento social ou a uma história comovente, é mais provável que atinja ou exceda sua meta. As campanhas para vítimas de tiroteios em massa ou casos famosos no noticiário tendem a ser bem-sucedidas, enquanto aquelas que não recebem atenção da mídia ou de ações de redes sociais, ou para pessoas marginalizadas, cuja morte foi malvista, são menos propensas a atrair doadores. Alguém que falece por suicídio ou overdose tem menos probabilidade de receber financiamento do que alguém cuja morte foi destaque no noticiário. Isso revela que o racismo, o classismo, o sexismo e o preconceito que existem off-line se transferem para esses espaços supostamente igualitários.

As plataformas de *crowdfunding* obviamente lucram mais com campanhas bem-sucedidas, já que recebem uma parcela das doações. Às vezes, elas divulgam listas de campanhas que ainda não atingiram suas metas e estão prestes a serem encerradas, na esperança de incentivar as doações. Mas é mais provável que promovam campanhas vinculadas a eventos noticiosos ou que já atraíram muitos compartilhamentos, curtidas e contribuições, possibilitando o agravamento das desigualdades sociais existentes. O acesso também é um fator-chave. Além das formas de discriminação introduzidas nas próprias plataformas, a economia do compartilhamento tem implicações mais amplas. De um lado, Airbnb, Lyft, Uber, Caviar e outras empresas reformularam espaços urbanos, afetando inclusive a infraestrutura aeroportuária e a política das cidades. Em um lugar como São Francisco, os efeitos dessas empresas são imediatamente aparentes. De outro lado, as pessoas que realizam essas atividades constituem uma classe mal paga de trabalhadores de serviços que não recebem benefícios ou segurança das empresas para as quais trabalham, enquanto os investidores e proprietários de plataformas obtêm os lucros. A economia do compartilhamento contribui para a gentrificação e a crescente desigualdade de classes, aumentando a crise imobiliária.

Por que, em sua visão, é preciso confrontar os *digital commons*?

Os fracassos no compartilhamento da economia de plataforma têm levado alguns ativistas a defender um modelo cooperativo dessa tecnologia, que está mais próximo de uma visão utópica do comum digital. É importante não romantizar as origens da web ou das tecnologias digitais em geral: a história da computação está inextricavelmente ligada às forças armadas e ao colonialismo, de modo que nunca houve uma "era dourada" da internet, em que todos éramos livres. A verdade é que algumas plataformas conquistaram o controle dos espaços digitais. As interpretações utópicas do comum digital ofuscam as desigualdades sociais e as experiências variadas de precariedade. A ajuda mútua não depende de noções como comum digital ou economia do compartilhamento, mas da produção e manutenção de relações sociais. Silvia Federici adverte contra a celebração de formas digitais de colaboração como um sinal de maior igualdade: "Dizem-nos que a internet une as pessoas e é o único tipo de 'comum' que se expande com o uso, em vez de se esgotar. Mas a internet não pode substituir o contato face a face e não pode substituir o acesso a recursos como terra, florestas, águas"[3].

Como combater as desigualdades estruturais nas indústrias de tecnologia?

Um segmento da minha pesquisa atual sobre desigualdade estrutural no Vale do Silício analisa as hierarquias baseadas em raça, gênero, classe e imigração nos *campi* de tecnologia e nas indústrias da área, em que há uma história de racismo evidente. William Shockley, um dos fundadores do Vale do Silício, era eugenista. Jornalistas como April Glaser detalharam as maneiras pelas quais a supremacia branca ainda se multiplica nos círculos da região[4]. Enquanto isso, a indústria de tecnologia é alimentada por extrema desigualdade em escalas locais e globais, em diferentes camadas de exploração: da mineração de cobalto no Congo e das condições em fábricas na Foxconn da China aos zeladores terceirizados e trabalhadores das cafeterias.

Há fluxos globais de bens, pessoas, serviços e trabalho invisível realizado por moderadores de conteúdo, fabricantes de produtos eletrônicos e assistentes virtuais. Mas até engenheiros de software experimentam condições precárias. Trabalhar para o Google ou para o Facebook não protege esses profissionais contra a xenofobia, o sexismo e o racismo. Ativistas de grupos como o Gig Workers Rising e a Tech Workers Coalition encontram um terreno comum em vários setores de tecnologia, especialmente em relação à discriminação e à precariedade. Os profissionais da área estão começando a se reconhecer como trabalhadores comuns. Em minha pesquisa atual, estabeleço conexões entre desigualdades na própria tecnologia e as formas de opressão sistêmicas e mais amplas. Há uma

---

[3] Silvia Federici e Tine De Moor, "Revolution at Point Zero: Discussing the Commons", *Open! Platform for Art, Culture & the Public Domain*, 18 abr. 2014; disponível em: <https://www.onlineopen.org/revolution-at-point-zero>; acesso em: 15 mar. 2021.

[4] Ver April Glaser, "The Internet of Hate", *Slate*, 30 ago. 2017; disponível em: <https://slate.com/technology/2017/08/the-alt-right-wants-to-build-its-own-internet.html>; acesso em: 15 mar. 2021.

evidente falta de diversidade na indústria e hierarquias entrincheiradas em que alguns tipos de trabalho e trabalhadores são mais valorizados que outros. Muitos não são considerados funcionários "reais". Desse modo, as plataformas acabam refletindo não apenas os valores de seus criadores, mas também as desigualdades estruturais do mundo do trabalho.

34
Trabalho comunicativo e práticas autônomas

Enda Brophy

Professor da Escola de Comunicação da Universidade de Simon Fraser, Enda Brophy tem pesquisado questões de trabalho nas indústrias midiáticas, bem como a organização coletiva do trabalho. Um de seus projetos, em parceria com Greig de Peuter, Nicole Cohen e Marisol Sandoval, é o Cultural Workers Organize[1], sobre respostas coletivas à precarização dos comunicadores. É autor do livro *Language Put to Work* (Palgrave Macmillan, 2017), que trata de *call centers* e formas de organização coletiva além dos sindicatos tradicionais, e de um importante artigo em que discute a noção de "capitalismo comunicativo" a partir de Jodi Dean[2].

Você tem pesquisado há mais de dez anos as condições de trabalho, o trabalho precário e a organização coletiva em empresas de tecnologia e mídia. O que mudou na área ao longo desta década?

As mudanças ocorridas entre trabalho e tecnologias digitais, à sombra da crise financeira global de 2008, foram profundas e angustiantes. A mais importante é a inovação tecnológica imposta de cima para baixo sobre a força de trabalho que podemos chamar de plataformização. Um número crescente de trabalhadores nas franjas precárias do mercado está envolvido em atividades geridas remotamente por algoritmos. Os novos negócios puderam aproveitar a posição extremamente difícil na qual muitos trabalhadores se encontraram após o derramamento de sangue pós-2008, com o caso paradigmático da Uber, que tem contratado trabalhadores que perderam empregos durante a crise ou jovens cujas chances de conquistar empregos bem remunerados estão se tornando cada vez menores.

---

[1] Website disponível em: <https://culturalworkersorganize.org/>; acesso em: 15 mar. 2021.
[2] Enda Brophy, "The Internet's Factory Floor: Political Economy for an Era of Communicative Abundance", *International Journal of Communication*, v. 11, 2017, p. 2.042-5; disponível em: <https://ijoc.org/index.php/ijoc/article/viewFile/4557/2027>; acesso em: 15 mar. 2021.

212 Os *laboratórios do trabalho digital*

Pesquisas anteriores revelaram que um número crescente de pessoas complementa seus parcos rendimentos com trabalho em plataformas, seja por meio da Amazon Mechanical Turk, seja alugando um quarto por meio do Airbnb ou entregando alimentos por meio de aplicativos de *delivery*. Em alguns lugares, indústrias de *call centers* reorientaram-se para aproveitar novas tendências mais disciplinares da geopolítica global e a expansão da economia de crédito. Tenho feito pesquisas no México, em particular, em Tijuana, onde o capital global aproveita a tendência crescente de encarceramento e deportação em massa nos Estados Unidos para estabelecer um *call center* em expansão que presta serviços às empresas americanas, terceirizando seu trabalho. Ao expandir a máquina de deportação em massa, Obama e, mais tarde, Trump efetivamente manufaturaram uma força de trabalho digital capaz de absorver o trabalho comunicativo extraído dos Estados Unidos. O mesmo processo ocorre em toda a América Latina, onde os *call centers* estão sendo configurados para atender os Estados Unidos e o Canadá e são compostos, em sua maioria, por deportados.

Assim, o contexto geral é bastante sombrio para os trabalhadores, com novos processos de trabalho e lógicas disciplinares sendo implantados em uma variante do capitalismo que sofreu mutações significativas desde as primeiras iterações do capitalismo "digital" neoliberal teorizado por estudiosos como Dan Schiller, Ursula Huws e Nick Dyer-Witheford. Há uma financeirização sem precedentes da economia, bem como uma expansão de formas parasitas de geração de lucro. A boa notícia é que, ao menos no caso da plataformização do trabalho, acompanhamos o surgimento de uma pequena – mas significativa – onda de luta e recomposição entre os trabalhadores digitais, que têm rejeitado a mentira descarada, consagrada em seu *status* contratual, de que são empreendedores autônomos. A greve global dos trabalhadores da Uber e da Lyft em maio de 2019 foi muito importante nesse sentido, e as lutas dos trabalhadores de *delivery* no Reino Unido e na Europa também foram inspiradoras. Por fim, e isso tem um significado estratégico crucial, os trabalhadores de alta qualificação na área de tecnologia também começaram a se engajar em formas embrionárias de organização, além de contestarem as aplicações das tecnologias que seus empregadores desenvolvem.

Você diz que há uma convergência crescente entre trabalho e comunicação na economia digital. Como isso ocorre?

A incorporação em larga escala dos processos comunicacionais na produção de mais-valor foi uma dimensão fundamental da expansão do neoliberalismo a partir dos anos 1970. Isso ocorreu quando a infraestrutura de telecomunicações em todo o mundo foi privatizada e, em seguida, voltada para os fins do setor privado. A expansão das indústrias de computadores e de eletrônicos foi outro passo importante no processo. Mas o modelo de negócios das empresas em toda a economia se tornou mais comunicacional também, com a expansão de *call centers* em todo o mundo como o exemplo mais evidente da demanda crescente por empresas que gerenciem um fluxo regular de interação interpessoal com seus clientes. A ascensão das chamadas "indústrias criativas" oferece outro exemplo significativo de como o capitalismo tem buscado estratégias de crescimento que valorizem a capacidade humana de produzir comunicação, conhecimento e cultura, processo que marxistas autonomistas como Christian Marazzi[3] chamam de "colocar a linguagem para trabalhar", uma frase que tomo emprestada em meu livro sobre o trabalho nos *call centers*.

E, finalmente, há o crescimento impressionante de empresas como Facebook, Google, Apple e Amazon no topo do firmamento econômico. Cada uma delas busca uma combinação de estratégias de negócios, mas todas dependem da criação de lucros a partir de conteúdo produzido pelos usuários, dados e vigilância. O resultado prático disso não é apenas a expansão significativa do trabalho remunerado que exige a capacidade humana de se comunicar, mas a indefinição entre trabalho e lazer, a ponto de grande parte de nossa vida ser potencialmente gasta gerando valor para o capital. O trabalho gratuito tornou-se um problema endêmico, seja aquele que estudantes realizam para ter acesso ao mercado de trabalho, seja o conteúdo que fornecemos de maneira voluntária aos gigantes de dados.

Como reinserir o trabalho na pesquisa em comunicação?

Em uma perspectiva norte-americana e anglófona da pesquisa em comunicação, isso não é um problema. Ainda nos anos 2000, Vincent Mosco e Catherine McKercher[4] levantaram o problema do ponto cego do trabalho na área de comunicação, que havia sido originalmente identificado por Dallas Smythe em seu ensaio seminal de 1977 sobre o trabalho de audiência[5]. A partir dessa provocação, houve uma notável proliferação de pesquisas sobre o trabalho nas indústrias midiáticas. Talvez a questão-chave que enfrentamos neste momento seja como criar redes de acadêmicos, ativistas e sindicalistas para gerar conhecimento que sustente e, por sua vez, reforce o ativismo na área do trabalho. Em outras palavras, nosso problema não é simplesmente criar mais conhecimento sobre o tema na pesquisa em comunicação, mas colocar esse conhecimento "para trabalhar", no sentido de construir o poder do trabalhador.

O que você tem encontrado em relação a práticas autônomas de comunicação?

Primeiro, quero destacar que esse conceito de "práticas autônomas de comunicação" foi desenvolvido por Greig de Peuter em sua excelente tese defendida em

---

[3] Christian Marazzi, *Capital and Language: From the New Economy to the War Economy* (Los Angeles, Semiotext(e), 2008).

[4] Vincent Mosco e Catherine McKercher, "Editorial: The Labouring of Communication", *Canadian Journal of Communication*, v. 31, n. 3, 23 out. 2006; disponível em: <http://cjc-online.ca/index.php/journal/article/view/1841/1942>; acesso em: 19 mar. 2021.

[5] Dallas Smythe, "Communications: Blindspot of Western Marxism", *Canadian Journal of Political and Social Theory*, v. 1, n. 3, 1977; disponível em: <https://journals.uvic.ca/index.php/ctheory/article/view/13715>; acesso em: 19 mar. 2021.

214 Os *laboratórios do trabalho digital*

2010[6]. Juntamente com Nicole Cohen, posteriormente expandimos o conceito de comunicação autônoma em um texto de 2015[7]. Nesse estudo, identificamos três dimensões de práticas autônomas de comunicação: a) identidade coletiva, ou a recusa de trabalhadores em individualizar as subjetividades fomentadas pelos empregadores; b) contrapublicidade, ou criação e desenvolvimento de práticas culturais e midiáticas com o objetivo de circular mensagens de resistência; e c) solidariedade em rede, ou o desenvolvimento de tecnologias digitais para fins de organização do trabalho.

Também deve ser dito que há uma tradição de décadas na pesquisa em comunicação que explora tais práticas entre os trabalhadores e inclui análise de mídias independentes e formas horizontais de comunicação. Meus estudos nos últimos anos depararam vários exemplos de práticas autônomas de comunicação por trabalhadores, seja ocupação de teatros e outros espaços culturais na Itália, com o objetivo de transformá-los em centros culturais comunitários, seja o desenvolvimento de plataformas digitais dedicadas à organização do trabalho, como a Coworker[8] ou a UnionBase[9], nos Estados Unidos. Examinar essas práticas é um modo de fazer circular o conhecimento delas como exemplos que podem ser replicados em outros lugares, mas também é um modo de desenvolver as redes que mencionei entre acadêmicos e ativistas.

---

[6] Greig de Peuter, *The Contested Convergence of Precarity and Immaterial Labour* (tese de doutorado, Burnaby, Universidade de Simon Fraser, 2010); disponível em: <http://summit.sfu.ca/system/files/iritems1/11307/etd6066_GdePeuter.pdf>; acesso em: 18 mar. 2021.

[7] Enda Brophy, Nicole Cohen e Greig de Peuter, "Labor Messaging: Practices of Autonomous Communication", em Richard Maxwell (org.), *The Routledge Companion to Labor and Media* (Nova York, Routledge, 2016), p. 315-26.

[8] Website disponível em: <https://home.coworker.org/>; acesso em: 18 mar. 2021.

[9] Website disponível em: <https://unionbase.org/>; acesso em: 18 mar. 2021.

35

Cooperativas no setor da cultura e o contexto digital

Marisol Sandoval

Marisol Sandoval é professora da City, University of London e conduz pesquisas nas áreas de trabalho digital, mídias alternativas e mídias sociais para além das mídias sociais corporativas. Nos últimos anos, tem investigado as cooperativas na área de cultura com inspiração no trabalho de Rosa Luxemburgo[1].

Nesta entrevista, a pesquisadora analisa o cooperativismo, suas potencialidades, limites e contradições, sobretudo a partir de seus estudos no setor da cultura. Também reflete sobre como sua investigação acabou se tornando uma espécie de pesquisa-ação, com impactos para além do universo acadêmico.

Quais são os desafios em compreender as cooperativas de um ponto de vista marxista?

Eu acredito que Marx era bem complacente com a ideia de cooperativa. Existem limitações. Para ele, essas organizações de fato eram uma forma de produzir fora do sistema de trabalho assalariado, fora da divisão entre proprietários e trabalhadores. Ele acreditava que isso era possível, mas também sabia que, se as cooperativas vivem e operam dentro do capitalismo, sua existência necessariamente reproduz os problemas existentes no sistema. É bem óbvio quais são esses problemas: internamente, cooperativas talvez sejam democráticas e apaguem divisões entre proprietários e não proprietários, mas elas ainda têm de operar em uma economia de mercado capitalista e precisam competir. Elas são negócios, afinal de contas, e encaram o constante desafio de garantir renda o suficiente para que possam pagar seus membros.

Ao mesmo tempo, é interessante avaliá-las em termos de como ocorrem as mudanças sociais. As cooperativas são um modelo que propõe mudança social por

---

[1] Marisol Sandoval, "What Would Rosa Do? Co-Operatives and Radical Politics", *Soundings: A Journal of Politics and Culture*, n. 63, 27 jun. 2016; disponível em: <https://openaccess.city.ac.uk/id/eprint/14860/>; acesso em: 19 mar. 2021.

216 Os *laboratórios do trabalho digital*

meio de um tipo de transformação gradual, opondo-se à luta de classes radical. Isso remonta a Robert Owen, considerado o pai do movimento cooperativista no Reino Unido, um reformista social que defendia a criação e a expansão de vilas cooperativas, transformando o capitalismo a partir de dentro – o que é bem diferente de dizer que precisamos de uma luta de classes revolucionária para transformar o capitalismo. Muitos marxistas também criticaram cooperativas, e uma das principais vertentes de crítica é a chamada "crise degenerativa", formulada por Rosa Luxemburgo. Ela argumenta que, a longo prazo, ou as cooperativas se inserem nos termos do capitalismo, perdendo, portanto, suas virtudes e ambições políticas e tornando-se efetivamente empresas capitalistas, ou, eventualmente, acabam por dissolver-se, já que não se tornam economicamente bem-sucedidas e não dispõem de recursos suficientes para suas operações. É uma crise degenerativa que coloca o seguinte posicionamento: ou você é radical politicamente – e então não será capaz de obter sucesso dentro do mercado capitalista – ou você tem sucesso no mercado capitalista, mas não pode mais ser politicamente radical.

Acredito que essa seja uma crítica bastante válida, mas, obviamente, os limites não são tão claros assim. Há muitas cooperativas que efetivamente dão certo e conseguem manter suas ambições políticas ao mesmo tempo que são capazes de sustentar suas operações. Isso mostra que tal cenário é possível, mas é um desafio constante. Em minhas entrevistas, conversei com membros de cooperativas que afirmaram relutar com certas coisas: por exemplo, se devem trabalhar ou não com alguém com base em sua orientação política. Talvez recusem o trabalho se o pensamento do cliente não for compatível com os valores da cooperativa, e isso reverbera, claro. Há consequências negativas para suas rendas, mas eles estão dispostos a aceitá-las.

Poderíamos dizer, então, que as cooperativas, de forma geral, são bem ambivalentes. São radicais politicamente na teoria, mas não necessariamente na prática. Não são automaticamente anticapitalistas, sequer automaticamente políticas. Há um vasto espectro de cooperativas. Marx, novamente, expressa esse tipo de ambivalência quando diz que elas significam que os trabalhadores estão se tornando seus próprios capitalistas. Ou seja, por um lado, os trabalhadores superam a cadeia do trabalho assalariado, mas, por outro, não podem realmente escapar do paradigma capitalista. Então, sim, cooperativas podem existir dentro do capitalismo, que é o que as torna tão atraentes como projeto prefigurativo, como política prefigurativa, pois são passíveis de realização aqui e agora. Mas isso configura um novo problema, pois as torna muito suscetíveis à cooptação.

Trabalhar sempre envolve, dialeticamente, expressão e expropriação. Quais são as potencialidades e os limites que você tem observado nas cooperativas do setor cultural?

Vou mencionar três questões. A primeira é que existe um risco de autoexploração, como poderíamos dizer, ou não exatamente isso, mas o fato de ainda permanecerem atados às estruturas competitivas do mercado com frequência leva os trabalhadores de cooperativas a terem de trabalhar por uma remuneração menor do que gostariam. Observei que, em muitas cooperativas, especialmente no início, os membros têm de executar uma grande carga de trabalho não remunerado, em jornadas longas, o que é muito estressante e exaustivo. Ou seja, as cooperativas não são uma solução mágica, na qual basta apenas fundá-las e tudo fica bem. A questão de como assegurar boas condições de trabalho, apesar das restrições e da competitividade de mercado, é, ativamente, um ponto de reflexão para as cooperativas, e acredito que em muitas delas isso já seja uma discussão recorrente.

O segundo ponto é o que a mídia chama de "risco de um gueto alternativo". Trata-se daquelas cooperativas que operam de maneira bem-sucedida em pequenos setores e segmentos, mas não são capazes de expandir a ideia e disponibilizá-la para um número maior de pessoas. Há cooperativas que são tanto politicamente radicais quanto economicamente bem-sucedidas porque prosperam em mercados de nicho, pois a baixa concorrência lhes dá oportunidade de preencherem uma lacuna. Sou bastante cética quanto à possibilidade de escalada da economia cooperativista – a ideia de criar e expandir cooperativas apenas, transformando o capitalismo de dentro para fora. Noto vários problemas nessa ideia.

A terceira questão é o grande risco de cooperativas se tornarem apolíticas e empresariais, o que é um dilema não apenas para aquelas que atuam na área da cultura. Em linha com o argumento da crise degenerativa, há cooperativas que acabam deixando de lado suas visões políticas e ficando felizes e satisfeitas apenas com os benefícios que o modelo cooperativo pode trazer para os membros individuais. Claro que é muito bom que algumas pessoas tenham condições de trabalho melhores por estarem empregadas em cooperativas, mas acredito que, nesse sentido, o potencial político dessas organizações não está totalmente desenvolvido. Afinal, elas podem ir muito além disso, caso adotem uma instância politicamente ativa relacionada ao fato de serem uma cooperativa em si, ou seja, de contarem com um projeto político, conectando-se também com outras associações, outras lutas, outros movimentos, grupos, sindicatos, e assim por diante.

Há um tensionamento entre cooperativas como apenas um projeto – bem problemático – de melhoria de condições para membros individuais e de cooperativas como um nítido projeto político que busca realizar transformação social. Para expandir seu potencial político, elas precisam colaborar entre si e formular demandas políticas para que, juntas, formem um tipo de plataforma capaz de advogar e argumentar por mudanças. Isso melhoraria as condições de trabalho não apenas para os membros, mas para todos os trabalhadores. Acredito que um modelo de renda básica poderia ajudar as pessoas a terem mais tempo livre, a partir do qual elas poderiam apreender o trabalho socialmente necessário pelo qual em geral não são pagas de início. Esse é um exemplo de política pública que talvez possa ajudar na criação de mais cooperativas, tornando-as um modelo acessível a um número

218   Os *laboratórios do trabalho digital*

maior de pessoas. É inegável a importância da efetivação das conexões entre cooperativas e outros grupos que lutam por mudança social, como sindicatos. Criar uma coalizão e um movimento mais amplo é de extrema relevância nesse cenário.

Como, em sua visão, o cooperativismo de plataforma aprofunda as tensões e contradições do cooperativismo? E como oferecer uma crítica solidária?

O cooperativismo de plataforma é um modelo muito interessante e com apelo, resgatando a chamada "economia do compartilhamento" e transformando-a, de fato, em *partilha*, ao entregar as grandes plataformas para as pessoas. Porém, acho que sabemos muito pouco sobre isso, e são necessárias muito mais pesquisas. Nem sempre fica claro o que cooperativas de plataforma de fato são, tanto na teoria quanto na prática. O que as caracteriza? Quais são suas fronteiras? Há poucos exemplos reais de cooperativas de plataforma. Muitas das que conheço existem como uma ideia, uma visão, um projeto, e não funcionam ativamente, como aquelas que entrevistei na área da cultura, por exemplo. Tudo é muito mais fluido nessa área, e ainda não ficou claro o que as cooperativas de plataforma são e o que podem fazer. Apenas as pesquisas nos permitirão descobrir mais sobre esses projetos, e haverá novos estudos sendo publicados em breve. É um conceito debatido ainda há pouco tempo.

Politicamente, acredito que há uma grande variedade e um espectro muito amplo no cooperativismo de plataforma. Algumas têm em seu cerne a ideia de aprimorar condições de trabalho; outras focam em transformar o capitalismo de forma geral; e há aquelas completamente apolíticas. O que tenho observado com bastante frequência em debates sobre o tema é certa afinidade com o empreendedorismo. Há uma linguagem similar à de *startups* e grande euforia em relação às possibilidades desse modelo. Acho que precisamos ser bem críticos quanto a isso: não basta, por exemplo, ser crítico das *big tech*, mas abraçar ideias empreendedoras. Nas autodescrições dos sites de cooperativas de plataforma, que analisei recentemente, descobri uma adesão muito acrítica a termos do vocabulário dos negócios e do empreendedorismo, tais como *lucro, acionista, investimento, retorno sob investimento* (ROI), entre outros. Não é minha intenção discorrer sobre os motivos que tornam o empreendedorismo problemático, mas acredito que uma justificativa específica, relacionada a minha pesquisa, é que ele carrega um modo de trabalho que é voltado à competição, sendo fortemente baseado no mito individualizado do criativo-empreendedor genial, com ritmo acelerado, sempre a postos para o trabalho, flexível e disponível. A meu ver, todas essas qualidades laborais precisam ser criticadas.

Então, se as cooperativas de plataforma querem ser uma alternativa, também precisam pensar em modos alternativos de trabalho que não reproduzam esses padrões, mas que reduzam as cobranças e as pressões da vida dos trabalhadores. Não é suficiente apenas substituir uma economia empreendedora individualizada por uma empreendedora cooperativista. Isso tem a ver com os modos com que nos engajamos no trabalho e o papel que ele desempenha em nossa vida, bem como o quanto trabalhamos. Acho que essas são as principais questões que devem ser consideradas. Precisamos encontrar uma alternativa ao vocabulário que usamos para nos referir ao trabalho e a sua função na sociedade. O empreendedorismo não nos leva a nenhum lugar perto disso, então creio que ele deve ser criticado e rejeitado em prol do desenvolvimento de novas ideias.

Como tem sido sua experiência na comunicação com públicos não acadêmicos? A sua pesquisa tem algo de pesquisa-ação?

Tenho atuado principalmente em entrevistas com membros de cooperativas do setor cultural. Definitivamente não comecei com o intuito de fazer uma pesquisa-ação, mas sim visando descobrir mais sobre o modelo de cooperativas e se ele poderia oferecer uma solução para as condições precárias e a exploração do trabalho individual no setor cultural. Ao fazer isso, conversei com pessoas de diversas partes do Reino Unido que trabalham em cooperativas na área da cultura; por meio desses contatos, de certa forma, estabeleci uma relação de trabalho mais próxima com elas, e poderia dizer que isso acabou se tornando, em alguma medida, uma pesquisa-ação.

Colaborei, por exemplo, com a cooperativa de audiovisual Blake.House[2], cujos membros me ajudaram a criar dois vídeos, num trabalho em conjunto com outras duas cooperativas do setor cultural, a Calverts Printers[3] e a Ceramics Studio[4]. Eles me ajudaram a criar um site com os resultados da pesquisa e também me auxiliaram na organização de um dia de *networking* para as cooperativas. Reunimos membros de cooperativas de cultura de todo o país para refletir como seria um movimento das associações nessa área: de que forma elas poderiam apoiar umas às outras para que não tivessem de trabalhar de maneira individual, lidando com complicações do dia a dia? A ideia era criar um senso de comunidade, que poderia se converter em demandas políticas para um movimento de cooperativas de cultura, ou seja, uma forma de unir forças em prol do poder coletivo.

Esse projeto, então, acabou se transformando em uma pesquisa-ação: como podemos criar recursos? O que podemos fazer, partindo da pesquisa acadêmica e indo além, que de fato ajude a fortalecer as cooperativas de cultura? O que realmente pode destacar esse modelo como alternativa ao trabalho corporativo ou individual como *freelancer*? O site buscava inspirar estudantes e outras pessoas da área no sentido de mostrar que, de fato, esse é um modelo viável, que existe e que pode fazer uma diferença significativa. Foi prazeroso conhecer essas jovens pessoas inspiradoras, criativas e talentosas que trabalham em cooperativas de cultura, e

---

2   Website disponível em: <https://blake.house/>; acesso em: 19 mar. 2021.
3   Website disponível em: <https://www.calverts.coop/>; acesso em: 19 mar. 2021.
4   Website disponível em: <http://www.ceramicsstudio.coop/>; acesso em: 19 mar. 2021.

que essencialmente fizeram da minha pesquisa o que ela é. Eu nunca tinha visto nada assim antes, pessoas unidas e ávidas em ajudar e dar ideias para o projeto. Foi uma experiência realmente única.

Quais são as próximas etapas da sua pesquisa?

Em termos de cooperativas, tenho colaborado com um grupo de pesquisadores que movimenta o projeto Cultural Workers Organize. Atualmente, trabalhamos em uma pesquisa sobre cooperativas de cultura no Reino Unido, no Canadá e nos Estados Unidos. Para além das entrevistas já realizadas, nós nos voltamos para o mapeamento do setor cooperativista nas indústrias culturais, sua quantidade de membros e como de fato são as condições de trabalho, além de quais são os benefícios e os problemas do setor.

36
Trabalho digital e plataformas alternativas

Christian Fuchs

Professor da Universidade de Westminster e diretor do Instituto de Pesquisa em Comunicação e Mídia da mesma instituição, Christian Fuchs é um dos maiores pesquisadores da área de trabalho digital hoje. Dedica-se a compreender, a partir de uma perspectiva marxista, questões de mídias sociais, comunicação e teoria social. É autor de livros como *Social Media: A Critical Introduction* (Sage, 2013), *Digital Labour and Karl Marx* (Routledge, 2013), *Critical Theory of Communication: New Readings of Lukács, Adorno, Marcuse, Honneth and Habermas in the Age of the Internet* (University of Westminster Press, 2016) e *Communication and Capitalism: A Critical Theory* (University of Westminster Press, 2020). Além disso, Fuchs é editor da revista *tripleC* e foi coorganizador, com David Chandler, da obra *Digital Objects, Digital Subjects: Interdisciplinary Perspectives on Capitalism, Labour and Politics in the Age of Big Data* (University of Westminster Press, 2019).

Nesta entrevista, o autor fala sobre trabalho digital, cooperativismo de plataforma, socialismo, internet, comunicação alternativa e novos nacionalismos.

Você foi um dos primeiros pesquisadores a escrever sobre trabalho digital. Desde então, apareceram expressões como *uberização*, *capitalismo de plataforma* e *plataformização*; além disso, houve uma intensificação do trabalho precário, especialmente em países como o Brasil. Para você, qual é, hoje, a questão crucial para a pesquisa sobre trabalho digital?

O trabalho é uma relação social entre a classe dominante e a classe explorada. A questão-chave da pesquisa sobre trabalho digital é entender como as relações de classe estão se transformando no capitalismo contemporâneo, o que inclui o capitalismo digital como uma das várias dimensões que moldam a vida dos seres humanos. A classe é um aspecto objetivo da existência dos seres humanos na

222   Os *laboratórios do trabalho digital*

sociedade, e também é, como aprendemos com E. P. Thompson[1], uma experiência específica. Uma questão importante para a pesquisa é como o trabalho digital é vivenciado por trabalhadores em todo o mundo, quais são os pontos em comum e as diferenças de certas formas de trabalho digital em diferentes países e como essas experiências e lutas reais ou potenciais interagem com o capital.

Temos observado movimentos em torno da organização coletiva dos trabalhadores de plataforma e da emergência de novas formas de organização do trabalho, como o cooperativismo de plataforma. Como você compreende esses movimentos, incluindo suas contradições, em relação a seu potencial emancipatório?

As cooperativas têm sido importantes ao longo da história da classe trabalhadora. Marx escreveu que elas "são, dentro da antiga forma, a primeira ruptura do modelo anterior, apesar de que, em sua organização real, reproduzam e tenham de reproduzir por toda parte, naturalmente, todos os defeitos do sistema existente"[2]. As cooperativas de plataforma, cooperativas digitais e cooperativas culturais são uma expressão do desejo e da tentativa de uma economia cooperativa que vá além do capitalismo. Ao mesmo tempo, elas operam em condições de trabalho assalariado e em contexto de competição, o que pode facilmente tornar o trabalho precário e marginal. Além disso, há o perigo, como ressalta Marisol Sandoval, de se transformarem em projetos ligados ao empreendedorismo e ao individualismo. As cooperativas só podem apresentar um potencial progressista se fizerem parte de um movimento rumo a uma sociedade socialista, lutando com outras pessoas contra o capital em campanhas políticas coletivas. Isso quer dizer que precisam ser projetos políticos, e não apenas econômicos.

Você coordenou uma equipe de pesquisadores no projeto netCommons, que mostra que há muitas pessoas interessadas em alternativas às plataformas comerciais. Como podemos avançar nessa questão?

O netCommons[3] foi um projeto financiado pela União Europeia entre 2016 e 2018, com equipes nos seguintes países: França, Grécia, Itália, Espanha, Suíça, Grécia e Reino Unido. A pesquisa estudou o comum em rede, especialmente redes comunitárias, que são projetos alternativos à infraestrutura da rede de computadores. A tarefa da equipe da Universidade de Westminster, que eu liderei, era trazer uma perspectiva ligada à economia política para o projeto. Estávamos interessados em

---

[1]   Ver Christian Fuchs, "Revisiting the Althusser/E. P. Thompson-Controversy: Towards a Marxist Theory of Communication", *Communication and the Public*, v. 4, n. 1, 2019, p. 3-20; disponível em: <https://doi.org/10.1177/2057047319829586>; acesso em: 20 mar. 2021.

[2]   Karl Marx, *O capital: crítica da economia política*, Livro III: *O processo global da produção capitalista* (trad. Rubens Enderle, São Paulo, Boitempo, 2017), p. 498.

[3]   Website disponível em: <https://netcommons.eu/>; acesso em: 19 mar. 2021.

alternativas para a internet em geral. Tais alternativas, que promovem o comum digital, são importantes nos níveis de infraestrutura, software e conteúdo. O que descobrimos é que há interesse dos usuários em outras opções, mas estas também são difíceis de organizar, o que os leva a temer que, se as alternativas forem organizadas apenas localmente, resultem em formas de nacionalismo locais ou localismos de mente estreita. Com isso, temem não conseguir desafiar o poder das corporações globais monopolistas do capitalismo digital.

Como consequência, é importante que a sociedade civil e os projetos que buscam uma internet sem fins lucrativos, que tentam promover o comum digital, cooperem com o serviço público e as organizações municipais. É importante, ainda, que as transformações não sejam vistas como uma questão puramente econômica, mas também como uma necessidade de transformar políticas públicas e a legislação de tal maneira que as alternativas sejam mais bem apoiadas, que as empresas digitais e de comunicação sejam tributadas adequadamente etc. Há também o perigo de que as alternativas à internet se transformem em comunidades de "*nerds*", limitadas a eles como *insiders*, impedindo que pessoas comuns vejam interesse nelas. Os projetos autonomistas geralmente enfrentam o mesmo problema quando se transformam em estilos de vida, como critica Murray Bookchin[4]. Portanto, é importante que programas alternativos sejam baseados em uma cultura inclusiva. Para superar a marginalização econômica (redes pequenas, baixo número de usuários, falta de expansão, falta de recursos) e a marginalização política (falta de voz política), um projeto alternativo deve cooperar com campanhas e movimentos da sociedade civil, municípios e instituições públicas. As propostas ligadas ao comum digital devem atuar com projetos sociais, urbanos e outros em torno do comum, para que sejam movimentos que realizem demandas híbridas.

Você tem defendido a internet como serviço público e a *slow media* como uma alternativa ao cenário atual. Isso parece muito distante da realidade brasileira...

A internet capitalista exerce dominância de maneira global, não atuando apenas no Ocidente nem somente no Sul global. Desse modo, a luta por alternativas é necessária em todas as partes do mundo. Uma internet alternativa deve ser uma combinação entre plataformas de internet como serviço público[5] e cooperativas de plataforma. Onde quer que os usuários/cidadãos comecem a confrontar a internet capitalista e o capitalismo, há a possibilidade de mudanças progressistas, com demandas políticas por alternativas. No fim, a luta por uma internet e uma comunicação alternativas só é possível como parte da luta mais ampla pelo socialismo.

---

[4] Murray Bookchin, *Social Anarchism or Lifestyle Anarchism: An Unbridgeable Chasm* (Edimburgo, AK Press, 1995).

[5] Ver Christian Fuchs, *The Online Advertising Tax as the Foundation of a Public Service Internet* (Londres, University of Westminster Press, 2018).

224 Os *laboratórios do trabalho digital*

E o socialismo é necessário em todos os lugares, pois é a luta pela democracia na economia, na política e na cultura. Uma esfera pública democrática faz parte do socialismo como democracia participativa.

Você escreveu um livro sobre novos nacionalismos e tem falado sobre capitalismo autoritário. Como compreender isso, em um cenário de Bolsonaro, Trump e Brexit?

Em muitas partes do mundo, experimentamos a ascensão de formas autoritárias de capitalismo[6]. O surgimento de novos nacionalismos[7] é o aspecto mais perturbador e preocupante da política contemporânea, e a internet é o espaço em que nacionalismo e autoritarismo são comunicados, experienciados, contestados e confrontados. Ao teorizar criticamente sobre isso, estou interessado em desenvolver e atualizar as abordagens de autores como Karl Marx, Rosa Luxemburgo, Eric Hobsbawm, Franz Neumann, C. L. R. James, M. N. Roy, Erich Fromm, Theodor W. Adorno, Max Horkheimer, Herbert Marcuse, Wilhelm Reich, Klaus Theweleit e outros. A história nos diz que o nacionalismo e o autoritarismo não são pacíficos e geralmente resultam em guerras. E esse é o verdadeiro perigo dos novos nacionalismos: eles têm potenciais fascistas. Mais uma vez, como disse Rosa Luxemburgo, estamos na encruzilhada da "passagem ao socialismo ou regressão à barbárie"[8]. As lutas pelo socialismo democrático são o único antídoto ao nacionalismo, ao autoritarismo e ao fascismo.

---

[6] Idem, *Digital Demagogue: Authoritarian Capitalism in the Age of Trump and Twitter* (Londres, Pluto, 2018).

[7] Idem, *Nationalism on the Internet: Critical Theory and Ideology in the Age of Social Media and Fake News* (Nova York, Routledge, 2019).

[8] Rosa Luxemburgo, "A crise da social-democracia", em *Textos escolhidos*, v. 2 (trad. Isabel Loureiro, São Paulo, Editora Unesp, 2011), p. 29.

37
Construir plataformas pós-capitalistas

Nick Srnicek

Nick Srnicek, professor de economia digital no King's College, é um dos teóricos ligados ao aceleracionismo. Junto a Alex Williams, coautor do manifesto aceleracionista[1], publicou *Inventing the Future: Postcapitalism and a World Without Work* (Verso, 2015). No Brasil, Srnicek é mais conhecido como autor da obra *Platform Capitalism* (Polity, 2016), em que trata das lógicas de extração de valor nas plataformas – em seus diversos tipos – e argumenta por uma coletivização dessas ferramentas. Seu próximo livro, escrito com Helen Hester, foi intitulado *After Work: The Fight for Free Time* (Verso, no prelo) e tratará da automação do trabalho doméstico e suas implicações para questões de gênero, em direção a um mundo "pós-trabalho".

Nesta entrevista, o pesquisador fala sobre mudanças na economia digital e na tipologia de plataformas, coletivização das plataformas e os temas de sua próxima publicação.

O livro *Platform Capitalism* tornou-se uma referência, e a expressão se popularizou. De 2016 até hoje, quais mudanças aconteceram no cenário do trabalho em plataformas e como isso tem afetado seu diagnóstico?

Houve algumas mudanças significativas em meu pensamento desde que escrevi o livro. Em primeiro lugar, acho que os principais tipos de plataforma foram reduzidos a três: plataformas de publicidade, plataformas de nuvem – incluindo o que chamei de plataformas industriais – e plataformas *lean*. As de publicidade estão atingindo seus limites de mercado, com empresas como Facebook e Google dominando o mercado (anglófono) de publicidade digital. As plataformas *lean* têm enfrentado

---

[1] Alex Williams e Nick Srnicek, "Manifesto Acelerar: por uma política aceleracionista", trad. Bruno Stehling, *Lugar comum*, n. 41, abr. 2014, p. 269-79; disponível em: <http://uninomade.net/wp-content/files_mf/111404140923Manifesto%20aceleracionista%20-%20Alex%20Williams%20e%20Nick%20Srnicek.pdf>; acesso em: 20 mar. 2021.

226 Os *laboratórios do trabalho digital*

lutas significativas: o preço das ações da Uber tem sofrido impactos expressivos desde sua abertura de capital, e outras empresas – chamadas de "unicórnios" – estão cada vez mais cautelosas em enfrentar o escrutínio do mercado de ações. As plataformas de nuvem, por outro lado, têm crescido em tamanho e poder, ainda que enfrentando obstáculos. A Amazon deixou de ser uma empresa de *e-commerce* e agora se tornou, de fato, uma empresa de nuvem; a Microsoft ressuscitou por meio da mudança para a computação em nuvem; e o Google concentra cada vez mais esforços no desenvolvimento de seu braço relativo a essa área. A fusão com as plataformas de nuvem é o modelo de "inteligência artificial como serviço", com várias empresas capazes de oferecer serviços corporativos de aprendizado de máquina em escala regional. Há somente um pequeno número de empresas, cada vez mais poderosas, capazes de fazer isso globalmente: Amazon, Google, Microsoft, Alibaba e algumas outras. Há elementos que indicam que a dinâmica monopolizadora de plataformas está se tornando ainda mais intensa nessas empresas.

Uma segunda grande mudança é que tenho tentado estender minha análise além do foco local. Em outras palavras, o que acontece – e o que é diferente – quando essas plataformas surgem além de suas fronteiras (geralmente estadunidenses)? Acredito que há uma série de fenômenos notáveis que vêm à tona quando adotamos uma perspectiva internacional. Em primeiro lugar, o significado dos acordos comerciais para essas empresas, os quais têm incluído seções novas sobre o fluxo livre de dados – e isso significa que, em um mundo tecnológico centrado nos Estados Unidos, o fluxo livre de dados realmente será para esse país. As grandes plataformas têm pressionado para que essas ideias sejam incluídas nos acordos comerciais e resistido aos esforços pela localização de dados, que envolve restrições no fluxo de dados além das fronteiras. Efetivamente, esse fluxo livre é um elemento essencial, embora não indispensável, das operações internacionais dessas empresas.

O segundo ponto importante está relacionado a isso: muitas das corporações oferecem serviços e/ou tecnologias a baixo custo (ou mesmo de forma gratuita) a países em desenvolvimento em troca de seus dados. O caso mais claro deve ser o da empresa chinesa de inteligência artificial que forneceu tecnologia de reconhecimento facial ao Zimbábue em troca do acesso aos dados que o sistema de vigilância coleta*. Mas situações semelhantes mostram os esforços do Facebook e do Google para fornecer internet "gratuita" ao mundo em desenvolvimento, e há

---

* A empresa chinesa CloudWalk Technology fechou um acordo com o governo do Zimbábue para monitorar grandes centros e usar as informações para a construção de um banco de dados nacional de reconhecimento facial. A parceria também concedeu à empresa chinesa o acesso a uma grande quantidade de rostos africanos. Ver David Gilbert, "O Zimbábue está tentando construir um estado de vigilância ao estilo da China", *Vice*, 10 dez. 2019; disponível em: <https://www.vice.com/pt/article/59n753/o-zimbabwe-esta-tentando-construir-um-estado-de-vigilancia-ao-estilo-da-china>; acesso em: 15 mar. 2021. (N. O.)

uma variedade de mecanismos pelos quais isso também acontece. Em geral, está sendo construída uma relação em que os países em desenvolvimento fornecem dados aos Estados Unidos (e à China, cada vez mais), e estes licenciam ou alugam serviços aos primeiros. Como os países em desenvolvimento não têm esperança de alcançar os que comandam as plataformas, isso é efetivamente um sistema moderno de subdesenvolvimento forçado em relação aos dados.

Meu último argumento seria aquele já comentado por muitos: o papel que os paraísos fiscais desempenham na captura e na retenção desses lucros. Rastrear como e onde isso acontece é importante não apenas para compreender o fenômeno, mas também para esboçar uma resposta significativa. Particularmente, as discussões atuais na Organização para a Cooperação e Desenvolvimento Econômico sobre tributação digital são muito fracas, oferecendo principalmente gestos simbólicos para reter alguns dos piores excessos e impossibilitando a cobrança de impostos por grande parte do mundo. Portanto, seguir essa linha de pensamento tem implicações importantes sobre o fluxo de capital em relação aos países centrais.

Em relação ao futuro do capitalismo de plataforma, você afirma que precisamos coletivizar as plataformas e construir plataformas pós-capitalistas. Como fazer isso?

Imaginar plataformas alternativas é um problema difícil e que ainda precisa ser mais bem resolvido. Porém, alguns exemplos podem ser suficientes para apontar as direções certas. Primeiro, podemos imaginar versões municipais das plataformas populares de transporte. Em vez de a Uber explorar demais seus trabalhadores e usar brechas fiscais para desviar as receitas a seus investidores, poderíamos imaginar um município possuindo a plataforma, pagando bem aos motoristas, dando-lhes direitos trabalhistas e reintegrando qualquer receita excedente à plataforma, com o objetivo de melhorá-la. Ou, em outra escala, podemos imaginar plataformas de nuvem regionais (como as que a União Europeia está desenvolvendo) que fornecem aos pesquisadores e a outros usuários um poder computacional que não seja dependente da gigante de Jeff Bezos. Em geral, a ideia de nacionalizar algo como o Google não faz sentido. Mas, quando analisamos as partes constituintes dessas empresas, podemos começar a imaginar alternativas que sejam de propriedade pública, de propriedade de trabalhadores ou de usuários, evitando todos os problemas que essas corporações criam.

Em sua visão, é necessário nacionalizar as plataformas?

Não é necessário, mas, em alguns casos, pode ser muito útil. O que acho importante sobre o Estado é que ele é um dos poucos atores que parecem ter os recursos e poderes necessários para assumir o controle das plataformas de primeira linha. Isso significa que pode ser taticamente útil nacionalizar algumas plataformas (por exemplo, criar uma Uber de propriedade e operação públicas), mas também

228   Os *laboratórios de trabalho digital*

canalizar recursos estatais para plataformas pertencentes a outros meios (por exemplo, cooperativas ou modelos de código aberto).

Quais são as linhas gerais de seu próximo livro, *After Work*, escrito com Helen Hester?

Nossa obra é uma tentativa de ver como os princípios do "pós-trabalho" podem ser aplicados ao trabalho de reprodução social (por exemplo, limpar, cuidar, cozinhar etc.). Normalmente, a automação dessas atividades é vista como impossível ou moralmente suspeita – e, portanto, pressupõe-se que os princípios do "pós-trabalho" não se aplicariam realmente a elas (ou, pior ainda, considera-se o trabalho reprodutivo um tipo de atividade virtuosa). Nosso argumento é que as ideias de "pós-trabalho" podem ser aplicadas ao trabalho reprodutivo, mas precisam ser modificadas para tanto. Em termos gerais – e sem revelar muito do livro –, defendemos a coletivização desse trabalho, a reorientação da arquitetura para o luxo público (*public luxury*), o desenvolvimento de uma assistência tecnológica liderada por trabalhadores e a gestão consciente dos padrões de expectativas. Essas ideias estão muito resumidas aqui, mas o livro tentará definir o que queremos dizer com cada uma dessas metas.

38

Desmercantilizar as plataformas digitais

Ursula Huws

Em 2003, Ursula Huws já falava em cibertariado como expressão de um trabalho "virtual" – com muitas aspas – em um mundo real. Sempre defendeu a reinserção das materialidades dos sujeitos e das tecnologias em meio ao mito da economia imaterial, lembrando que, sem cabos e geração de energia, a internet não pode ser acessada. Ela também critica expressões como "trabalho criativo" e as reiteradas adjetivações do capitalismo – de plataforma, de vigilância, digital etc. – utilizadas para classificá-lo nos últimos vinte anos, além de defender a atualidade e a pertinência da teoria marxiana do valor, ressaltando a lógica rentista das plataformas e criticando percepções de que os usuários trabalhariam para as mídias sociais.

No Brasil, sua obra *The Making of a Cybertariat: Virtual Work in a Real World* (Monthly Review Press, 2003) foi publicada em 2017 com excertos de seu livro mais recente, *Labor in the Global Digital Economy: The Cybertariat Comes of Age* (Monthly Review Press, 2014), pela editora da Unicamp[1]. Nesta entrevista, a autora fala de sua última obra, *Reinventing the Welfare State: Digital Platforms and Public Policies* (Pluto, 2020), discorrendo sobre as falhas do estado atual da provisão de bem-estar social tendo em vista o trabalho em plataformas e defendendo a construção de plataformas locais como modelos prefigurativos para todos os setores.

Em seu novo livro, você afirma que muitas das práticas das plataformas digitais relacionam-se a formas anteriores de organização do trabalho, como métricas de avaliações e ranqueamentos. Então, o que há de novo na plataformização?

Reinventing the Welfare State foi escrito em circunstâncias muito específicas e destinado principalmente ao público do Reino Unido, no contexto da eleição geral do fim de 2019, à sombra do Brexit. Um quadro histórico e teórico mais amplo pode ser encontrado em meu livro anterior[2], em que descrevo como uma

---

[1] Ursula Huws, *A formação do cibertariado: trabalho virtual em um mundo real* (trad. Murillo van der Laan, Campinas, Editora da Unicamp, 2017).

[2] Idem, *Labor in Contemporary Capitalism: What Next?* (Londres, Palgrave Macmillan, 2019).

230 Os *laboratórios do trabalho digital*

série de tendências preexistentes alcançaram massa crítica após a crise financeira de 2007-2008, tornando-se dominantes e, no processo, levaram à emergência de um novo paradigma normativo.

Apesar disso, algumas tendências são anteriores a 2008. Podemos dizer que muitas datam da década de 1990, quando o colapso da União Soviética abriu o mundo para o capitalismo internacional e marcou o início de uma era em que o exército industrial de reserva se tornou, de fato, global. Os capitalistas foram capazes de acessar essa nova força de duas maneiras distintas: realocando empregos do Ocidente para o Sul global (deslocalização industrial ou *offshoring*) ou fazendo uso de trabalho migrante do Sul global no Ocidente. Essa é, claro, uma descrição bastante simplificada, pois há muitas variantes entre as regiões e mesmo dentro delas. Tal tendência estava associada a outras, incluindo uma crescente concentração de capital – não apenas no Ocidente, mas também em países como China, Índia, Brasil e México, e uma elaboração de cadeias globais de valor. A crescente competitividade entre corporações levou a uma pressão para trazer produtos ao mercado rapidamente, acarretando uma importância cada vez maior do trabalho logístico. Isso, por sua vez, esteve intimamente ligado à introdução das tecnologias digitais, o que permitiu simplificar e padronizar as tarefas, tornando os trabalhadores mais facilmente substituíveis entre si, ao mesmo tempo que possibilitou o monitoramento e o gerenciamento algorítmico.

Juntas, essas tendências convergiram para produzir um novo modelo de trabalho que descrevi como "*logged*"[3] – um termo que tem pelo menos três significados distintos em inglês. Primeiro, no sentido de ser "fatiado" ou dividido em pedaços, em um processo que às vezes é descrito como "taskificação". Segundo, no sentido de ser registrado, usando vários meios – como vigilância por GPS e *webcam*, gravação das teclas que o trabalhador digita e avaliações de clientes – para desenvolver metas e indicadores de desempenho que são, então, usados para disciplinar os trabalhadores e aumentar a produtividade. E terceiro, no sentido de o trabalhador ser gerenciado por meio de plataformas digitais, o que significa que ele deve estar logado ou conectado para receber notificações de trabalho. No caso do trabalho "virtual", envolvendo o processamento de informações digitais, o trabalhador também deve estar on-line para realizar suas atividades.

Que desafios a generalização da plataformização do trabalho coloca para questões de regulação e políticas públicas, no sentido da necessidade de direitos para todos os trabalhadores?

A plataformização do trabalho continua sendo um processo de corte de direitos que, pelo menos nos Estados social-democratas do século XX, eram concebidos como

---

3 Idem, "Logged Labour: A New Paradigm of Work Organisation?", *Work Organisation, Labour & Globalisation*, v. 10, n. 1, 2016, p. 7-26; disponível em: <http://geopolitica.iiec.unam.mx/sites/default/files/2018-09/Huws-LoggedLabour.pdf>; acesso em: 25 mar. 2021.

universais. Essa universalidade nunca foi completa, é claro, mesmo nesses países. Por exemplo, as mulheres trabalhadoras e os trabalhadores migrantes nunca foram tratados da mesma forma que os homens e as pessoas que trabalham no próprio país de nascença. No entanto, até o "ponto de inflexão" que mencionei, nas economias ocidentais desenvolvidas havia setores cujo modelo de emprego dominante (branco, masculino, em tempo integral, protegido) não se aplicava a algo "marginal" ou "atípico".

A plataformização não deve ser vista como uma tendência abstrata que trata tudo em seu caminho da mesma maneira. Ainda que seu resultado seja tornar o trabalho ao redor do mundo cada vez mais homogêneo, ela leva a cenários muito diferentes dependendo do setor ou da região em que ocorre. Nos lugares em que a plataformização é introduzida em setores formais de economias desenvolvidas, seu efeito é flexibilizar empregos que antes eram "padrão", trazendo uma degradação das condições laborativas para uma força de trabalho que, em outros tempos, era bem organizada e qualificada. Nos lugares em que a plataformização ocorre em setores que estavam há muito tempo na economia informal, seus efeitos podem parecer "progressistas" à primeira vista, no sentido de que podem trazer (pelo menos inicialmente) salários mais altos, algum tipo de autonomia e a inclusão em uma chamada "sociedade da informação", considerada moderna e dotada de competências que permitem a entrada no mercado de trabalho global. Na Índia, por exemplo, as plataformas on-line às vezes são vistas como uma forma de regular a economia informal e fazer cumprir padrões básicos, como salários mínimos. No entanto, na maioria dos países europeus, isso é visto como parte de uma "corrida para o fundo do poço" em termos de salários e condições de trabalho.

Em outras palavras, em um nível mais geral, as primeiras formas de capitalismo podem ser vistas como um processo de mercantilização (o que Marx chamou de "acumulação primitiva"), o qual ainda está em curso em muitos setores e países, especialmente no Sul global. A social-democracia da metade do século XX no Ocidente poderia ser vista como uma forma de desmercantilização, lutando contra esse fenômeno, no interesse de proteger os interesses da classe trabalhadora e elevar os padrões para todos. A virada neoliberal, a partir dos anos 1970, desencadeou um processo de remercantilização, que se deu, em parte, por meio da privatização e da terceirização de serviços públicos, estando, portanto, de alguma maneira vinculado à plataformização. As plataformas do século XXI, de escopo global, abrangem essas diferentes geografias, trazendo tanto a mercantilização quanto a remercantilização em configurações que variam dependendo do contexto local.

Que problemas você vê quando a esquerda romantiza a organização dos trabalhadores de plataforma?

Há sempre o perigo – inerente a todas as perspectivas sindicalistas – de supor que, dado que os sindicatos podem organizar e representar com sucesso uma vanguarda de trabalhadores, isso poderia substituir uma perspectiva política mais geral para representar os interesses de toda a classe. A ação sindical pode ser crucial para ajudar

232 Os *laboratórios do trabalho digital*

a promover mudanças políticas, mas as associações dependem de certas precondições que não podem ser atendidas por todos os trabalhadores. Homens, jovens e articulados (como muitos, mas não todos os entregadores) podem ser vistos como relativamente privilegiados em comparação com outros profissionais de plataforma, como faxineiras – que atuam na casa de outras pessoas – ou aqueles que trabalham remotamente para plataformas on-line, isolados em suas casas.

Os entregadores percorrem espaços públicos com mochilas das empresas e são guiados por algoritmos para se reunir em certos *hotspots* geográficos, tornando-os facilmente identificáveis entre si. Alguns dividem essa ocupação com outra atividade (como o estudo ou um emprego de baixa remuneração, mas altamente qualificado, por exemplo, nas indústrias criativas), o que significa que eles provavelmente terão boas habilidades de linguagem e comunicação, acesso às mídias sociais, bem como capacidade de pesquisar no Google algumas informações sobre seus direitos jurídicos e sobre as atividades de trabalhadores em outros lugares. Isso lhes dá um potencial considerável para se organizar, embora na maioria das vezes, como vimos, o sucesso da organização seja muito limitado na prática. Mas, mesmo se tivessem sucesso na formação de sindicatos fortes, com limites de entrada e direitos negociados, tudo isso resultaria na criação de um grupo de elite de trabalhadores organizados. A fim de generalizar esses ganhos para que se apliquem universalmente em qualquer sociedade, é necessária uma ação política para estabelecer direitos trabalhistas universais.

Como, em sua visão, as plataformas digitais para o bem público podem prefigurar novos circuitos econômicos locais a partir de baixo – do setor de alimentação até o de cuidados e as plataformas *freelance*?

A história da divisão técnica do trabalho não é apenas sobre novas tecnologias desenvolvidas para baratear o valor do trabalho e gerenciá-lo de forma a pressionar os trabalhadores. É também uma história de trabalhadores usando essas tecnologias para os próprios objetivos. Por exemplo, no fim do século XVII, o capitalismo se tornou sofisticado o suficiente para exigir uma força de trabalho alfabetizada. Ao longo do século seguinte, os trabalhadores fizeram um bom uso dessa alfabetização e da capacidade matemática para se comunicar entre si, por meio de sindicatos e de agitações políticas, bem como para estabelecer instituições alternativas e cooperativas para compartilhar riscos e proporcionar benefícios mútuos.

Da mesma forma, no século XX, eles fizeram uso das tecnologias de comunicação – como o telegrama, o telefone, o fax etc. – para a organização e construção de instituições alternativas, como algumas daquelas que prefiguraram o Estado de bem-estar social no século XX. Por exemplo, ao criar o Serviço Nacional de Saúde britânico, seu fundador, Aneurin Bevan, membro da classe trabalhadora, foi inspirado pela Tredegar Workmen's Medical Aid Society, sociedade fundada por mineiros e metalúrgicos no fim do século XIX, no País de Gales. Na década de

1920, essa sociedade empregava os serviços de cinco médicos, um cirurgião, dois farmacêuticos, um fisioterapeuta, um dentista e uma enfermeira. Por uma quantia extra a cada semana, os afiliados também podiam se beneficiar de tratamento hospitalar. Durante a depressão do período entreguerras, a sociedade continuou a oferecer serviços a pessoas desempregadas, embora elas não pudessem pagá-los. Em meados da década de 1940, ela fornecia cuidados médicos para 22.800 dos 24.000 habitantes da cidade de Tredegar.

As tecnologias digitais do século XXI não são uma exceção nessa história. Os trabalhadores têm recorrido a elas para desenvolver uma gama de modelos independentes, como cooperativas que oferecem alternativas a plataformas de trânsito urbano, como Uber ou Lyft, ou a plataformas de hospedagem, como o Airbnb[4]. Durante a pandemia do novo coronavírus, tem havido um enorme crescimento de iniciativas comunitárias que oferecem serviços locais essenciais não disponibilizados pelos governos nacionais, como a distribuição de alimentos para idosos confinados em casa ou a oferta de serviços de cuidados ou transporte para doentes e idosos. Também tem havido uma série de iniciativas locais – de baixo para cima – projetadas para: a) promover práticas de economia de energia com o intuito de combater as mudanças climáticas; b) a organização do reaproveitamento de alimentos que seriam desperdiçados, visando fornecer refeições a pessoas desamparadas ou desabrigadas; c) a partilha de ferramentas ou de transporte; d) a distribuição de fontes de energia renováveis; entre outras.

As redes sociais e outras plataformas digitais têm sido um apoio essencial na organização e promoção dessas iniciativas. O uso de celulares para registrar eventos e comunicá-los em tempo real também se tornou parte integrante da organização de protestos sindicais e políticos. É possível afirmar que as tecnologias das plataformas estão se tornando cada vez mais integradas à vida da classe trabalhadora. Em vez de serem impostas de cima para baixo, plataformas locais alternativas poderiam ser desenvolvidas de baixo para cima, dando às comunidades locais um senso de propriedade e controle desses desenvolvimentos e garantindo que eles atendam genuinamente a suas necessidades.

Você defende uma reinvenção do Estado de bem-estar social. Como fazer isso em países como o Brasil, que nunca tiveram, de fato, essa experiência?

Meu argumento no livro é muito direcionado ao Reino Unido, onde o Estado de bem-estar social que se desenvolveu em meados do século XX tornou-se agora um meio de redistribuição da riqueza dos pobres para os mais ricos, e não o contrário. Esse modelo se transformou em um novo e lucrativo campo de acumulação para o capital global, ao mesmo tempo que tem falhado em cumprir seus objetivos originais de fornecer direitos universais e meios de proteger as pessoas vulneráveis.

---

[4] Tal qual o Fairbnb. Website disponível em: <https://fairbnb.coop/>; acesso em: 25 mar. 2021.

234 Os *laboratórios do trabalho digital*

Certas vertentes da esquerda britânica têm uma tendência nostálgica de romantizar o passado e defender um retorno ao modelo de meados do século XX. Meu argumento é que essa estratégia está fadada ao fracasso, não apenas porque o modelo era fatalmente incapaz de atender às exigências de igualdade de gênero, sustentabilidade ambiental e defesa de direitos dos migrantes, mas também porque se pautava em um arquétipo particular de Estado-nação que não é mais sustentável na era do capitalismo global. Em vez disso, é necessário o desenvolvimento de um novo modelo de Estado de bem-estar social, adequado ao capitalismo digital do século XXI, que respeite os princípios de redistribuição e universalidade do século anterior, mas que tenha uma forma diferente. Como mencionei, o modelo do século passado nunca se aplicou a toda a população, mesmo nas sociais-democracias mais desenvolvidas da época, e em muitos países do Sul global ele atendeu apenas a pequenas frações da classe trabalhadora. Contudo, não devemos esquecer países como Cuba ou Vietnã que desenvolveram modelos alternativos. Como disse, embora pareça que estamos convergindo para um modelo global de relações capital-trabalho, o capitalismo de plataforma tem impactos muito distintos em diferentes economias, dependendo do grau de formalização e desenvolvimento econômico dos setores e das regiões. Isso tem implicações para a relação específica que se desenvolve entre o Estado e as empresas internacionais, bem como para os tipos de regulação e fiscalização que podem ser implementados, abrindo espaço para novas iniciativas. Por exemplo, ouvi recentemente sobre um caso na Índia em que a administração de uma cidade lidou com o problema de fornecimento de alimentos para os cidadãos em isolamento social permitindo que uma plataforma de entregas continuasse funcionando, mas somente com a condição de incluir em seu serviço a distribuição de alimentos fornecidos por vendedores ambulantes vindos da economia informal.

As circunstâncias são, em muitos aspectos, um laboratório para o futuro. As conjunturas podem ser diferentes e as soluções locais que são progressistas em uma situação podem não o ser em outras. Os princípios importantes, entretanto, parecem-me permanecer semelhantes de forma ampla. Onde quer que estejamos no mundo, precisamos buscar um Estado em que as condições de trabalho sejam adequadas, os direitos dos trabalhadores sejam protegidos, as regulações sejam aplicadas, os serviços universais estejam disponíveis para todos os cidadãos e que estes tenham, por sua vez, voz ativa sobre quais são esses serviços e como devem ser entregues. Assim como algumas nações ocidentais conseguiram atingir no século XX um grau de desmercantilização dos serviços que as ondas anteriores de desenvolvimento capitalista mercantilizaram, devemos agora procurar desmercantilizar o que o capitalismo digital contemporâneo está mercantilizando – e isso inclui não apenas serviços públicos, mas também a sociabilidade humana, os afetos e os recursos do planeta que ocupamos.

Bibliografia geral

ABÍLIO, Ludmila Costhek. Uberização do trabalho: subsunção real da viração. *Passa Palavra*, 2017. Disponível em: <https://passapalavra.info/2017/02/110685/>. Acesso em: 7 mar. 2021.

_____. Breque no despotismo algorítmico: uberização, trabalho sob demanda e insubordinação. *Blog da Boitempo*, 30 jul. 2020. Disponível em: <https://blogdaboitempo.com.br/2020/07/30/breque-no-despotismo-algoritmico-uberizacao-trabalho-sob-demanda-e-insubordinacao/>. Acesso em: 7 mar. 2021.

_____. Plataformas digitais e uberização: a globalização. *Contracampo*, v. 39, n. 1, 2020.

ABSTARTUPS E ACCENTURE. *O momento da startup brasileira e o futuro do ecossistema de inovação*. Disponível em: <https://drive.google.com/file/d/1WAw_6rExZfuKBSx GdIwgvvjtPgfO-8Z7/view>. Acesso em: 26 fev. 2021.

AMRUTE, Sareeta. *Encoding Race, Encoding Class:* Indian IT Workers in Berlin. Durham, Duke University Press, 2016.

ANDREJEVIC, Mark. Automating Surveillance. *Surveillance & Society*, v. 17, n. 1-2, 2019, p. 7-13. Disponível em: <https://ojs.library.queensu.ca/index.php/surveillance-and-society/article/view/12930/8469>. Acesso em: 12 mar. 2021.

ANTUNES, Ricardo. *Os sentidos do trabalho:* ensaio sobre a afirmação e a negação do trabalho. São Paulo, Boitempo, 1999.

_____. *O privilégio da servidão:* o novo proletariado de serviço na era digital. São Paulo, Boitempo, 2018.

_____ (org.). *Riqueza e miséria do trabalho no Brasil*. São Paulo, Boitempo, 2006-2019, 4v.

_____ (org). *Uberização, trabalho digital e Indústria 4.0*. São Paulo, Boitempo, 2020.

BEER, David. *Popular Culture and New Media:* The Politics of Circulation. Londres, Palgrave Macmillan, 2013.

_____. *Metric Power*. Londres, Palgrave Macmillan, 2016.

236 Os *laboratórios do trabalho digital*

_____. *The Data Gaze:* Capitalism, Power and Perception. Londres, Sage, 2018.

BELL, Genevieve. Making Life: A Brief History of Human-Robot Interaction. *Consumption Markets & Culture*, v. 21, n. 1, 2018. Disponível em: <https://www.tandfonline.com/doi/abs/10.1080/10253866.2017.1298555>. Acesso em: 25 mar. 2021.

BENANAV, Aaron. *Automation and the Future of Work*. Londres, Verso, 2020.

BERARDI, Anna. *"Inteligência" à venda:* a trajetória do projeto Porto Maravilha. Mestrado em comunicação social, Rio de Janeiro, Universidade Federal do Rio de Janeiro, 2018.

BERG, Janine. Protecting Workers in the Digital Age: Technology, Outsourcing and the Growing Precariousness of Work. *Comparative Labor Law & Policy Journal*, v. 41, n. 2, 2020.

BERNERS-LEE, Tim. How to Save the Web. *The New York Times*, 6 dez. 2018. Disponível em: <ttps://www.nytimes.com/2018/12/06/opinion/tim-berners-lee-saving-the-internet.html>. Acesso em: 29 mar. 2021.

BOLTANSKI, Luc; THÉVENOT, Laurent. *On Justification:* Economies of Worth. Princeton, Princeton University Press, 2006.

BONILLA, Yarimar; ROSA, Jonathan. Deprovincializing Trump, Decolonizing Diversity, and Unsettling Anthropology. *American Ethnological Society*, v. 44, 2017. Disponível em: <https://anthrosource.onlinelibrary.wiley.com/doi/pdf/10.1111/amet.12468?casa_token=MEo8BqLMVaYAAAAA:I8-tQczmuF-QLRKSH016g9ZSDlmsAf_0KX_-qP8KK8_P2TprENua_HNYGg2z3Ms1srzd0tqcAybvwlll>. Acesso em: 7 mar. 2021.

BOOKCHIN, Murray. *Social Anarchism or Lifestyle Anarchism:* An Unbridgeable Chasm. Edimburgo, AK Press, 1995.

BROCA, Sébastien. *Utopie du logiciel libre:* du bricolage informatique à la réinvention sociale. Neuvy-en-Champagne, Le Passager Clandestin, 2013.

BROPHY, Enda. *Language Put to Work*: The Making of the Global Call Centre Workforce. Londres, Palgrave Macmillan, 2017.

_____. The Internet's Factory Floor: Political Economy for an Era of Communicative Abundance. *International Journal of Communication*, v. 11, 2017, p. 2.042-5. Disponível em: <https://ijoc.org/index.php/ijoc/article/viewFile/4557/2027>. Acesso em: 15 mar. 2021.

_____; COHEN, Nicole; DE PEUTER, Greig. Labor Messaging: Practices of Autonomous Communication. In: MAXWELL, Richard (org.). *The Routledge Companion to Labor and Media*. Nova York, Routledge, 2016, p. 315-26.

BROWN, Wendy. *Cidadania sacrificial:* neoliberalismo, capital humano e políticas de austeridade. Trad. Juliane Bianchi Leão, São Paulo, Zazie, 2018.

BRUNO, Fernanda. *Máquinas de ver, modos de ser:* vigilância, tecnologia e subjetividade. Porto Alegre, Sulina, 2013.

_____; BENTES, Anna; FALTAY, Paulo. Economia psíquica dos algoritmos e laboratório de plataforma: mercado, ciência e modulação do comportamento. *Revista Famecos*,

v. 26, n. 3, 2019. Disponível em: <https://revistaseletronicas.pucrs.br/ojs/index.php/revistafamecos/article/view/33095>. Acesso em: 25 mar. 2021.

_____; CARDOSO, Bruno; GUILHON, Luciana; KANASHIRO, Marta; MELGAÇO, Lucas (orgs.). *Tecnopolíticas da vigilância:* perspectivas da margem. São Paulo, Boitempo, 2018.

CASILLI, Antonio. *En attendant les robots:* enquete sur le travail du clic. Paris, Seuil, 2019.

COULDRY, Nick; MEJIAS, Ulises. *The Costs of Connection:* How Data Is Colonizing Human Life and Appropriating It for Capitalism. Redwood City, Stanford University Press, 2019.

DAY, Matt; TURNER, Giles; DROZDIAK, Natalia. Thousands of Amazon Workers Listen to Alexa Users' Conversations. *Time*, 11 abr. 2019. Disponível em: <https://time.com/5568815/amazon-workers-listen-to-alexa/>. Acesso em: 12 mar. 2021.

DE PEUTER, Greig. *The Contested Convergence of Precarity and Immaterial Labour.* Tese de doutorado, Burnaby, Universidade de Simon Fraser, 2010. Disponível em: <http://summit.sfu.ca/system/files/iritems1/11307/etd6066_GdePeuter.pdf>. Acesso em: 18 mar. 2021.

DELFANTI, Alessandro; ARVIDSSON, Adam. *Introduction to Digital Media.* Hoboken, Wiley, 2019.

_____; SHARMA, Sarah. Log Out! The Platform Economy and Worker Resistance. *Notes from Below*, n. 8, 2019. Disponível em: <https://notesfrombelow.org/article/log-out-platform-economy-and-worker-resistance>. Acesso em: 4 mar. 2021.

DENIS, Jérôme. *Le Travail invisible des données:* eléments pour une sociologie des infrastructures scripturales. Paris, Presses des Mines, 2018.

DOLPHIJN, Rick; TUIN, Iris van der. "Matter Feels, Converses, Suffers, Desires, Yearns and Remembers": Interview with Karen Barad. In: _____. *New Materialism: Interviews & Cartographies.* Ann Arbor, Open Humanities, 2012.

DYER-WITHEFORD, Nick. *Cyber-Marx:* Cycles and Circuits of Struggle in High Technology Capitalism. Champaign, University of Illinois Press, 1999.

_____. *Games of Empire:* Global Capitalism and Video Games. Minneapolis, University of Minnesota Press, 2009.

_____, Nick; KJØSEN, Atle Mikkola; STEINHOFF, James. *Inhuman Power:* Artificial Intelligence and the Future of Capitalism. Londres, Pluto, 2019.

EKBIA, Hamid. *Artificial Dreams*: The Quest for Non-Biological Intelligence. Cambridge, Cambridge University Press, 2008.

_____; NARDI, Bonnie. *Heteromation, and Other Stories of Computing and Capitalism.* Cambridge, MA, MIT Press, 2017.

ENGLERT, Sai; WOODCOCK, Jamie; CANT, Callum. Operaísmo digital: tecnologia, plataformas e circulação das lutas dos trabalhadores. *Fronteiras* – Estudos Midiáticos, v. 22, n. 1, 2020, p. 47-58. Disponível em: <http://revistas.unisinos.br/index.php/fronteiras/article/view/fem.2020.221.05>. Acesso em: 15 mar. 2021.

238 Os *laboratórios do trabalho digital*

EUBANKS, Virginia. *Automating Inequality:* How High-Tech Tools Profile, Police, and Punish the Poor. Nova York, St. Martin's Press, 2018.

FEDERICI, Silvia; COX, Nicole. *Counter-Planning from the Kitchen*. Nova York/Bristol, New York Wages for Housework Committee/Falling Wall Press, 1975.

_____; DE MOOR, Tine. Revolution at Point Zero: Discussing the Commons. *Open!* Platform for Art, Culture & the Public Domain, 18 abr. 2014. Disponível em: <https://www.onlineopen.org/revolution-at-point-zero>. Acesso em: 15 mar. 2021.

FÍGARO, Roseli. *Comunicação e trabalho – estudo de recepção:* o mundo do trabalho como mediação da comunicação. São Paulo, Anita Garibaldi, 2001.

_____. *Relações de comunicação no mundo do trabalho*. São Paulo, Annablume, 2008.

_____. *As mudanças no mundo do trabalho do jornalista*. São Paulo, Atlas, 2013.

_____. *As relações de comunicação e as condições de produção no trabalho de jornalistas em arranjos econômicos alternativos às corporações de mídia*. São Paulo, ECA-USP, 2018.

FIRMINO, Rodrigo; CARDOSO, Bruno. A uberização da Uber. *Le Monde Diplomatique*, n. 130, 2 maio 2018. Disponível em: <https://diplomatique.org.br/a-uberizacao-da-uber/>; acesso em: 12 mar. 2021.

FOUCAULT, Michel. *O nascimento da clínica*. Trad. Roberto Machado, Rio de Janeiro, Forense Universitária, 2011.

FUCHS, Christian. *Digital Labour and Karl Marx*. Nova York, Routledge, 2013.

_____. *Social Media:* A Critical Introduction. Londres, Sage, 2013.

_____. *Critical Theory of Communication:* New Readings of Lukács, Adorno, Marcuse, Honneth and Habermas in the Age of the Internet. Londres, University of Westminster Press, 2016.

_____. *Digital Demagogue:* Authoritarian Capitalism in the Age of Trump and Twitter. Londres, Pluto, 2018.

_____. *The Online Advertising Tax as the Foundation of a Public Service Internet*. Londres, University of Westminster Press, 2018.

_____. *Nationalism on the Internet:* Critical Theory and Ideology in the Age of Social Media and Fake News. Nova York, Routledge, 2019.

_____. Revisiting the Althusser/E. P. Thompson-Controversy: Towards a Marxist Theory of Communication. *Communication and the Public*, v. 4, n. 1, 2019, p. 3-20. Disponível em: <https://doi.org/10.1177/2057047319829586>. Acesso em: 20 mar. 2021.

_____. *Communication and Capitalism:* A Critical Theory. Londres, University of Westminster Press, 2020.

_____; CHANDLER, David. *Digital Objects, Digital Subjects:* Interdisciplinary Perspectives on Capitalism, Labour and Politics in the Age of Big Data. Londres, University of Westminster Press, 2019.

GLASER, April. The Internet of Hate. *Slate*, 30 ago. 2017. Disponível em: <https://slate.com/technology/2017/08/the-alt-right-wants-to-build-its-own-internet.html>. Acesso em: 15 mar. 2021.

GRAY, Mary L.; SURI, Siddharth. *Ghost Work:* How to Stop Silicon Valley from Building a New Global Underclass. Boston, Houghton Mifflin Harcourt, 2019.

HARAWAY, Donna. Awash in Urine: DES and Premarin in Multispecies Response--ability. *Women's Studies Quarterly*, v. 40, n. 1/2, 2012, p. 301-16. Disponível em: <https://www.jstor.org/stable/23333460>. Acesso em: 12 mar. 2021.

HARDT, Michael; NEGRI, Antonio. *Empire*. Cambridge, MA, Harvard University Press, 2001. [Ed. bras.: *Império*. Trad. Berilo Vargas, Rio de Janeiro, Record, 2001.]

HERN, Alex. Facebook Admits Contractors Listened to Users' Recordings Without Their Knowledge. *The Guardian*, 14 ago. 2019. Disponível em: <https://www.theguardian.com/technology/2019/aug/13/facebook-messenger-user-recordings-contractors-listening>. Acesso em: 12. mar. 2021.

HOCHSCHILD, Arlie. Emotion Work, Feeling Rules, and Social Structure. *The American Journal of Sociology*, v. 85, n. 3, nov. 1979, p. 551-75. Disponível em: <http://www.manuallabours.co.uk/wp-content/uploads/2015/02/Hoschild-article.pdf>. Acesso em: 20 mar. 2021.

HOLTWELL, Felix. "We Must Think About a Tech Workers' Strike": An Interview with the Infoproletários. *Notes from Below*, 1º out. 2018. Disponível em: <https://notesfrombelow.org/article/we-must-think-about-a-tech-workers-strike>. Acesso em: 15 mar. 2021.

HUWS, Ursula. *The Making of a Cybertariat:* Virtual Work in a Real World. Nova York, Monthly Review Press, 2003.

_____. *Labor in the Global Digital Economy:* The Cybertariat Comes of Age. Nova York, Monthly Review Press, 2014.

_____. Logged Labour: A New Paradigm of Work Organisation? *Work Organisation, Labour & Globalisation*, v. 10, n. 1, 2016, p. 7-26. Disponível em: <http://geopolitica.iiec.unam.mx/sites/default/files/2018-09/Huws-LoggedLabour.pdf>. Acesso em: 25 mar. 2021.

_____. *A formação do cibertariado:* trabalho virtual em um mundo real. Trad. Murillo van der Laan, Campinas, Editora da Unicamp, 2017.

_____. *Labor in Contemporary Capitalism:* What Next? Londres, Palgrave Macmillan, 2019.

_____. *Reinventing the Welfare State*: Digital Platforms and Public Policies. Londres, Pluto, 2020.

INTERNATIONAL LABOUR ORGANIZATION. *Digital Labour Platforms and the Future of Work*: Towards Decent Work in the Online World. Genebra, International Labour Office, 2018. Disponível em: <https://www.ilo.org/wcmsp5/groups/public/---dgreports/---dcomm/---publ/documents/publication/wcms_645337.pdf>. Acesso em: 26 fev. 2021.

240 Os *laboratórios do trabalho digital*

IPEIROTIS, Panos. *Demographics of Mechanical Turk*. Disponível em: <https://archive fda.dlib.nyu.edu/jspui/bitstream/2451/29585/2/CeDER-10-01.pdf>. Acesso em: 26 fev. 2021.

JARRETT, Kylie. *Feminism, Labour and Digital Media*: The Digital Housewife. Nova York, Routledge, 2016.

KARATZOGIANNI, Athina; CODAGNONE, Cristiano; MATTHEWS, Jacob. *Platform Economics:* Rhetoric and Reality in the "Sharing Economy". Bingley, Emerald, 2019.

KENNEY, Martin; ZYSMAN, John. The Rise of the Platform Economy. *Issues in Science and Technology*, primavera 2016, p. 61-9. Disponível em: <https://www.researchgate. net/publication/309483265_The_Rise_of_the_Platform_Economy>. Acesso em: 23 mar. 2021.

KNEESE, Tamara. Precarity Beyond the Gig. *Notes from Below*, n. 8, 8 jun. 2019. Disponível em: <https://notesfrombelow.org/article/precarity-beyond-gig>. Acesso em: 15 mar. 2021.

_____; PALM, Michael. Brick-and-Platform: Listing Labor in the Digital Vintage Economy. *Social Media + Society*, v. 6, n. 3, 2 jul. 2020. Disponível em: <https://journals. sagepub.com/doi/full/10.1177/2056305120933299>. Acesso em: 15 mar. 2021.

LATOUR, Bruno. *Ciência em ação:* como seguir cientistas e engenheiros sociedade afora. Trad. Ivone Benedetti, São Paulo, Editora Unesp, 2012.

LAVAL, Christian. *A escola não é uma empresa:* o neoliberalismo em ataque ao ensino público. Trad. Mariana Echalar, São Paulo, Boitempo, 2019.

_____; DARDOT, Pierre. *A nova razão do mundo:* ensaio sobre a sociedade neoliberal. Trad. Mariana Echalar, São Paulo, Boitempo, 2016.

_____; _____. *Comum:* ensaio sobre a revolução no século XXI. Trad. Mariana Echalar, São Paulo, Boitempo, 2017.

LIU, Wendy. *Abolish Silicon Valley:* How to Liberate Technology from Capitalism. Londres, Repeater, 2020.

LUKÁCS, Gabriella. *Scripted Affects, Branded Selves:* Television, Subjectivity, and Capitalism in 1990s Japan. Durham, Duke University Press, 2010.

_____. *Invisibility by Design:* Women and Labor in Japan's Digital Economy. Durham, Duke University Press, 2020.

LUKÁCS, György. *Para uma ontologia do ser social.* Trad. Carlos Nelson Coutinho, Mario Duayer e Nélio Schneider, São Paulo, Boitempo, 2012-2013, 2 v.

LUXEMBURGO, Rosa. A crise da social-democracia. In: _____. *Textos escolhidos*, v. 2. Trad. Isabel Loureiro, São Paulo, Editora Unesp, 2011.

MACHADO, Arlindo. Tecnologia e arte contemporânea: como politizar o debate. *Revista de Estudios Sociales*, v. 22, dez. 2005. Disponível em: <http://journals.openedition. org/revestudsoc/22781>. Acesso em: 25 mar. 2021.

MARAZZI, Christian. *Capital and Language:* From the New Economy to the War Economy. Los Angeles, Semiotext(e), 2008.

MARX, Karl. *O capital:* crítica da economia política, Livro III: *O processo global da produção capitalista*. Trad. Rubens Enderle, São Paulo, Boitempo, 2017.

MASON, Winter; SURI, Siddharth. Conducting Behavioral Research on Amazon's Mechanical Turk. *Behavior Research Methods*, v. 44, 2012, p. 1-23. Disponível em: <https://link.springer.com/article/10.3758/s13428-011-0124-6>. Acesso em: 25 mar. 2021.

MCGREGOR, Jena. Some Swedish Workers Are Getting Microchips Implanted in Their Hands. *The Washington Post*, 4 abr. 2017. Disponível em: <https://www.washingtonpost.com/news/on-leadership/wp/2017/04/04/some-swedish-workers-are-getting-microchips-implanted-in-their-hands/>. Acesso em: 31 mar. 2021.

MEJIAS, Ulises. *Off the Network:* Disrupting the Digital World. Minneapolis, University of Minnesota Press, 2013.

MOSCO, Vincent. *The Political Economy of Communication*. Londres, Sage, 2009.

_____. *Becoming Digital*: Toward a Post-Internet Society. Bingley, Emerald, 2014.

_____. *To the Cloud*: Big Data in a Turbulent World. Boulder, Paradigm, 2014.

_____. *The Smart City in a Digital World*. Bingley, Emerald, 2019.

_____; MCKERCHER, Catherine. Editorial: The Labouring of Communication. *Canadian Journal of Communication*, v. 31, n. 3, 23 out. 2006. Disponível em: <http://cjc-online.ca/index.php/journal/article/view/1841/1942>. Acesso em: 19 mar. 2021.

NEWTON, Casey. Facebook will pay $52 million in settlement with moderators who developed PTSD on the job. *The Verge*, 12 maio 2020. Disponível em: <https://www.theverge.com/2020/5/12/21255870/facebook-content-moderator-settlement-scola-ptsd-mental-health>. Acesso em: 26 fev. 2021.

NOBLE, Safiya. *Algorithms of Oppression:* How Search Engines Reinforce Racism. Nova York, New York University Press, 2018.

_____; ROBERTS, Sarah T. Elites tecnológicas, meritocracia e mitos pós-raciais no Vale do Silício. *Fronteiras* – Estudos Midiáticos, v. 22, n. 1, 2020.

PHILLIPS, Leigh; ROZWORSKI, Michal. *People's Republic of Walmart:* How the World's Biggest Corporations are Laying the Foundation for Socialism. Londres, Verso, 2019.

PURSER, Ronald. *McMindfulness:* How Mindfulness Became the New Capitalist Spirituality. Londres, Repeater, 2019.

ROBERTS, Sarah T. *Behind the Screen:* Content Moderation in the Shadows of Social Media. New Haven, Yale University Press, 2019.

SADOWSKI, Jathan. When Data Is Capital: Datafication, Accumulation, and Extraction. *Big Data and Society*, ano 6, v. 1, 2019. Disponível em: <https://journals.sagepub.com/doi/10.1177/2053951718820549>. Acesso em: 12 mar. 2021.

_____. *Too Smart:* How Digital Capitalism is Extracting Data, Controlling Our Lives, and Taking Over the World. Cambridge, MA, MIT Press, 2020.

SANDOVAL, Marisol. What Would Rosa Do? Co-Operatives and Radical Politics. *Soundings:* A Journal of Politics and Culture, n. 63, 27 jun. 2016. Disponível em: <https://openaccess.city.ac.uk/id/eprint/14860/>. Acesso em: 19 mar. 2021.

242   Os *laboratórios do trabalho digital*

_____. Enfrentando a precariedade com cooperação: cooperativas de trabalhadores no setor cultural. *Revista Parágrafo*, v. 5, n. 1, 2017.

SCHMIDT, Florian A. *Crowd Design:* From Tools for Empowerment to Platform Capitalism. Basileia, Birkhäuser, 2017.

SIMONET, Maud. *Travail gratuit:* la nouvelle exploitation? Paris, Textuel, 2018.

_____; KRINSKY, John. *Who Cleans the Park?* Public Work and Urban Governance in New York City. Chicago, The University of Chicago Press, 2017.

SMYTHE, Dallas. Communications: Blindspot of Western Marxism. *Canadian Journal of Political and Social Theory*, v. 1, n. 3, 1977. Disponível em: <https://journals.uvic.ca/index.php/ctheory/article/view/13715>. Acesso em: 19 mar. 2021.

SORIANO, Cheryll; CABAÑES, Jason Vincent. Between "World Class Work" and "Proletarianized Labor": Digital Labor Imaginaries in the Global South. In: POLSON, Erika; CLARK, Lynn Schofield; CLARK, Radhika Gajjala (orgs.). *The Routledge Companion to Media and Class*. Nova York, Routledge, 2020, p. 213-26.

_____; _____. Entrepreneurial Solidarities: Social Media Collectives and Filipino Digital Platform Workers. *Social Media + Society*, v. 6, n. 2, 24 jun. 2020.

_____; PANALIGAN, Joy. "Skill-Makers" in the Platform Economy: Transacting Digital Labour. In: ATHIQUE, Adrian; BAULCH, Emma (orgs.). *Digital Transactions in Asia*. Londres/Nova York, Routledge, 2019, p. 147-67.

SRNICEK, Nick. *Platform Capitalism*. Londres, Polity, 2016.

_____; WILLIAMS; Alex. Manifesto Acelerar: por uma política aceleracionista. Trad. Bruno Stehling. *Lugar comum*, n. 41, abr. 2014, p. 269-79. Disponível em: <http://uninomade.net/wp-content/files_mf/111404140923Manifesto%20aceleracionista%20-%20Alex%20Williams%20e%20Nick%20Srnicek.pdf>. Acesso em: 20 mar. 2021.

_____; _____. *Inventing the Future:* Postcapitalism and a World Without Work. Londres, Verso, 2015.

SUZIGAN, Wilson. *Identificação, mapeamento e caracterização estrutural de arranjos produtivos locais no Brasil*. Disponível em: <https://www3.eco.unicamp.br/Neit/images/destaque/Suzigan_2006_Mapeamento_Identificacao_e_Caracterizacao_Estrutural_de_APL_no_Brasil.pdf>. Acesso em: 8 mar. 2021.

TERRANOVA, Tiziana. Free Labor: Producing Culture for the Digital Economy. *Social Text*, v. 18, 2000, p. 33-58. Disponível em: <http://web.mit.edu/schock/www/docs/18.2terranova.pdf>. Acesso em: 7 mar. 2021.

VAN DOORN, Niels. Platform Labor: On the Gendered and Racialized Exploitation of Low-Income Service Work in the "On-Demand" Economy. *Information, Communication & Society*, v. 20, n. 6, 2017, p. 898-914.

VICENTE, Victor Freitas. *A política da máquina e de si:* um caso de participação cidadã no Governo do Rio de Janeiro. Mestrado em comunicação e cultura, Rio de Janeiro, Universidade Federal do Rio de Janeiro, 2018.

WAJCMAN, Judy. *TechnoFeminism*. Londres, Polity, 2004.

_____. *Pressed for Time:* The Acceleration of Life in Digital Capitalism. Chicago, The University of Chicago Press, 2007.

WOODCOCK, Jamie. *Working the Phones*: Control and Resistance in Call Centers. Londres, Pluto, 2016.

_____. *Marx no fliperama:* videogames e luta de classes. Trad. Guilherme Cianfarani, São Paulo, Autonomia Literária, 2020.

_____; GRAHAM, Mark. *The Gig Economy*: A Critical Introduction. Cambridge, Polity, 2019.

_____; JOHNSON, Mark R. Gamification: What It Is, And How to Fight It. *The Sociological Review*, v. 66, n. 3, 21 ago. 2017, p. 542-58. Disponível em: <https://journals.sagepub.com/doi/abs/10.1177/0038026117728620>. Acesso em: 15 mar. 2021.

YIN, Ming et al. The Communication Network Within the Crowd. *WWW '16:* Proceedings of the 25th International Conference on World Wide Web, abril. 2016, p. 1.293-303. Disponível em: <https://doi.org/10.1145/2872427.2883036>. Acesso em: 25 mar. 2021.

ZUBOFF, Shoshana. *A era do capitalismo de vigilância:* a luta por um futuro humano na nova fronteira do poder. Trad. George Schlesinger, Rio de Janeiro, Intrínseca, 2021.

Sobre o organizador

Rafael Grohmann é professor de mestrado e doutorado em comunicação na Universidade do Vale do Rio dos Sinos (Unisinos). É coordenador do Laboratório de Pesquisa DigiLabour e do projeto Fairwork, vinculado à Universidade de Oxford, além de pesquisador do projeto Histories of Artificial Intelligence: Genealogy of Power, da Universidade de Cambridge, a partir de um International Research and Collaboration Award. Membro do Conselho Científico do Center for Critical Internet Inquiry (C2i2), da Universidade da Califórnia, Los Angeles (UCLA).

Graduou-se em ciências sociais pela Universidade Federal de Juiz de Fora (UFJF), é mestre e doutor em ciências da comunicação pela Universidade de São Paulo (USP), e realizou estágio de pós-doutoramento na Universidade Federal do Rio de Janeiro (UFRJ). Editor da revista *Fronteiras – Estudos Midiáticos*, tem conduzido pesquisas nas áreas de plataformização do trabalho, cooperativismo de plataforma e plataformas controladas por trabalhadores, organização de trabalhadores, dataficação e relações entre trabalho e inteligência artificial.

OUTRAS PUBLICAÇÕES DA BOITEMPO

O ecossocialismo de Karl Marx
KOHEI SAITO
Tradução de **Pedro Davoglio**
Prefácio de **Sabrina Fernandes**
Orelha de **Murillo van der Laan**
Quarta capa de **Kevin Anderson** e **Michael
Heinrich**

O futuro começa agora
BOAVENTURA DE SOUSA SANTOS
Apresentação de **Naomar de Almeida-Filho**
Orelha de **Ruy Braga**

Interseccionalidade
PATRICIA HILL COLLINS E SIRMA BILGE
Tradução de **Rane Souza**
Orelha de **Winnie Bueno**

O manifesto socialista
BHASKAR SUNKARA
Tradução de **Artur Renzo**
Orelha de **Victor Marques**

Minha carne
PRETA FERREIRA
Prefácio de **Juliana Borges**
Posfácio de **Conceição Evaristo**
Orelha de **Erica Malunguinho**
Quarta capa de **Angela Davis, Allyne Andrade
e Silva, Maria Gadú e Carmen Silva**

O patriarcado do salário, volume I
SILVIA FEDERICI
Tradução de **Heci Regina Candiani**
Orelha de **Bruna Della Torre**

Raça, nação, classe
ÉTIENNE BALIBAR E IMMANUEL WALLERSTEIN
Tradução de **Wanda Caldeira Brant**
Orelha de **Silvio Almeida**

Rosa Luxemburgo e a reinvenção da política
HERNÁN OUVIÑA
Tradução de **Igor Ojeda**
Revisão técnica e apresentação de **Isabel Loureiro**
Prefácio de **Silvia Federici**
Orelha de **Torge Löding**
Coedição de **Fundação Rosa Luxemburgo**

ARSENAL LÊNIN

Conselho editorial: Antonio Carlos Mazzeo, Antonio
Rago, Augusto Buonicore, Ivana Jinkings, Marcos Del
Roio, Marly Vianna, Milton Pinheiro e Slavoj Žižek

O que fazer?
VLADÍMIR ILITCH LÊNIN
Tradução de **Edições Avante!**
Revisão da tradução de **Paula Vaz de Almeida**
Prefácio de **Valério Arcary**
Orelha de **Virgínia Fontes**

BIBLIOTECA LUKÁCS

Conselho editorial: José Paulo Netto e Ronaldo
Vielmi Fortes

*Essenciais são os livros não escritos: últimas
entrevistas (1966-1971)*
GYÖRGY LUKÁCS
Organização, tradução, notas e apresentação de
Ronaldo Vielmi Fortes
Revisão técnica e apresentação de **Alexandre
Aranha Arbia**
Orelha de **Anderson Deo**

ESCRITOS GRAMSCIANOS

Conselho editorial: Alvaro Bianchi, Daniela Mussi,
Gianni Fresu, Guido Liguori, Marcos del Roio e
Virgínia Fontes

Odeio os indiferentes: escritos de 1917
ANTONIO GRAMSCI
Seleção, tradução e aparato crítico de **Daniela
Mussi e Alvaro Bianchi**
Orelha de **Guido Liguori**

MARX-ENGELS

Conselho editorial: Jorge Grespan, Leda Paulani e
Jesus Ranieri

Dialética da natureza
FRIEDRICH ENGELS
Tradução e notas de **Nélio Schneider**
Apresentação de **Ricardo Musse**
Orelha de **Laura Luedy**

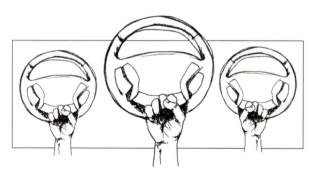

Em 8 de maio de 2019, motoristas da Uber realizaram uma greve que tomou proporções mundiais, com adesão de trabalhadores de plataforma no Norte e no Sul global. Ilustração de Yuri Machado.

Publicado em junho de 2021, três meses após a Uber conceder direitos trabalhistas (como salário mínimo e férias remuneradas) a todos os seus 70 mil motoristas no Reino Unido, em cumprimento à decisão histórica da Suprema Corte britânica, numa batalha que teve início com greves e ações legais dos trabalhadores, este livro foi composto em Adobe Garamond Pro, corpo 11/13,2, e impresso em papel Avena 80 g/m² pela gráfica Rettec para a Boitempo, com tiragem de 2.500 exemplares.